सर्वश्रेष्ठ स्टॉक:

कैसे 7000% की गतिविधि आश्चर्यजनक रूप से 52 हफ्तों में तैयार, शुरू और समाप्त हुई

सर्वश्रेष्ठ स्टॉक:
कैसे 7000% की गतिविधि आश्चर्यजनक रूप से 52 हफ्तों में तैयार, शुरू और समाप्त हुई

लेखक: ब्रैड कोटेश्वर

सर्वश्रेष्ठ स्टॉक

ग्रेट एक्सप्रेशन पब्लिशिंग

स्कॉट्सडेल, AZ 85262

इस पुस्तक के सभी पात्र काल्पनिक हैं। पात्रों की किसी भी जीवित या मृत व्यक्ति से कोई भी समानता आकस्मिक व पूरी तरह से संयोगमात्र है। इस पुस्तक के घटनाक्रम घटित हो सकते हैं या नहीं भी हो सकते हैं और काल्पनिक हो सकते हैं या नहीं भी हो सकते हैं। यदि अतीत में घटनाएं हुई हैं तो उन्हें बाज़ार के सबक देने के लिए उदाहरण के रूप में प्रयोग किया जा सकता है या नहीं भी किया जा सकता है। यदि घटनाएं अभी तक नहीं हुई हैं तो भविष्य में हो सकती हैं या नहीं भी हो सकती हैं।

प्रकाशन तिथि: सितंबर, 2022

ISBN 978-0-9769324-7-5

मेरी पत्नी को समर्पित,

जो बाज़ार की तरह, हमेशा सही होती है

विषयसूची

लेखक की टिप्पणियां

यह एक काल्पनिक रचना है। इस कहानी में दिए गए ट्रेड और चरित्रों की पहचान पूरी तरह से काल्पनिक है और लेखक की कल्पना से उपजी है। किसी भी जीवित या मृत व्यक्ति के साथ इसके चरित्रों या उनकी गतिविधियों की समानता पूरी तरह से संयोग है और बिना किसी उद्देश्य के है। वैसे, तिथियां टेज़र इंटरनेशनल के स्टॉक मूल्य की वास्तविक गतिविधि के अनुरूप हैं - जिसका टिकर प्रतीक TASR है। हालाँकि, किसी साधारण व्यक्ति के लिए शेयर बाज़ार को समझना आसान बनाने के लिए, इसमें स्टॉक स्प्लिट या शेयर विभाजन का विवरण नहीं दिया गया है। यह मानते हुए मूल्यों और ट्रेड किये गए शेयरों की मात्रा के बारे में चर्चा की जाती है कि शेयरों का कोई विभाजन नहीं हुआ है।

प्रस्तावना

मेमोरियल डे का सप्ताहांत आया और चला गया। जून 2001 का शुरूआती समय था। टेज़र के अंदरूनी सूत्रों के अनुसार, यह साल का सबसे धीमा IPO साबित हो रहा था। IPO या प्रारंभिक सार्वजनिक प्रस्ताव ट्रेड का पहला दिन होता है, जब कोई स्टॉक पहली बार खुले बाज़ार में आता है। निजी व्यक्तियों के स्वामित्व वाली और उनके द्वारा संचालित कंपनी आम जनता को शेयर बेचकर सार्वजनिक कंपनी बन जाती है। और इस प्रकार जनता अब कंपनी के शेयर ख़रीदकर कंपनी के स्वामित्व में हिस्सेदारी लेने में समर्थ होती है और इसके बाद कंपनी की शेयरधारक बन जाती है। इंटरनेट बबल के उत्साह का समय अब जा चुका था। अब वो दिन नहीं थे जब कोई IPO बाज़ार में आता था और कुछ ही दिनों में उसका मूल्य उनके IPO के मूल्य का दोगुना या तिगुना हो जाता था।

टेज़र के IPO की शुरुआत बहुत शांति से हुई थी। इतनी शांति से कि अंदरूनी लोगों के अलावा उस दिन शायद ही किसी और ने वो शेयर ट्रेड किया होगा। प्रारंभिक मूल्य $7/शेयर था, जो ट्रेडिंग सत्र के अंत में $6.85/शेयर पर जाकर बंद हुआ। उस दिन केवल 16,700 शेयर ट्रेड किये गए थे। अपने IPO वाले दिन टेज़र स्टॉक पर होने वाले सभी ट्रेडों पर खर्च की गई कुल राशि केवल $116,000 थी। अंदरूनी लोगों के अलावा किसी और ने इस ट्रेड पर ध्यान नहीं दिया।

लगभग 21 महीने बाद 18 अप्रैल, 2003 को यह अभी भी मामूली राशियों में ट्रेड हो रहा था। असल में, 18 अप्रैल, 2003 को यह $5.45/शेयर पर बंद हुआ और कुल 66,200 शेयर ट्रेड हुए थे। उस दिन ट्रेड होने वाली कुल राशि लगभग $360,790 थी। फिर भी एक बार फिर से, यह ट्रेड ज़्यादातर लोगों की नज़र में नहीं था। उस दिन इसके बारे में किसी को नहीं पता था। लेकिन जल्दी ही एक ऐसा दिन आने वाला था, जब इस स्टॉक पर अविश्वसनीय राशियों में ट्रेड होने वाला था।

ठीक 52 सप्ताह बाद, 19 अप्रैल, 2004 को टेज़र पर $3 बिलियन से ज़्यादा का ट्रेड हुआ... जी हाँ, "बिलियन" मूल्य के स्टॉक का ट्रेड। उस दिन इंट्राडे में इसने $385/शेयर का उच्च मूल्य छुआ था और इसके 10 मिलियन शेयर ट्रेड हुए थे। उस समय तक देश के लगभग हर स्टॉक ट्रेडर को इसके बारे में पता चल चुका था। और शायद सक्रिय तरीके से ट्रेड करने वाली ज़्यादातर जनता ने कम से कम एक बार इस स्टॉक में ट्रेड कर लिया था। कुछ को इस स्टॉक का लाभ मिला होगा, लेकिन बहुत सारे लोगों को इसका कोई फायदा नहीं हुआ।

जिन लोगों को इसका लाभ मिला, उनकी संख्या बेहद कम थी। ज़्यादातर जनता शायद ही अपने निवेश पर कोई पैसे कमा पायी और अधिकांश लोगों के हाथ में उसका थोड़ा-बहुत अंश ही आया था जो उन्होंने उस शेयर के लिए भुगतान किया था।

18 अप्रैल, 2003 को $5.45/शेयर के मूल्य से ठीक 52 हफ्ते बाद $385/शेयर की उछाल के साथ, टेज़र ने 7065% की अविश्वसनीय गतिविधि दिखाई थी। अगर किसी ने शुरुआत टेज़र में $5,000 की छोटी राशि निवेश की होती तो एक साल के अंदर ही उसका मूल्य $380,000 से ज़्यादा होता। टेज़र के अंदरूनी लोगों के लिए यह सबसे अच्छा स्टॉक रहा होगा। लेकिन जहाँ तक बाहरी लोगों की बात थी, स्थिति बिल्कुल अलग थी।

मैं टेज़र के साथ छह हफ्ते से भी कम समय तक जुड़ा था। लेकिन स्टॉक ट्रेडर के रूप में अपने जीवन में यह मेरे सबसे फायदेमंद छह हफ्तों में से एक था। उन छह हफ्तों के दौरान मैंने ट्रेडिंग से जुड़े जो भी सबक सीखे थे, वो स्टॉक ट्रेडर के रूप में मेरे बाकी के जीवन में मेरी सफलता के लिए अनमोल साबित हुए। मुझे थोड़े समय बाद उन सबकों का सही मूल्य समझ आया। मुझे पता है, हम एक ऐसे देश में रहते हैं जहाँ साधारण लोग असाधारण चीज़ें कर सकते हैं। यही चीज़ अमेरिका को इतना महान बनाती है। मुझे एक बार फिर से यह एहसास हुआ था कि साधारण दिखने वाले स्टॉक असाधारण गतिविधि कर सकते हैं। यही चीज़ अमेरिकी शेयर बाज़ार को इतना अच्छा बनाती है।

अध्याय 1:

13 अप्रैल, 2004, मंगलवार की सुबह – काम

2004 के बसंत की शुरुआत थी। ऐसा समय पहले कभी नहीं आया था। घर-घर में मशहूर, मार्था स्टीवर्ट, को हाल ही में पुलिस से झूठ बोलने का दोषी पाया गया था। बिगड़े हुए अमीर सीईओ के पोस्टर चाइल्ड, डेनिस कोज़लोव्स्की, पर न्यूयॉर्क में मुक़दमा चल रहा था। डेनिस बुरे इंसान थे। तथाकथित तौर पर, उन्होंने अपनी ख़ुद की कंपनी, टायको, से लाखों की चोरी की थी। न्यूयॉर्क स्टॉक एक्सचेंज के अध्यक्ष, डिक ग्रासो, को अत्यधिक वेतन पैकेज को लेकर हंगामे की वजह से उनके पद से हटा दिया गया था। ग्रासो का वेतन लगभग $200 मिलियन था, जिसे उन्होंने अपने लिए और बढ़ाया था। केन ले और उनके लड़कों ने लाखों डॉलर का झांसा देकर हज़ारों शेयरधारकों को चूना लगाया था। बड़े लोग फिर से खुराफ़ात पर उतर आये थे। लेकिन उनपर और निगम के अंदर

आंतरिक लोगों पर लागू होने वाले नियम बाकी की आम जनता पर लागू होने वाले नियमों से काफी अलग थे।

तीन साल का विनाशकारी बेयर मार्केट अब हमारे पीछे था। ज़्यादातर पोर्टफोलियो बर्बाद हो चुके थे। जिन्होंने सबसे कम गंवाया था वो सबसे अच्छा प्रदर्शन करने वाले खाते थे। जैसा कि कहावत है, अंधों में काना राजा। और अब शेयर बाज़ार अक्टूबर 2002 के बेयर मार्केट के निम्न स्तरों से उछलकर काफी ऊपर आ गया था। असल में, 18 महीने में, Nasdaq में 90% की उछाल देखने को मिली थी। ऐसा लग रहा था कि लोग पिछले तीन साल के बेयर मार्केट की तबाही को भूल चुके थे। शेयरों पर दांव लगाने का प्रचलन एक बार फिर से शुरू हो चुका था। एक बार फिर से शेयर बाज़ार के लिए बहुतायत में उपाय उपलब्ध थे और शेयर ट्रेडिंग फिर से तेज़ हो गई थी। एक बार फिर से खेल ख़त्म होने का समय आ चुका था। मस्ती कुछ ज़्यादा ही लंबी चल दी थी। एक बार फिर से पार्टी ख़त्म होने वाली थी।

मैं ट्रेडिंग में काफी पुराना था। मैंने लगभग 20 साल पहले कमोडिटी मार्केट में ट्रेडिंग शुरू की थी और पिछले 15 सालों से स्टॉक में था। सामान्य तौर पर ऐसा नहीं होता। ज़्यादातर लोग स्टॉक के साथ शुरू करते हैं और कमोडिटी पर ख़त्म करते हैं और इसका उल्टा नहीं होता। मुझे पता चल चुका था कि मैं स्टॉक में भी उतना ही मुनाफा कमा सकता हूँ जितना कोई इंसान कमोडिटी मार्केट में कमा सकता है, वो भी बहुत ज़्यादा जोखिम लिए बिना और अब मैं उन बेचैन रातों से भी बच सकता था जो कमोडिटी ट्रेडर को सताती हैं।

मुझे बाज़ार में पोज़ीशन लेते समय हमेशा डर लगता था। यह कमोडिटी ट्रेडिंग के साथ आता था। और इसने वास्तव में मुझे शेयर बाज़ार में कई बार भारी नुकसान से बचाया है। मैं नुकसान नहीं सह सकता। अगर मूल्य मेरी पोज़ीशन से 10% भी नीचे जाता था तो मुझे बेचैनी होने लगती थी। यह एक ऐसी चीज़ थी जो कमोडिटी में ट्रेडिंग करते समय कई बार नुकसान झेलने की वजह से मेरे अंदर विकसित हुई थी। शुरूआती दिनों में मेरे अंदर इतनी क्षमता नहीं थी कि मैं बेचने पर नुकसान उठा सकूँ। कोई भी नुकसान उठाकर कैसे बेच सकता है? शुरू में मुझे यह चीज़ समझ नहीं आती थी। अब, कई सालों के अनुभव के बाद, मैं किसी ट्रेड के लिए अधिकतम जोखिम के रूप में एक निर्धारित राशि आवंटित किये बिना कोई पोज़ीशन नहीं ले सकता। शुरू में जोखिम से सुरक्षा के रूप में नुकसान उठाकर बेचने में मुझे डर लगता था। लेकिन कई बड़े नुकसानों के बाद मैंने स्टॉप-ऑर्डर पर भरोसा करना शुरू कर दिया। इस तरह जैसे ही मैं तय पोज़ीशन पर पहुंचता हूँ, ऑर्डर बिक जाता है। ऐसे, मैंने अपने खाते को कई बार अपने आपसे बचाया था। मैं किसी ऐसी पोज़ीशन में आने से बचता था, जहाँ मैं अपने आपको समझाकर ख़ुद को कोई सही फैसला करने से रोक दूं।

मैंने सालों के समय में बाज़ार के चक्रों के बारे में सीखा था। मुझे ज़्यादातर लोगों से ज़्यादा पता था। और मुझे इतना पता था कि मुझे सबकुछ नहीं पता है। यह अपने आप में कुछ जानने जैसा था। मैंने यह भी जाना कि दुनिया में किसी को भी सबकुछ नहीं पता है। जो लोग ऐसे बर्ताव करते हैं कि उन्हें सबकुछ

पता है वो ज़्यादातर समय गलत होते हैं। बाज़ार से मिलने वाले सबक मेरे लिए सबकुछ थे। नकद राजा है। नकद के बिना मैं बाज़ार में कोई प्रतिबद्धता नहीं कर सकता था। अगर मेरे सामने सबसे अच्छा अवसर ख़ुद चलकर भी आता तो भी अगर मेरे पास पोज़ीशन लेने के लिए पैसे नहीं होते तो इसका कोई फायदा नहीं था। मैंने नकद को अपने पास उन अवधियों तक रखना सीख लिया था, जब तक कि मुझे कोई ऐसा स्टॉक नहीं मिलता जो साफ़ तौर पर गतिविधि में होता था।

मैं सुबह जल्दी उठता हूँ। उस दिन भी मैं उठ गया था और ब्लैक कॉफ़ी के दूसरे कप की चुस्कियां ले रहा था। मैं घर से काम करता था और एरिज़ोना के स्कॉट्सडेल में मेरे घर के अंदर ही एक छोटा सा अच्छा ऑफिस था। मेरी मेज़ पर एरिज़ोना रिपब्लिक और न्यूयॉर्क टाइम्स के बिज़नेस सेक्शन खुले हुए थे। यह मेरी दिनचर्या थी। मैं दोनों अख़बारों पर बिज़नेस सेक्शन के पहले पेज पर हेडलाइन देख रहा था। दोनों अख़बार साथ-साथ रखे हुए थे। तभी फ़ोन की घंटी बजी। जैसे ही मैंने फ़ोन उठाया, मैंने देखा कि दोनों अख़बारों में लगभग एक जैसे हेडलाइन दिए हुए थे। उन दोनों में इससे मिलता-जुलता कुछ लिखा था कि "भारी कमाई की उम्मीद में टेज़र ने फिर से उछाल भरी।"

"हैलो।" मैंने फ़ोन पर कहा।

"हैलो, ईद का चाँद।" यह जो था। जो और मैंने 1980 के दशक में एक साथ कमोडिटी ब्रोकरों के रूप में शुरुआत की थी। उद्यम पूंजीपति (वेंचर कैपिटलिस्ट) के रूप में वो काफी अच्छा काम कर रहा था। उसके पास कुछ

अच्छे-ख़ासे ग्राहक थे, जो उसने अपने कमोडिटीज के दिनों के दौरान बनाये थे। उसकी तरह उसकी टाइमिंग भी कमाल की थी और 1990 के दशक में टेक्नोलॉजी कंपनियों की उछाल पर उसके ग्राहकों ने काफी सारे पैसे कमाए थे। उसने और उसके लोगों ने कई उद्यमों की शुरुआत में मदद की थी, जो आगे चलकर शेयर बाज़ार पर सफल IPO बने। अब वो एक गंभीर स्तर का गंभीर खिलाड़ी था। मैं अपनी ख़ुद की स्टॉक ट्रेडिंग और बाज़ार के शोध का काम करता था। चूँकि मैं अकेला काम करता था, इसलिए कभी-कभी बाज़ार के समूहों में मेरी स्वतंत्रता को सराहा जाता था। जैसे ही मैंने उसकी आवाज़ सुनी, मुझे पता चल गया कि उसने मेरे तहकीकात संबंधी और व्याख्यात्मक कौशलों के लिए मुझे कॉल किया है। जो को पता था कि मेरे पास खोजी गई जानकारी को समझाने का एक ऐसा तरीका था, जो व्यवसाय के कुछ सबसे अच्छे जानकारों की बराबरी में था।

"जो! कैसे हो? कितने महीने हो गए। उम्मीद है, सब ठीक है?"

"सब बढ़िया है," वो सीधे मुद्दे पर आया। वो हमेशा से ऐसा ही था। आजकल वो पहले से कहीं ज़्यादा व्यस्त रहता था और कभी भी फ़ालतू की बातों पर समय बर्बाद नहीं करता था, जब तक कि वो गोल्फ कोर्स में न हो। "मैं चाहता हूँ कि तुम टेज़र की छानबीन करो।"

"हर जगह इसके शेयर की बढ़ती हुई कीमत के अलावा तुम और क्या जानना चाहते हो?" मैंने पूछा।

"सबकुछ।"

"सबकुछ?"

"जैसे....कौन ट्रेड कर रहा है, वो लोग कैसे ट्रेड कर रहे हैं और स्टॉक के साथ किस तरह की ट्रेडिंग चल रही है। अपने ट्रेडिंग कौशलों और साथ ही शोध कौशलों का इस्तेमाल करके पता करो कि किस तरह के लोग इसमें शामिल हैं। और वो अपनी होल्डिंग के साथ क्या कर रहे हैं," जो ने जवाब दिया। उसने आगे कहा, "मैं तुम्हारे बैंक में तुम्हारा सामान्य शुल्क भेज रहा हूँ। अगले मंगलवार को मैं तुम्हें इतने ही और पैसे भेज दूंगा। असल में, मैंने तुम्हारे पैसे दोगुने कर दिए हैं क्योंकि मुझे सारी जानकारी सोमवार की सुबह बाज़ार खुलने से पहले चाहिए।"

मैं धीरे से खड़ा हो गया। मैंने एक गहरी सांस ली। उसने छह दिन से कम के काम के लिए मेरे पैसे दोगुने कर दिए थे। मुझे बस इसी की ज़रूरत थी। लेकिन जो की आवाज़ से पता चल रहा था कि उसे मेरी बहुत ज़रूरत है। मैं बस यह देखना चाहता था कि उसे मेरी कितनी ज़रूरत है।

"जो, ये तो ढेर सारा काम है और वक़्त भी बहुत ज़्यादा नहीं है। मुझे तुम्हारे शोध कर्मचारियों के पूरे एक्सेस की ज़रूरत पड़ेगी।" उद्यम पूंजीपति होने के नाते, उसके पास, खोजी शोध कर्मचारियों की एक प्रभावशाली टीम है। लेकिन वो सभी लोग कंप्यूटर पर बहुत ज़्यादा निर्भर रहते थे। मुझे समझ आ गया था कि उसे फिल्ड वर्क की ज़रूरत है। मेरे फिल्ड वर्क के अलावा मुझे कॉल करने का उसके पास कोई दूसरा कारण नहीं था। मुझे उसकी ज़रूरत का एहसास हो रहा था, "और मुझे उन सभी कामों को छोड़ने के लिए $100,000 बोनस की

ज़रूरत होगी जिनपर मैं अभी काम कर रहा हूँ। मुझे अपने वर्तमान कामों पर फिर से बातचीत करनी पड़ेगी, जिसकी वजह से मेरे कुछ ग्राहक नाराज़ हो जाएंगे। अगर इस काम की वजह से मेरे कुछ काम हाथ से निकल जाते हैं तो उनके लिए मुझे भरपाई की ज़रूरत होगी।" मैं स्टॉक के बारे में इतना तो समझता था कि मैंने देख लिया था कि जो उस स्टॉक का पूरा परिदृश्य जानना चाहता था, जो 12 महीने में $5 से $300 पर ट्रेड करने लगा था, इसलिए कुछ न कुछ बड़ा तो ज़रूर चल रहा था। उसे यह जानने की ज़रूरत नहीं थी कि इस समय मैं जिन चीज़ों पर काम कर रहा था वो ज़्यादा ज़रूरी नहीं थे। वो सब ऐसे ग्राहकों के छोटे-मोटे, बोरिंग और काफी मामूली काम थे, जो बाज़ार में नए आये थे।

"ठीक है। मुझे सोमवार को बाज़ार खुलने से पहले सारी जानकारी चाहिए। नहीं तो हमारी डील ख़त्म हो जाएगी," इतना कहने के बाद जो ने फ़ोन रख दिया।

मैं बैठ गया। मैंने अपना पीला लीगल पैड बाहर निकाला। और उसपर ये संख्याएं लिखीं:

$75,000 एडवांस

$75,000 काम पूरा होने पर

$100,000 बोनस

छह दिन में कुल $250,000

वो आज तक का मेरा सबसे अच्छा हफ्ता होने वाला था। मुझे इसका ज़रा भी अंदाज़ा नहीं था कि अगले पांच हफ्ते में क्या होने वाला है।

सबसे पहले मैंने जो के शोध कर्मचारियों को फ़ोन लगाया। वीजे ने फ़ोन का जवाब दिया। वो अपने काम में माहिर था। सूचना युग में रहने की वजह से आजकल हर जगह जानकारी उपलब्ध है। और यदि कोई ज़्यादा जानकारी पाना चाहता है तो डेटा की भरमार मौजूद है। लेकिन मुझे जो चीज़ दूसरों से अलग बनाती थी, वो यह कि मुझे पता था कि सही जानकारी की कहाँ तलाश करनी है। और मैंने बेकार का डेटा हटाने की महत्ता सीख ली थी। उसके बाद अंत में सही डेटा की सही तरीके से व्याख्या करना सबसे ज़रूरी था। बहुत ज़्यादा अभ्यास और सालों के अनुभव की वजह से मैं यह आसानी से कर पाता था। मैंने वीजे से कहा कि मैं एक घंटे में उसे एक ईमेल भेजूंगा जिनमें वो जानकारी सूचीबद्ध होगी जो मुझे चाहिए। और मैंने उससे कहा कि मुझे वो जानकारी लंच से पहले चाहिए।

घंटे भर बाद मैंने अपने बैंक को दूसरी कॉल की। जो के $75,000 पहले ही मेरे खाते में पहुंच गए थे। काम के मामले में जो हमेशा से पक्का था।

मैंने वीजे के लिए अपना ईमेल तैयार किया। मैंने उसे निम्नलिखित खिलाड़ियों के बारे में उसके पास मौजूद पूरी पृष्ठभूमि और विवरण प्रदान करने के लिए कहा:

1. टेज़र का सबसे बड़ा इकलौता शेयरधारक और उसकी पृष्ठभूमि

2. उससे जुड़ा निवेश बैंकर जिसने टेज़र का IPO संभाला था और उसका शेयर बाज़ार में लाया था

3. क्षेत्र का सबसे कनेक्टेड स्टॉक ब्रोकर, जिसका टेज़र के IPO निवेश बैंकर के साथ घनिष्ठ संबंध है

4. हाल ही के 2-3 सप्ताहों में किस कमीशन हाउस और/या अनुसंधान सेवा ने टेज़र स्टॉक का प्रचार करना शुरू किया था

और साथ ही मैंने उससे टेज़र के दैनिक और साप्ताहिक चार्ट का पूरा सेट भी माँगा था। मैंने उससे कहा कि वो उन चार्ट्स को मुझे फैक्स कर दे।

उसके बाद मैं लंच के लिए चला गया।

अध्याय 2:

13 अप्रैल, 2004, मंगलवार की दोपहर - अंदरूनी लोगों की पहचान

लंच के बाद मैंने अपना ईमेल देखा। वीजे ने अपना काम कर दिया था। मुझे हमेशा से पता था कि वो अपने काम में अच्छा है। मैंने ईमेल प्रिंट करके निकाल लिया। उसमें कुछ नाम और सामान्य पृष्ठभूमि डेटा दिए हुए थे, जो मैंने उससे माँगा था। मैंने प्रिंट आउट पर हाथ से कुछ और नोट्स लिखे। मेरी फैक्स मशीन में वो चार्ट्स भी आ गए थे जिनका मैंने अनुरोध किया था। मैंने अपने नोट्स के साथ वीजे का ईमेल प्रिंटआउट पढ़ा।

उसमें लिखा था:

डेविड रिची: टेज़र के मालिकों और संस्थापकों में से एक। टेज़र उनके दिमाग की उपज था और उन्होंने इसे कुछ साल पहले स्थापित किया था और यह कंपनी स्टन गन बनाने में विशेषज्ञ थी। स्टन गन टेज़र ब्रांड के अंतर्गत बेचे

जाते थे। वह स्मार्ट, महत्वाकांक्षी थे और कानून प्रवर्तन समुदाय के साथ अच्छे से जुड़े हुए थे। आख़िरकार, उन्होंने सबसे पहले संयुक्त राज्य अमेरिका के प्रमुख शहरों के पुलिस विभागों को अपने उत्पाद बेचने के साथ अपने व्यवसाय की शुरुआत की थी। उनका उत्पाद बहुत सफल हुआ और कानून प्रवर्तन अधिकारियों की कई मूलभूत आवश्यकताओं को पूरा करता था, जो संदिग्ध को ज़्यादा गंभीर नुकसान पहुंचाए बिना उसे काबू में करना चाहते थे। इस तरह, देश भर के कानून प्रवर्तन विभागों द्वारा कई मुकदमों से बचा गया था। डेविड ने 1990 के दशक के अंत में अपनी कंपनी को सार्वजनिक करने पर विचार किया था। लेकिन इससे पहले कि वो अपनी कंपनी को बाज़ार में उतारते, बेयर मार्केट पूरी तरह छा चुका था। उनके निवेश बैंकर - सैक्स एंड सैक्स - ने उन्हें सलाह दी कि पैसे शेयर बाज़ार से बाहर निकल रहे हैं और यह सार्वजनिक होने का सही समय नहीं है। उसके बाद, 2001 की वसंत में उन्होंने अपनी कंपनी को सार्वजनिक बनाने की मूलभूत कार्यवाही शुरू कर दी। उस समय तक सैक्स एंड सैक्स प्रारंभिक सार्वजनिक प्रस्ताव (IPO) के साथ शुरु करने के लिए तैयार थे, CIA और FBI में अपने संपर्कों से डेविड को पता चला था कि आतंकवाद का कोई गंभीर खतरा है। उस समय तक एक दशक से इस्लामी कट्टरपंथी पश्चिमी लोगों और पश्चिमी हितों पर अपना आतंक फैला रहे थे। 2001 की गर्मियां आने पर, डेविड के CIA वाले दोस्त कुछ बड़ा होने की उम्मीद कर रहे थे। डेविड रिची को अपने दोस्तों से पता चला था कि इस बार यह संयुक्त राज्य के अंदर होने वाला था। इसकी वजह से, उन्होंने सैक्स एंड सैक्स को जल्द से जल्द अपना IPO बाज़ार में उतारने के लिए कहा। परिणामस्वरूप, उनका स्टॉक 9/11 के

हमले से 12 हफ्ते से भी कम समय पहले सार्वजनिक हुआ। वह टेज़र स्टॉक के सबसे बड़े इकलौते शेयर धारक थे।

सैक्स एंड सैक्स: यह वो निवेश बैंकर थे, जिन्होंने टेज़र IPO के लिए आर्थिक उत्तरदायित्व लिया था। IPO एक ऐसे निवेश बैंकर द्वारा हैंडल किया जाता है, जिसका उद्यम पूंजी और निवेश पूंजी की दुनिया में ठोस संबंध होता है। एक अच्छे निवेश बैंकर की मुख्य ज़िम्मेदारी बाज़ार में एक अनसुना स्टॉक लाना और बाज़ार व ख़रीदारों को इस नई सार्वजनिक कंपनी के स्टॉक के बदले अपनी नकदी के साथ भाग लेने के लिए उत्साहित करने के लिए पर्याप्त चर्चा और प्रचार करना होता है। यह उत्साह और चर्चा उत्पन्न होने और स्टॉक सूचीबद्ध होने के बाद, उनकी सच्ची ज़िम्मेदारी इस बात का ध्यान रखना है कि आने वाले सालों में वो स्टॉक लिक्विड और अच्छी तरह वितरित हो जाए। इसमें बहुत सारे पैसों की ज़रूरत होती है क्योंकि निवेश बैंकर को बाज़ार नीचे जाने पर और/या बाज़ार की प्रतिक्रियाओं के आधार पर पर्याप्त ख़रीदारी की व्यवस्था करने की ज़रूरत पड़ती है। साथ ही साथ, उन्हें पर्याप्त बिक्री भी करनी होती है ताकि स्टॉक इतनी तेज़ी से न बढ़े कि उसमें रूचि ख़त्म हो जाए क्योंकि ख़रीदार को लग सकता है कि स्टॉक की कीमत बहुत ज़्यादा है। और इसके साथ ही, बहुत तेज़ी से बढ़ता हुआ स्टॉक भारी मात्रा में शॉर्ट विक्रेताओं को आमंत्रित कर सकता है, जो स्टॉक को शॉर्ट करते हैं और स्टॉक के मूल्य को इतना प्रेरित कर सकते हैं कि यह बहुत अधिक अस्थिर हो जाता है। फिर बहुत अस्थिर स्टॉक को वितरित

करना काफी मुश्किल हो जाता है क्योंकि अस्थिरता से जुड़ी समस्याओं की वजह से कई लोग इससे दूर भागते हैं।

जॉन रोमानो: प्रमुख स्टॉक ब्रोकर जिन्होंने टेज़र के IPO पर सैक्स एंड सैक्स के साथ काम किया था। एक ऐसा निवेश ब्रोकर जो बाज़ार में आने वाले किसी नए स्टॉक को आगे बढ़ाना चाहता है और इसे चर्चा में लाना चाहता है, उसे कुछ चुनिंदा कुशल ब्रोकरेज पर निर्भर होना पड़ता है, जिनके पास मालदार ग्राहकों का बड़ा आधार होता है। सबसे पहले IPO ज़्यादा पैसे वाले ख़रीदारों को दिया जाता है। प्रमुख ब्रोकर बिक्रियों का काम करते हैं और IPO को चर्चित बनाने का काम आगे बढ़ाते हैं। इससे नए स्टॉक के लिए तुरंत चर्चा और उत्साह पैदा होता है। अच्छी शुरुआत होने पर अंत अच्छा होने की संभावना भी ज़्यादा होती है। रोमानो उत्तर-पूर्व से थे और अब भले ही वो स्कॉट्सडेल को अपना घर कहते थे, लेकिन उन्होंने वहाँ पर अपने ग्राहक और संपर्क आधार बनाये रखे थे।

सैंटोस और हॉलैंड: कमीशन हाउस और शोध विश्लेषक, जिन्होंने हाल के 2-3 हफ्तों में टेज़र स्टॉक का खुलकर प्रचार करना शुरू किया था। एलेक्स सैंटोस एक प्रसिद्ध विश्लेषक और समाचार पत्र लेखक भी थे। उनके न्यूज़लेटर्स को कई प्रमुख ब्रोकरेज और कमीशन हाउस द्वारा सब्सक्राइब किया गया था। उनके लेखों की सदस्यता काफी महंगी थी। मैंने अपने हाथ से नोट लिखा कि मुझे उनके बारे में बहुत कम जानकारी है।

मैंने उस सूची में पांचवां नाम डाला - बॉयड हंट। बॉयड को शायद ही कोई जानता था। वह कोई अंदरूनी व्यक्ति नहीं थे। असल में, बॉयड एक बाहरी व्यक्ति थे। लेकिन उनके ट्रेड ने उन्हें एक ऐसे स्थान पर लाकर खड़ा कर दिया था, जो किसी अंदरूनी व्यक्ति जितना अच्छा था।

बॉयड मेरे दोस्त थे और उन सबसे बुद्धिमान और सरल लोगों में से एक थे जिनसे मैं आज तक मिला था। मैं सालों से उन्हें जानता था। मैं उनसे सालों पहले मिला था, जब मैं कमोडिटी ब्रोकर था। और मुझे उनसे बात करना बहुत आसान लगता था। मुझे वो हमेशा अपना पूरा समय देते थे। वह बहुत सफल स्टॉक ट्रेडर भी थे। वह असली पेशेवर थे। आजकल उनके जैसे ट्रेडर बहुत ज़्यादा नहीं होते थे। उस दिन दोपहर को मैंने सबसे पहले बॉयड हंट को कॉल किया। मुझे शेयर बाज़ार के मनोविज्ञान और मूलभूत चीज़ों के बारे में अपनी मौजूदा जानकारी को थोड़ा चमकाने की ज़रूरत थी, जिसके बारे में केवल वही मुझे जानकारी दे सकते थे। बॉयड के अंदर किसी भी मुश्किल चीज़ को आसान बनाने की क्षमता थी। ऐसा नहीं है कि मुझे किसी सबक की ज़रूरत थी, लेकिन मैं जो के लिए एक पूर्ण रिपोर्ट तैयार करना चाहता था। इससे कोई फर्क नहीं पड़ता कि जो उस पूरी रिपोर्ट पर ध्यान देता है या नहीं, मैं उसे उसके पैसे की कीमत से ज्यादा देने वाला था। आख़िरकार, उसने मेरी रिपोर्ट के लिए 250,000 डॉलर का वादा किया था।

अध्याय 3:

13 अप्रैल, 2004, मंगलवार की शाम - सट्टेबाज़

मैं पहाड़ों पर स्थित बॉयड के आधुनिक, बड़े और महंगे घर में गया। वो मुझसे मिलने के लिए मान गए थे और ड्रिंक पर शेयर बाज़ार और ख़ासकर टेज़र से जुड़े मुद्दों पर बातचीत करने को तैयार थे। वहाँ का नज़ारा बेहद खूबसूरत था। रेगिस्तान का सूरज डूब रहा था, जो पृष्ठभूमि के रूप में पूल के ऊपर खूबसूरत गुलाबी आसमान की परछाई डाल रहा था। पूल का कोई किनारा नहीं था। उनमें से एक पूल ऐसा था, जैसे वो पहाड़ों से घाटी में नीचे गिर रहा है। यह एक भ्रम था, लेकिन पहाड़ का प्रभाव बेहद खूबसूरत था।

बॉयड ने मुझे ब्लैक कॉफ़ी और हेनेसी एक्स.ओ. ऑफर किया। हम पूल के किनारे आकर रुक गए। उन्होंने बोलना शुरू किया, "आपको अचानक स्टॉक में इतनी दिलचस्पी क्यों हो रही है? अभी कम से कम थोड़े समय तक बाज़ार अपने शीर्ष पर है। अभी आपको कुछ और करने के बारे में सोचना चाहिए। न

कि स्टॉक ख़रीदने के बारे में। और सबसे ज़रूरी बात यह है कि आपकी टेज़र में दिलचस्पी लेना हैरानी भरा है, क्योंकि अब मैं जल्दी ही टेज़र से बाहर निकलने के बारे में सोच रहा हूँ।"

"मैं अपने एक बड़े ग्राहक के लिए टेज़र पर थोड़ी छानबीन करने की कोशिश कर रहा हूँ। यह अभी हेडलाइन में है। अगले मंगलवार को शानदार आय रिपोर्ट आने की चर्चा हो रही है। मुझे लगा मुझे आपसे इस स्टॉक के बारे में थोड़ी जानकारी मिल सकती है," मैंने कहा। "ज़ाहिर तौर पर, आपके बारे में रिपोर्ट में कुछ नहीं रहेगा। आपको यह बात पता है।" मैंने उनसे उस बात की पुष्टि की जो वो मेरे बारे में जानते थे। मैं कभी किसी का भरोसा नहीं तोड़ता था। और बॉयड, अनाम रहकर काम करना पसंद करते थे, इसलिए उन्हें मेरी यह बात बहुत पसंद थी।

"बाज़ार के साथ काम करते वक़्त आपको सावधान रहना होगा। मुझे नहीं लगता मुझे आपको यह बताने की ज़रूरत है क्योंकि मेरी तरह आप भी एक पुराने ट्रेडर हैं। मैं बाज़ार को लेकर हमेशा सावधान और सम्मानपूर्ण रहता हूँ। बाज़ार ने मुझे कई बार बहुत गहरी चोट पहुंचाई है। और हर बार जब मेरे अंदर घमंड आया है तब यह मेरे लिए खतरनाक साबित हुआ है। अब बाज़ार से डील करते समय मैं हमेशा विनम्र रहता हूँ। तो यदि मैं बाज़ार में जो कुछ भी चल रहा है उनमें से ज़्यादातर चीज़ों को लेकर रक्षात्मक और संदेहजनक लगता हूँ तो यह बस मेरी विनम्रता की वजह से है। अब जबकि आपको शेयर बाज़ार

के बारे में मेरे गंभीर संदेह का पता चल चुका है तो आप कहाँ से शुरू करना चाहेंगे?" बॉयड ने अपने कॉन्यैक की चुस्की लेते हुए कहा।

हर किसी को शेयर बाज़ार के किसी सच्चे उस्ताद की बात सुनने का मौका नहीं मिलता। बॉयड पिछली पीढ़ी से थे और उनकी समझदारी को हमेशा से कम आँका गया था। और वो हमेशा पूरी सच्चाई बताते थे। उन्होंने यह साफ़ कर दिया था कि बाज़ार में खतरे उदार होने की क्षमता से कहीं ज़्यादा थे। वह वॉल स्ट्रीट की ज़्यादातर जनता के लिए अनजान थे। जैसा कि आम तौर पर होता है, स्ट्रीट पर कोई व्यक्ति जितना ज़्यादा मशहूर होता है, उसके अच्छे दिनों के ख़त्म होने की उतनी ज़्यादा संभावना होती है। यह ब्लूचिप स्टॉक होने की तरह है। उसके बहुत ज़्यादा वृद्धि और गतिविधि के दिन जा चुके होते हैं। अपने ज़्यादा विकास के सालों में ऊपर जाने के बाद, यह एक परिपक्व अवस्था में पहुंच जाता है जहाँ विकास की दर धीमी और स्थिर होती है। जैसे ही कोई वित्तीय समूहों में मशहूर बनता है, उसका अहंकार उसके विरुद्ध काम करना शुरू कर देता है, क्योंकि वो ख़ुद को उससे कहीं ज़्यादा महत्वपूर्ण समझना शुरू कर देता है जितना कि वह है। और यही औसतपन की तरफ पहला कदम होता है। बाज़ार में अहंकार और आत्म-महत्ता की कोई जगह नहीं है।

बॉयड हंट अपनी तरह के इकलौते इंसान थे। वो लोगों की नज़र में आने से बचते थे, लाइमलाइट से दूर रहते थे और बिल्कुल शांति से और दुनिया से अलग-थलग होकर अपना काम करते थे। बॉयड का अपना कोई एजेंडा नहीं था और वो न ही अपना प्रचार करते थे। मुझे अपने इस अवसर का पूरा लाभ

उठाना था। मैंने अपना पैड निकाला और कहा, "बॉयड, अगर हो सके तो आज रात शेयर बाज़ार में सट्टेबाज़ी की मूलभूत बातों के साथ शुरुआत करिए। थोड़ी छानबीन करने के बाद, मुझे ट्रेडिंग पर विस्तृत सबक और टेज़र पर आपकी ट्रेड गतिविधियों के लिए आपके पास वापस आना होगा। मैं अगले कुछ दिन बाद वापस आ सकता हूँ। क्या यह ठीक रहेगा?"

बाज़ार के बारे में बॉयड की जानकारी अनमोल थी। समय के साथ सही से प्रयोग किये जाने पर, उनकी जानकारी से कोई भी अमीर बन सकता था। उस शाम मैंने बुद्धिमानी के साथ नोट बनाये।

बाद में, उसी रात मैं अपने घर पर कंप्यूटर के सामने बैठ गया और उस शाम बॉयड से मैंने जो कुछ भी सुना था वो सब टाइप करना शुरू कर दिया। मैं देर रात तक टाइप करता रहा। उसके बाद, मैंने उसका प्रिंट आउट निकाल लिया। मैंने टाइप किये गए कागज़ों का ढेर उठाया और टीवी के सामने अपनी मनपसंद कुर्सी पर जाकर बैठ गया। मैंने टीवी पर आवाज़ बंद करने के लिए म्यूट बटन दबा दिया। उस समय CNBC TV चल रहा था। और कोई पंडित शेयर बाज़ार का प्रचार कर रहा था। यूरोपीय बाज़ार पहले ही खुल चुके थे। उस पंडित का दावा था कि वैश्विक विस्तार होने वाला है। मेरे रिमोट पर म्यूट ने उसके प्रचार को विराम दे दिया। और फिर मैंने वो पढ़ना शुरू किया जो बॉयड ने मुझे उस शाम बताया था। यह बॉयड के अपने शब्दों में था। इसे लिखने का वही एकमात्र तरीका था और यह कुछ ऐसे था:

शेयर बाज़ार में कोई भी चीज़ बेवजह नहीं होती। और पैसे वाले लोग चीज़ें करवाते हैं। और हर गतिविधि के पीछे कोई कारण होता है। ये कारण स्पष्ट हो सकते हैं या नहीं भी हो सकते हैं और कई मामलों में तो यह कभी स्पष्ट नहीं होते। ज़्यादातर समय बुद्धिमान पर्यवेक्षक भी इसे समझ नहीं पाते हैं। यदि किसी बुद्धिमान पर्यवेक्षक को किसी ख़ास गतिविधि के पीछे का कारण समझ आ भी जाता है तो ज़्यादातर समय यह दूरंदेश ही होता है।

बाज़ार में हिस्सा लेने वाले सभी प्रतिभागी इंसान हैं। इसमें कोई एलियन या पशु नहीं होता। परिणामस्वरूप, बाज़ार में जो भी चीज़ होती है वो इंसान की किसी गतिविधि की वजह से होती है। इंसान ही ख़रीदार और विक्रेता है। दिन के अंत में मूल्य उस स्तर पर आकर स्थिर होता है, जहाँ किसी ख़ास स्टॉक के लिए सभी ख़रीदार और विक्रेता उस दिन के लिए किसी मूल्य के लिए संतुलित समझौते पर आ जाते हैं। इंट्राडे में मुख्य रूप से हो-हल्ला होता है।

मैंने जाना है कि बाज़ार के समय टेप (कंप्यूटर स्क्रीन) देखना धीमी मौत की तरह है। जैसे ही कोई कीमत ऊपर-नीचे जाती है, मैं पागल होने लगता हूँ। और मैं तुरंत बेकार के फैसले लेना शुरू कर देता हूँ। उसके बाद मुझे अपने ट्रेडिंग विंडो पर उसी वक़्त कोई समाचार दिखाई देता है और अचानक मैं उस स्टॉक पर इधर से उधर झूलने लगता हूँ। इसलिए मैं यह सोचकर तुरंत कोई ऑर्डर कर देता हूँ कि मैं उस नए समाचार से किस तरह से पैसे बना सकता हूँ। भले ही मुझे अच्छे से पता होता है कि समाचार केवल गतिविधि की पुष्टि करता है। गतिविधि हमेशा समाचार आने से पहले होती है। स्मार्ट मनी आम तौर पर

केवल एक प्रतिक्रिया पर इसे वापस ख़रीदने के लिए अच्छी ख़बर में बिकती है। ऐसा इसलिए है क्योंकि स्मार्ट मनी ने समाचार आने से हफ्तों पहले समाचारों को छोड़ दिया था। जब समाचार जारी किया जाता है और जनता उत्साहित हो जाती है, इसलिए स्मार्ट मनी जनता से ख़रीदारी की बढ़ी हुई मात्रा में बिक सकता है।

टेप देखने पर, यह ऑनलाइन कैसिनो से ज़्यादा मुझे और कुछ नहीं लगता। और कैसिनो में संभावना हमेशा मेरे ख़िलाफ़ होती है, चाहे यह ऑनलाइन हो या ऑफलाइन। यदि मैं जीतने की संभावना पर ध्यान नहीं देता तो मैं सफल सट्टेबाज़ नहीं बन सकता हूँ। मैं शेयर बाज़ार में केवल तभी अच्छे पैसे कमा सकता हूँ जब मैं अपने अलावा और किसी पर भी भरोसा नहीं करता। और जब भी मैंने पहले छोटी प्रतिबद्धता की है और अपनी पहली प्रतिबद्धता में बड़े पिरामिड पोज़ीशन जोड़े हैं तब यह हमेशा मेरे लिए एक सफल उद्यम साबित हुआ है। और अपने सभी सबसे सफल ट्रेडों में टेप को कभी नहीं देखना, बल्कि स्टॉप-ऑर्डर पर भरोसा करना शामिल है।

मुझे पता है कि मेरी अपनी व्याख्याओं पर आधारित धारणाएं और फैसले मेरे लिए अच्छा काम करते हैं। और उस समय के शोर-गुल और समाचार से दूर रहने पर ये मेरे लिए सबसे अच्छे होते हैं। दूरी से मुझे बाज़ार को किसी और के दृष्टिकोण से देखने के बजाय अपनी ख़ुद की नज़रों से देखने का मौका मिलता है।

अगर मुझे कोई कार ख़रीदनी है तो मैं उसके डीलर के पास जाऊंगा, उस कार को चलाकर देखूंगा जो मुझे सही दिखती और महसूस होती है। उसके बाद, अगर मुझे उसकी कीमत सही लगती है तब मैं उसे ख़रीदता हूँ। इस तरह मैंने अपनी ख़ुद की नज़रों से कार को देखा होता है। मैंने इसे अपने से महसूस किया होता है। मैंने उसे ख़ुद टेस्ट-ड्राइव किया होता है। मैं कभी इसलिए कार नहीं ख़रीदूँगा क्योंकि किसी कार ब्रोकर ने मुझे कॉल किया है और कार के बारे में बताया कि यह कितनी अच्छी है।

यदि आपको घर ख़रीदना हो तो क्या आप जाकर वो घर नहीं देखना चाहेंगे? शायद आप एक से ज़्यादा बार उस घर में जाएंगे। आस-पड़ोस के बारे में पता करेंगे। यह जानेंगे कि वहाँ आपराधिक गतिविधियों की क्या स्थिति है? क्या वहाँ अच्छे स्कूल हैं? क्या वहाँ आसपास कोई अस्पताल, किराने की दुकान, ख़रीदारी केंद्र, मनोरंजन केंद्र, रेस्टोरेंट आदि हैं? इसका निरीक्षण एक स्वतंत्र निरीक्षक द्वारा किया जाता है। इस बात का ध्यान रखने के लिए सभी उपकरणों की जांच की जाती है कि सबकुछ सही से चल रहा है या नहीं। मूल्यांकन किया जाता है। केवल तब जाकर कोई घर ख़रीदने के बारे में सोचता है। आप कभी भी फ़ोन पर ब्रोकर से बात करके घर ख़रीदने का फैसला नहीं करेंगे।

लेकिन इंसान ब्रोकर से फ़ोन कॉल पर बात करके बड़ी मात्रा में शेयर ख़रीद लेंगे। हम ऐसा फैसला क्यों करते हैं? इसका बस एक जवाब है। आपसे अमीरी का वादा किया जाता है। कोई व्यक्ति केवल लाभ पाने के लिए ही कोई स्टॉक ख़रीदता है। ज़्यादातर मामलों में, लोग जल्दी से अमीर बनने के लिए ख़रीदारी

करते हैं। इस मामले में यह कैसिनो से अलग नहीं है। हम कैसिनो में इसीलिए दांव लगाते हैं क्योंकि हम तेज़ी से अमीर बनना चाहते हैं।

लोगों को अनुमानों के बारे में कोई आईडिया नहीं है। वे केवल संभावनाओं में भरोसा करते हैं। ऐसा संभव है कि कैसिनो में कोई व्यक्ति एक झटके में करोड़पति बन जाए। ऐसा कभी-कभी होता है। ऐसा भी संभव है कि किसी को शेयर बाज़ार में कोई बहुत अच्छा शेयर मिल जाए और वो करोड़पति बन जाए। ऐसा कभी-कभार हो जाता है। ऐसा संभव है कि लोग कई करोड़ का जैकपॉट जीत जाएं। ऐसा पहले कुछ बार हुआ है। लेकिन केवल इसलिए क्योंकि कोई चीज़ पहले हो चुकी है, इसका यह मतलब नहीं है कि यह फिर से होगी। निश्चित रूप से, यह संभव है। लेकिन हममें से कितने सारे लोग बैठकर संभाव्यता के बारे में विचार करते हैं? शेयर बाज़ार में एकमात्र सुसंगत विजेता वही है, जो अपनी प्रतिबद्धताओं को संभाव्यताओं के आधार पर रखता है, न कि संभावनाओं के आधार पर।

किसी जुआरी और सट्टेबाज़ के बीच एक बारीक अंतर होता है। जुआरी हर तरफ हैं। हम जुआरियों का देश हैं। अब यहाँ हर जगह कैसिनो हैं। खेल आयोजनों पर दांव लगाना युवा, वृद्ध, कट्टरपंथियों और मशीनी लोगों के बीच जीवन का एक तरीका है। घुड़दौड़ हर जगह प्रचलित है। इंटरनेट के आने से हर जगह हर चीज़ पर जुआ खेला जा रहा है। इसमें स्टॉक भी शामिल हैं। लास वेगास में हवाई अड्डे पर भी स्लॉट मशीनें हैं। इस तरह कोई अपनी उड़ानों के इंतज़ार में समय बर्बाद करते हुए भी पैसे गँवा सकता है। हो सकता है अगली बार आपको

यह भी सुनने को मिल जाए कि किसी जीनियस ने हवाई जहाज़ में स्लॉट लगा दिए हैं ताकि लोग उड़ते हुए भी जुआ खेल सकें।

जुए के विपरीत, सफल सट्टेबाज़ी ज़्यादा आम नहीं है। असल में, सफल सट्टेबाज़ दुर्लभ नस्ल है। हालाँकि, जब लोग बाज़ार में होने वाली किसी भी अस्थिर गतिविधि का दोष सट्टेबाज़ों के ऊपर लगाते हैं तो ऐसा लगता है कि सफल सट्टेबाज़ों की संख्या बहुत ज़्यादा है। सट्टेबाज़ी का मतलब होता है केवल तभी कोई प्रतिबद्धता करना जब संभावना व्यक्ति के पक्ष में होती है। सट्टेबाज़ तब तक कोई कार्यवाही नहीं करता जब तक कि संभावना उसके पक्ष में नहीं होती है। जुआरी जीत की संभावना के बारे में सोचे बिना प्रतिबद्धताएं करता है।

शेयर बाज़ार में होने वाले उतार-चढ़ाव धन के वादे की वजह से होते हैं। यही चीज़ बाज़ार में पैसे लाती है। किसी भी ख़रीदार के लिए हर समय एक 'डील ऑफ़ द डे' मौजूद होता है। बाज़ार गंभीर बेयर मार्केट में डूबा हो सकता है, लेकिन अगर आप किसी ब्रोकर से पूछते हैं कि, "क्या सही लगता है?" तो वो हमेशा आपके पैसे खर्च करने का कोई न कोई तरीका ज़रूर निकाल लेगा। हमेशा कोई न कोई ऐसा स्टॉक ज़रूर होता है जो "चलने के लिए तैयार" रहता है।

अमेरिका एक पूंजीवादी समाज है। यानी जितनी ज़्यादा पूंजी होती है, उतना ही ज़्यादा समाज होता है। यह सब आपस में जुड़ा हुआ है। शेयर बाज़ार किसी कंपनी के निवेश और विकास के लिए पूंजी जुटाने का एक माध्यम है। ज़्यादातर मामलों में, जब कोई स्टॉक IPO के माध्यम से सार्वजनिक होता है तो

यह कंपनी के मालिकों (शेयरधारकों) को समृद्ध करता है। इस तरह तुरंत पैसा उत्पन्न होता है। लेकिन पैसा पेड़ों पर नहीं उगता। गिग सेटअप करने के लिए ख़रीदने में बड़ा पैसा लगा होता है। सेटअप में लंबा समय लगता है। कई बार इसमें कई सालों और यहाँ तक कि दशकों का भी समय लग सकता है। इस गतिविधि में सेटअप की तुलना में बहुत कम समय लगता है। बड़े पैसे वाले खिलाड़ी बनने के लिए बहुत धैर्य की आवश्यकता होती है।

लोगों को स्टॉक ख़रीदने के लिए उत्साहित करने का केवल एक तरीका है। वो है उन्हें बढ़ते हुए मूल्य दिखाना। व्यक्ति केवल वही स्टॉक ख़रीदना चाहता है जिसका मूल्य बढ़ रहा होता है। कोई भी ऐसा स्टॉक नहीं ख़रीदना चाहता जिसका मूल्य गिर रहा हो। यह साबित करने का केवल एक तरीका है कि स्टॉक का मूल्य बढ़ रहा है। स्टॉक उच्चतर मूल्य के उच्च और उच्चतर मूल्य के निम्न की श्रृंखला बनाकर ऐसा करता है। यदि स्टॉक पिछले उच्च मूल्य से नया उच्चतर मूल्य उच्च बनाता है और इसके बाद मूल्य की प्रतिक्रियाओं पर पिछले निम्न से उच्चतर मूल्य निम्न बनाता है तो यह बढ़ने के रुझान को दर्शाता है। किसी स्टॉक को ऐसे ऊपर के रुझान पर सेट करने के अलावा उसे मार्केट करने का कोई और बेहतर तरीका नहीं है। अचानक लोगों में ऐसे "विजेता" को ख़रीदने की दिलचस्पी जाग जाती है।

IPO जारी करने में मदद करने वाले निवेश बैंक या अंडरराइटर चीज़ों को गति में लाने में मदद करते हैं। इस इंसेंटिव पर आधारित सिस्टम में निवेश बैंक (अंडरराइटर) को लोगों में स्टॉक वितरित करने में मदद करने के लिए शुल्क के

रूप में शेष शेयरों का एक प्रतिशत दिया जाता है। स्टॉक के वितरण का मतलब है कि स्टॉक ज़्यादा से ज़्यादा व्यापक धारकों के पास पहुंच जाता है। जिसका मतलब है कि बड़ी मात्रा में धारक स्टॉक के बकाया शेयरों का एक छोटे से छोटा प्रतिशत अपने पास रखेंगे। इस तरह ख़रीदारों का कोई एक समूह अकेले स्टॉक को नहीं चला सकता। निवेश बैंकर (अंडरराइटर) को प्रतिक्रियाओं पर स्टॉक ख़रीदने और उसका समर्थन करने के लिए अपने ख़ुद के मालदार एजेंटों के माध्यम से व्यवस्था करनी पड़ती है। यह स्टॉक को कुल बिकवाली से रोकता है। जैसे ही स्टॉक की कीमत घटती है, इसे पहले इसका मूल्य घटने के लिए प्रतिक्रिया माना जाता है। मूल्य में ऐसी कमी आने पर, इसके मूल्य का समर्थन करने के लिए स्टॉक को अंडरराइटर और उसके एजेंटों द्वारा ख़रीदा जाता है। इसलिए उदाहरण के लिए, यदि स्टॉक 10 अंक ऊपर जाता है तो इसे पांच अंकों में प्रतिक्रिया करने की अनुमति है।

इस प्रतिक्रिया का हमेशा ऊपर बढ़ने से कम होना तय होता है। और प्रत्येक प्रतिक्रिया ज़्यादा से ज़्यादा ऊँचे मूल्यों पर समर्थित होती है। मंच तैयार होता है, पूरा होता है और गेम पूरी तरह खेला जा चुका होता है। खेल के अंत में, जनता IPO के रूप में स्टॉक की शुरुआत से लेकर स्टॉक पूरी तरह वितरित होने के समय तक स्टॉक में बड़ी मात्रा में पैसे लगा चुकी होती है। और इस दौरान कुछ चुनिंदा लोगों ने पैसे कमा लिए होते हैं। यह लॉटरी से भी बुरा है। लॉटरी में जनता पॉट में योगदान देती है और कम से कम लॉटरी का विजेता रैंडम तरीके से चुना जाता है। शेयर बाज़ार में कुछ भी रैंडम नहीं होता। जनता पॉट

में योगदान तो करती है लेकिन विजेता रैंडम तरीके से नहीं चुने जाते। जैसा कि पहले ही बताया गया है, शेयर बाज़ार में हर चीज़ किसी कारण से होती है।

आपको पता है, सालों तक मैं न्यूज़लेटर लिखा करता था। मैं स्टॉक का चुनाव करता है और उससे भी ज़रूरी, मैं शेयर बाज़ार के सामान्य रुझान पर टिप्पणियां किया करता था। मैं हमेशा इस बात पर ज़ोर देने की कोशिश करता था कि जीतने की सबसे ज़्यादा संभावना तब होती है जब कोई व्यक्ति अपने ट्रेडों को बाज़ार में केवल पुष्टि किए गए रुझानों की अवधि तक सीमित रखता है। सबसे ज़्यादा महत्वपूर्ण बात यह है कि केवल बाज़ार का रुझान ऊपर की ओर होने के दौरान ख़रीदारी करने पर और नीचे के रुझानों या अनिश्चित रुझानों के दौरान नकद अपने पास रखना हमेशा फायदेमंद साबित होता है।

न्यूज़लेटर में किसी व्यक्ति के ट्रेडों को सीमित करने की आवश्यकता का हमेशा उल्लेख किया जाता था। मैं अपने सदस्यों को कभी भी एक साल में 5-10 ट्रेड से ज़्यादा नहीं करने की सलाह देता था। मैं ख़ुद भी साल में पांच ट्रेड करने की कोशिश करता था। लेकिन आपको पता है कि मनुष्य का दिमाग कैसे काम करता है। यह स्थिर नहीं रहता। खाली दिमाग शैतान का घर कहा जाता है। स्थिर बैठने का मतलब है, कुछ न करना। ऐसी अवधियां होती हैं, जहाँ व्यक्ति कोई ख़रीदारी नहीं करेगा। और दूसरी अवधियों में व्यक्ति अपनी होल्डिंग के साथ बैठा रहेगा। लेकिन इसमें हमेशा शांति से बैठना शामिल है। ख़रीदने और बेचने की वास्तविक कार्यवाही अपने आपमें दुर्लभ होनी चाहिए।

और मैं अपने पाठकों को यह बताने की कोशिश करता था कि आप जितने ज़्यादा ट्रेड करेंगे आपका नुकसान उतना ही ज़्यादा होगा। इस तरीके से शेयर बाज़ार में संभावनाएं तर्कसंगत बनती हैं। उदाहरण के लिए, यदि जीतने की 30% संभावना है तो कोई व्यक्ति 10 ट्रेड में सात नुकसान झेलेगा। यदि कोई व्यक्ति 20 बार ट्रेड करता है, नुकसान की संख्या बढ़कर 20 में से 14 हो जाएगी। और उससे भी बुरा यह होता है कि नुकसान पहले आएंगे और लाभ दिखाई देने से पहले ही नुकसान ज़्यादातर ट्रेडिंग पूंजी को ख़त्म कर देंगे। लेकिन हम इंसानों को ऐसी सच्चाई सुनना अच्छा नहीं लगता। अमीर बनने का वादा ज़िंदा और अच्छा रखने की ज़रूरत पड़ती है। ख़ासकर तब जब टीवी, इंटरनेट और प्रिंट मीडिया पर ऐसे कई सारे पंडितों का ढेर लगा हुआ है, जो हमेशा किसी न किसी स्टॉक की चर्चा करते हैं। लोगों को इन तथाकथित पंडितों का दृष्टिकोण पाना अच्छा लगता है, जो उनके अपने आंतरिक पूर्वाग्रहों से युक्त होता है। इसके बारे में सोचें। यदि मैं बाज़ार में लॉन्ग पोज़ीशन लेना चाहता हूँ तो मैं बुल्स की बात सुनूंगा और उनपर यकीन करूंगा। यदि मैं बाज़ार में शॉर्ट पोज़ीशन लेना चाहता हूँ तो मैं बेयर्स की बात सुनने पर ज़्यादा ध्यान दूंगा।

लगातार सही मार्केट कॉल के बजाय निरंतर बुलिश व्यवहार से ज़्यादा सदस्य जीते जा सकते थे। 2000-2002 के तीन साल के बेयर मार्केट में ज़्यादातर समय मैंने अपने पास नकद रखा था। और मैंने अपने पाठकों को भी यही व्याख्या और तर्क दिया था। लॉन्ग पोज़ीशन में कोई भी अच्छा मुनाफा पाने की संभावना ट्रेडर के पक्ष में नहीं थी। और बाज़ार की ऐसी परिस्थितियों

में अपने पास नकद रखना सबसे अच्छा होता था। कुछ भी ख़रीदने की ज़रूरत नहीं थी। दरअसल, मेरा सुझाव साफ़ था और "स्टॉक न ख़रीदें" मेरा मंत्र था। ज़ाहिर तौर पर, शायद ही कोई ऐसे संदेश सुनना चाहता था। अगर कोई व्यक्ति कुछ हफ्तों के लिए 'न ख़रीदें' के संदेश सुनता है तो कोई बात नहीं। लेकिन शायद ही कोई ऐसा होगा जो लगातार कई महीनों तक लगातार यही बात सुनना चाहेगा। यह निराशाजनक होता है। भले ही यह सही गतिविधि हो।

समस्या यह है कि चूँकि ज़्यादातर सलाहकार बाज़ार का अनुमान नहीं लगा सकते, इसलिए उन्हें लगता है कि ऐसा किया ही नहीं जा सकता। मैं आपको कुछ बताता हूँ। हालाँकि, मैं किसी चाल के नीचे और ऊपर जाने का पता नहीं लगा सकता, लेकिन मैं निश्चित रूप से बाज़ार में जीतने की बढ़ी हुई संभावनाओं की अवधियों का अनुमान लगा सकता हूँ। मैं इन बढ़ी हुई संभावनाओं की समयावधि में ट्रेडिंग का सुझाव दूंगा। लेकिन लोग इंतज़ार नहीं करना चाहते। वो जल्दी से जल्दी अपने पैसे खर्च करना चाहते हैं। और ज़्यादा पैसे कमाने के लिए पैसे खर्च करना इस लाइन के साथ बिल्कुल सही जाता है कि, "आपको अपने पैसों को काम पर लगाना होता है।" अगर मेरे पैसे नुकसान नहीं उठा रहे हैं तब मैं समझता हूँ कि मेरे पैसे सही काम कर रहे हैं।

अंत में, कुछ सालों बाद मैंने अपना न्यूज़लेटर बंद कर दिया। मुझे लगा कि बस अपने तरीके से अपने ट्रेड करना और परिस्थिति को समझने की अपनी ख़ुद की क्षमता के आधार पर बाज़ार में जाना या बाहर निकलना सबसे अच्छा है। उनसे मुझे जो मुनाफे मिले हैं वो इस बात की पुष्टि होती है कि मैं सही हूँ। यदि

मैं गलत होता हूँ तो मैं थोड़े-बहुत नुकसान के साथ बाहर आ जाता हूँ। आप शांति से ट्रेड करते हैं। यदि आप अपनी जीत का विज्ञापन करते हैं या दावा करते हैं तो लोग आपका यकीन नहीं करते या उससे भी बुरा कि वो आपसे जलना शुरू कर देते हैं। यदि कोई व्यक्ति नुकसान दिखाता है तो लोग आपको नीचा दिखाने लग जाते हैं। ज़्यादातर लोगों को यह पता नहीं होता कि शेयर बाज़ार में ट्रेड करने वाले 85% से ज़्यादा लोग बाज़ार में अच्छा प्रदर्शन नहीं करते हैं। इसमें सभी पेशेवर और नौसिखिये एक समान रूप से शामिल हैं। इसलिए, अक्सर मज़ाक में कहा जाता है कि स्टॉक टेबल पर डार्ट फेंकने से आपको बाज़ार के औसत से ज़्यादा अच्छा मुनाफा मिल सकता है। और इसमें थोड़ी सच्चाई भी है।

हम एक ऐसे समाज में रहते हैं, जहाँ सबको तुरंत लाभ चाहिए। हम सब तुरंत कार्यवाही और परिणाम चाहते हैं। अब हममें से किसी में भी धैर्य नहीं रहा। कोई भी इंतज़ार नहीं करना चाहता। और शेयर बाज़ार में यह और ज़्यादा देखने को मिलता है। हम दिनों और हफ्तों में तिगुना लाभ पाना चाहते हैं, जबकि सच्चाई यह है कि इसमें हफ्तों और महीनों लगते हैं। आजकल हमें युवा लोगों की जल्दबाज़ी में होने वाली शादियों और तलाकों में यह देखने को मिलता है। अब कोई भी मेहनत नहीं करना चाहता। यदि कोई चीज़ पहले या दूसरे प्रयास में काम नहीं करती तो ज़्यादातर लोग हार मान लेते हैं। और लोग ज़्यादा तेज़ और जल्दी संतुष्टि पाने के लिए कहीं और देखना शुरू कर देते हैं।

हममें से ज़्यादातर लोग ट्रेडिंग की किसी विधि में अपना हाथ आज़माएंगे और यदि हमें एक-दो बार नुकसान झेलना पड़ता है तो हम हार मान लेंगे। और फिर हम स्टॉक ट्रेडिंग का कोई दूसरा तरीका ढूंढना शुरू कर देते हैं। लोग लगातार किसी जादुई जवाब की तलाश में होते हैं। जबकि जवाब हमारे सामने होता है। शेयर बाज़ार में कोई भी उचित सफलता पाने की उम्मीद करने से पहले कई सालों के अनुभव और सीख और "इसमें टिके रहने" की क्षमता की ज़रूरत पड़ती है। हममें से कितने लोग बाज़ार को जानने और इसका अध्ययन करने के लिए काम करेंगे? कितने सारे लोग अपना समय और प्रयास देंगे और अत्यधिक ज़रूरी धैर्य दिखाएंगे?

कुछ सालों तक न्यूज़लेटर प्रकाशक के रूप में अपने अनुभव से मैं आपको बता सकता हूँ कि बहुत कम लोगों को बाज़ार में सफलता हासिल होती है। ऐसा इसलिए होता है क्योंकि बहुत कम लोगों में वो धैर्य और अनुशासन होता है जिसकी ज़रूरत पड़ती है। सभी लोग आसान रास्ता अपनाते हैं, नियम तोड़ते हैं, ट्रेडिंग के नियमों के लिए अपवाद बनाते हैं, धैर्य खो देते हैं, और बाज़ार को मात देने के लिए किसी नए स्कीमर द्वारा प्रचार किये गए किसी ज़्यादा नए, तेज़ तरीके की ओर आगे बढ़ते हैं, जो जनता को "बाज़ार को मात देने का अपना नया तरीका" बेचता है। चाहे यह कंप्यूटर से उत्पन्न मॉडल, सॉफ्टवेयर हो, या ऑप्शंस या फ्यूचर्स। ये सभी बस पैसे गंवाने का एक और तरीका हैं। मैं हमेशा ख़ुद को याद दिलाता हूँ कि यदि मैं स्टॉक में पैसे नहीं बना सकता तो मैं ऑप्शंस या फ्यूचर्स में कैसे पैसे कमा सकता हूँ। ऑप्शंस और फ्यूचर्स ज़्यादा जोखिम भरे

और ज़्यादा लीवरेज वाले होते हैं, इसलिए तर्क कहता है कि मैं उसमें शेयर में ट्रेड करने से कहीं ज़्यादा खो दूंगा।

और मेरा एक और नियम यह है कि यदि मैं $100,000 के खाते पर पैसे नहीं कमा सकता तो मैं $1 मिलियन खाते पर पैसे नहीं कमा सकता हूँ। ट्रेड की जाने वाली पूंजी की राशि मुनाफे की दर नहीं बताती। यदि मैं $100,000 के खाते पर गलतियां करता हूँ तो मैं $1 मिलियन खाते पर भी वही गलतियां करूंगा।

बाज़ार को मात देने का बस एक तरीका है। बाज़ार के सबकों को अपने से सीखना और पुराने विशेषज्ञों द्वारा दिए गए सबकों को पहचानने की कोशिश करना। वो पुराने विशेषज्ञ जो अब जा चुके हैं, अपने लेखनों और अनुभवों के माध्यम से, उन सबकों की पुष्टि करते हैं जो हम बाज़ार में ख़ुद सीखेंगे। जो लोग आज के बाज़ार में सफल होने का दावा करते हैं, लेकिन हमें कभी भी नुकसान के प्रति आगाह नहीं करेंगे, उनके पाठकों के साथ अन्याय करने की संभावना अधिक होती है।

लेकिन चूहे-बिल्ली के इस खेल में किसी एक समूह की गलती नहीं हो सकती। इससे पहले कि सेवा के बारे में कोई बुद्धिमान निर्णय लिया जा सके, अनुभवी ट्रेडर अपने पाठकों को न्यूज़लेटर के लिए कुछ महीनों की प्रतिबद्धता करने का अनुरोध करेगा। लेकिन पाठक को कई महीनों की प्रतिबद्धता का कोई फायदा नहीं है - वह तत्काल परिणाम चाहता है क्योंकि ऐसी सैकड़ों सेवाएं हैं जो तत्काल परिणाम का वादा करती हैं। इसलिए, वास्तव में अच्छी सेवाएं नहीं

टिकेंगी क्योंकि वे अपने पाठकों से लंबी अवधि की प्रतिबद्धताओं के लिए कहेंगे। पाठक न्यूज़लेटर के लिए इस तरह की लंबी अवधि की प्रतिबद्धता करने को तैयार नहीं होते है।

इसलिए, न्यूज़लेटर व्यापक मात्रा में ज़्यादातर निवेशक जनता की अनंत उम्मीदों को आकर्षित करने के लिए निरंतर रूप से बुलिश रहने के लिए अपनी धुन को समायोजित करता है या बदल देता है। सब यही सुनना चाहते हैं कि सबकुछ अच्छा होने वाला है। और वो बाज़ार में सही रहने के बजाय इस तरह की निरंतर लेकिन गलत तेज़ी के बारे में सुनने के लिए पैसे देने को भी तैयार रहते हैं। चूँकि, बाज़ार में सही निर्णय लेने के लिए अक्सर बेयरिश होने की ज़रूरत पड़ती है, लेकिन "उम्मीद से भरे हुए" पाठक के लिए यह आकर्षक नहीं है। आशा शाश्वत है। जब तक ऐसा चलता रहेगा, बाज़ार कुछ चुनिंदा लोगों को भाग्य बनाने के लिए पर्याप्त अवसर प्रदान करेगा और अधिकांश जनता को अपना पैसा खर्च करने के अवसर प्रदान किए जाएंगे।

मुझे अपना न्यूज़लेटर बंद करना पड़ा क्योंकि मैं एक और ऐसा न्यूज़लेटर नहीं बनना चाहता था, जो निरंतर बाज़ार में तेज़ी के बारे में बताता है। या यह जानते हुए ख़रीदने के लिए शेयरों का एक बड़ा बास्केट नहीं देना चाहता था कि बड़े बास्केट में कम से कम कुछ विजेता ज़रूर होंगे। उस तरह मैं सही नहीं होता।

वैसे भी मैं बाज़ार में ट्रेड करके अपना खर्च चलाता हूँ। और मुझे बाज़ार में अनाम तरीके से काम करने का अपना तरीका पसंद है। इस तरह मैं कोई दुश्मन

नहीं बनाता और मैं किसी का गुस्सा नहीं बढ़ाता। मैं बड़े खिलाड़ियों के रास्ते में नहीं आता और किसी को परेशान नहीं करता। अब मैं अपने ट्रेड के बारे में बात नहीं करता, और न ही किसी से बाज़ार के बारे में बात करता हूँ। कभी-कभार जब मुझे कोई ऐसा मिल जाता है जो बाज़ार के साथ मुझे मेरे कनेक्शन की याद दिलाता है तो मैं तुरंत उससे दूर चला जाता हूँ और आम तौर पर केवल यह बताता हूँ कि बाज़ार ट्रेड के लायक है या नहीं। इसके अलावा, मैं बाज़ार से जुड़ी किसी भी बातचीत से ख़ुद को दूर रखता हूँ और ख़ुद को बाज़ार की बातचीत में संलग्न नहीं करता हूँ।

इस तरह, उस रात के लिए बॉयड की टिप्पणी समाप्त हुई।

अध्याय 4:

14 अप्रैल 2004, बुधवार की सुबह - सबसे बड़ा शेयरधारक

जब मैंने फ़ोन पर डेविड रिची को बताया कि मैं स्वतंत्र रूप से एक बड़े निवेश समूह के लिए टेज़र पर एक स्टोरी लिख रहा हूँ तो वह मुझसे मिलने के लिए काफी उत्सुक लग रहे थे। उन्होंने मुझसे उस निवेश समूह के बारे में नहीं पूछा जिसका मैं प्रतिनिधित्व कर रहा था। पिछले कुछ समय से वह काफी व्यस्त चल रहे थे। उनकी कंपनी हेडलाइन बना रही थी। ये हेडलाइन न केवल स्टॉक की कीमत में अविश्वसनीय बढ़ोतरी की वजह से बन रही थीं, बल्कि लगातार पिछली चार तिमाहियों से निरंतर रूप से ठोस आय के विकास की वजह से भी बन रही थीं। पिछली चार तिमाहियों में से प्रत्येक में आय का विकास शानदार 100% या उससे ज़्यादा था। वह शर्मीले नहीं थे। वह सुर्खियां बटोर रहे थे। टेज़र उनका बच्चा था। यह बहुत सफल हो गया था और उनके पास इसपर गर्व

करने का पूरा कारण था। मुझे तुरंत वो चीज़ याद आयी जो मैंने पिछली रात पढ़ी थी। बॉयड सही थे। बढ़ते हुए शेयर का मूल्य मार्केटिंग का सबसे अच्छा रूप है।

मैंने उनसे पूछा, "आप इस बात से बहुत ख़ुश होंगे कि अब आप 150 गुना ज़्यादा करोड़पति हैं?" उन्होंने अपने IPO से टेज़र में अपने 500,000 शेयर रखे हुए थे। आज $300/शेयर से ज़्यादा की कीमत को देखते हुए, वह $150 मिलियन के हर एक सेंट के योग्य थे। उन्होंने उस सवाल को टाल दिया। अब तक वह सवालों का जवाब देने में विशेषज्ञ बन चुके थे।

"स्टॉक की कीमत हमारी जबरदस्त वृद्धि और आगे शानदार विकास की बेहतरीन संभावनाओं का प्रतिबिंब है। ज़्यादातर संयुक्त अमेरिका को छोड़िये, हमने अपने टेज़र गन के लिए विदेशी बाज़ारों तक को नहीं छुआ है," उन्होंने जवाब दिया।

चूँकि, मुझे आने वाले एक-दो दिन में उनसे फिर से बात करने की ज़रूरत थी, इसलिए मैंने एक मुश्किल सवाल को सरल लहज़े में पूछने का फैसला किया।

"IPO के साथ स्टॉक को बाज़ार में लाने का आपका समय बहुत अच्छा था। क्या आपको यह केवल किस्मत का खेल लगता है या फिर यह फैसला करने में सैक्स एंड सैक्स ने आपकी मदद की थी? क्योंकि, 9/11 से ठीक 12-14 हफ्ते पहले IPO लाने से बेहतर समय और कोई नहीं हो सकता था।" सैक्स एंड सैक्स वो निवेश बैंकर था, जिसने टेज़र का IPO हैंडल किया था।

"खैर, मैं 2000 के मध्य से ही सार्वजनिक होने के बारे में सोच रहा था। लेकिन सैक्स ने मुझे इंतज़ार करने के लिए मनाया क्योंकि उस समय उन्होंने आने वाले बेयर मार्केट का अनुमान लगाया था। मैंने 2001 की शुरुआत में फिर से IPO पर काम शुरू किया। IPO की प्रक्रिया की वजह से बाज़ार में आने में हमें 2001 की गर्मियों तक का समय लग गया। 9/11 से पहले IPO आना बस एक संयोगमात्र था," उन्होंने जवाब दिया। उन्होंने एक बार भी CIA और FBI में अपने अंदरूनी सूत्रों का ज़िक्र नहीं किया।

इसलिए उनके लिए मैंने यह कर दिया। "मैंने सुना है कि देश भर के पुलिस विभागों में आपके ग्राहकों के बड़े नेटवर्क के अलावा ब्यूरो और एजेंसी में भी आपके बहुत अच्छे संबंध और दोस्त हैं। क्या आपके दोस्तों ने कभी आपको यह संकेत दिया कि 2001 की गर्मियों में अमेरिका में कोई बड़ा आतंकवादी हमला होने के संकेत मिल रहे हैं?"

उन्होंने तुरंत जवाब दिया, "बिल्कुल नहीं। मैंने कंपनी को सार्वजनिक करने के संबंध में अपनी व्यावसायिक योजनाओं और वित्त के बारे में किसी से बात नहीं की थी। कोई दोस्त हो या न हो।"

उसके बाद मुझे वो सवाल जाने देना पड़ा। क्योंकि वह उसपर मुझे कोई जवाब नहीं देने वाले थे। इसलिए मैं स्टॉक की कीमत वाली स्टोरी पर वापस आ गया। मुझे पता था कि इस विषय पर अपने गर्व की वजह से वो मेरे सवालों के ज़्यादा विस्तार से जवाब देंगे। "तो, आप अभी टेज़र के शेयर की कीमतों में

और कितनी उछाल की उम्मीद कर रहे हैं? क्या आप कीमत में इतनी ज़्यादा बढ़ोतरी बनाये रख पाएंगे?"

रिची हंस पड़े, "ढेर सारे नए ऑर्डरों और पूरे यूरोप में एक्सेस मिलने के साथ, मैं निकट भविष्य में स्टॉक की कीमत $1000 तक देखने की उम्मीद कर सकता हूँ।" अब वह ख़ुशी से फुले नहीं समा रहे थे।

"क्या आपको इस बात की चिंता होती है कि आपके उज्जवल पूर्वानुमानों और भविष्यवाणियों से कुछ लोगों को लग सकता है कि आप अपने स्टॉक के बारे में बस इसलिए बात कर रहे हैं क्योंकि आप बड़े शेयरधारक हैं?"

"ऐसा बिल्कुल नहीं है। हमारी आय में वृद्धि की तिमाही दर पर एक नज़र डालिये। बिक्रियां इसी दर से बढ़ रही हैं। कई तिमाहियों तक हमने बिक्री और आय में वृद्धि की तीन अंकों की दरें देखी हैं। स्टॉक की कीमत के बाद आय आती है। और आय अब बस बढ़ती जा रही है। हमें आगे कई तिमाहियों में बड़ी वृद्धि दिखाई दे रही है।" उसके बाद रिची खड़े हो गए और मुझे समझ आ गया कि अब मेरा जाने का समय आ गया है।

"अगर आप बुरा न मानें तो मैं यह हफ्ता ख़त्म होने से पहले फ़ोन पर आपसे कुछ और मिनट का समय पाना चाहता हूँ। मैं आपको शुक्रवार तक कॉल करूंगा। यदि आप मेरी कॉल ले सकें तो मैं और मेरे ग्राहक आपके बड़े आभारी होंगे। मैं इसे छोटा ही रखूँगा," मैंने खड़ा होते हुए कहा।

"कोई बात नहीं," मुझसे हाथ मिलाने के बाद वो ऑफिस से बाहर निकल गए।

मैं भी उनके कॉर्पोरेट ऑफिस से बाहर निकल आया, जिसकी वैभव और सफलता की सुगंध से मैं आश्चर्यचकित था। डेविड खर्च में कटौती करने में यकीन नहीं करते थे। वह वही सबक सीखने वाले थे, जो 1990 के दशक के अंत के कई प्रौद्योगिकी प्रिय लोगों ने सीखे थे। उन्हें अभी लागत में कटौती के बारे में सोचने की कोई आवश्यकता नहीं थी। उनकी कंपनी अभी जोश से भरी हुई थी और चीज़ें शानदार दिख रही थीं। भविष्य दिखाई देना अभी बाकी था।

अध्याय 5:

14 अप्रैल, 2004, बुधवार की दोपहर - मनी मेन

सैक्स एंड सैक्स मनी मेन है। आप उन्हें निवेश बैंकर, अंडरराइटर या चाहे कुछ भी कह सकते हैं - लेकिन सच्चाई तो यही है कि वे मनी मेन हैं। उनके पास अपने ख़ुद के पैसे हैं, उनके पास ऐसे कनेक्शन और ग्राहक हैं जिनके पास पैसे हैं और उनके पास ऐसे कई बैंकों का एक्सेस हैं जो उन्हें पैसा देने को तैयार हैं। मनी मेन पैसों का इस्तेमाल करके पैसा कमाते हैं। कई बार वो अपने ख़ुद के पैसे प्रयोग करते हैं और बाकी के समय वो दूसरों के पैसे प्रयोग करते हैं।

यदि डेविड रिची और उनका कॉर्पोरेट ऑफिस आलिशान था तो स्टीव सैक्स का ऑफिस थोड़ा शालीन था। स्टीव निवेश बैंकर की दूसरी पीढ़ी थे, जो अपने महान पिता के नक़्शे-कदम पर चल रहे थे। उनके पास खानदानी पैसा था। जब मैंने उनसे वही लाइन बोली जो मैं अपने बाकी के अंदरूनी लोगों पर इस्तेमाल करने वाला था तो वो मुझसे मिलने को तैयार हो गए। जो इस प्रकार

थी, "मैं एक स्वतंत्र बड़े निजी निवेश समूह के लिए रिपोर्ट तैयार कर रहा हूँ, जो टेज़र के बारे में जानना चाहते हैं। और इसके लिए मैं इसकी विस्तृत पृष्ठभूमि की छानबीन कर रहा हूँ।" यह तथ्य कि वो सभी इतनी उदारता से मुझे अपना समय देने को तैयार थे कि इस बात की पुष्टि हो गई कि वो सब आंतरिक लोग थे। आंतरिक लोग कंपनी के स्टॉक को बढ़ावा देने का कोई भी मौका तुरंत स्वीकार कर लेते हैं।

मैं 30 मिनट से ज़्यादा समय तक स्टीव सैक्स के सुंदर ऑफिस में इंतज़ार करता रहा। मैं कोई ग्राहक नहीं था। इसलिए मैं मनी मेन का ध्यान तुरंत आकर्षित करने के योग्य नहीं था। जैसे ही स्टीव मुझसे मिलने को तैयार हुए उनकी सेक्रेटरी ने मुझे बुला लिया। मुझसे हाथ मिलाने के लिए वो अपनी मेज़ के दूसरी तरफ खड़े हो गए। वो अपने चालीसवें साल में थे। उन्होंने अच्छे कपड़े पहन रखे थे। साफ़-सुथरे। वह दिखने में सुरक्षित लग रहे थे। उन्हें लगना ही था। वो पैसों के साथ डील जो करते थे। बड़ी मात्रा में पैसों के साथ डील करते समय लोग सुरक्षित महसूस करना चाहते हैं। वो इसके लिए बिल्कुल ठीक थे। मैं उन्हें सफल होते हुए देख सकता था। जो वो पहले से थे।

"मैं आपकी क्या मदद कर सकता हूँ?" वो तुरंत मुद्दे पर आने को तैयार थे।

"जैसा कि आपको पता है, मुझे उस पीछे की जानकारी की तलाश है, जो टेज़र पर अख़बार कवर नहीं कर रहे हैं। आपने उनका IPO हैंडल किया था। इसलिए मैं एक अलग दृष्टिकोण की तलाश में हूँ। आप उस वक़्त टेज़र के साथ थे जब उसके बारे में कोई नहीं जानता था। आपने जून 2001 में इसके लिए

काफी सारा उत्साह कैसे पैदा किया, जबकि हम बेयर मार्केट के ठीक बीच में थे?"

"खैर, अब देखो तो ऐसा लगता है कि उस वक़्त हम बेयर मार्केट के ठीक बीच में थे। लेकिन अगर आप 2001 की गर्मियों के चार्ट्स पर वापस नज़र डालें तो 2001 के अप्रैल और मई में हमने मार्केट में काफी बड़ा उछाल देखा था। ज़्यादातर लोगों को ऐसा भी लग रहा था कि हम मार्केट में नीचे के रुझान पर निचले स्तर पर आ गए हैं। आख़िरकार, उस वक़्त तक नीचे का रुझान साल भर से भी ज़्यादा पुराना हो गया था, क्योंकि 2000 की जनवरी या फरवरी में बाज़ार सबसे ऊपर था। लोग यह यकीन करना चाहते थे कि नीचे का रुझान ख़त्म हो गया है। और यह नया स्टॉक लाने के लिए काफी अच्छा बाज़ार बन गया था। चूँकि यह एक छोटा प्रस्ताव था, इसलिए हमें शुरुआत करने के लिए बहुत ज़्यादा चर्चा की ज़रूरत नहीं थी। बस कुछ खिलाड़ी इसमें शामिल थे। और उस समय तक डेविड रिची अपनी कंपनी को बाज़ार में उतारने को लेकर काफी उतावले हो गए थे। वह ग्राहक हैं। मैं उन्हें केवल सलाह दे सकता हूँ। लेकिन आख़िर में फैसला वही करते हैं। और इस स्टॉक के लिए रूचि जगाना उससे ज़्यादा आसान निकला जितना मैंने सोचा था और इसकी वजह से 2001 की शरद ऋतु तक हम टेज़र के IPO के लिए थोड़े पैसे इकट्ठा करने में कामयाब हो गए थे। आम तौर पर, कहा जाए तो टेज़र का IPO हमारे सामान्य मानकों से छोटा था और अपने शुरूआती दिनों में इसके लिए ज़्यादा प्रतिबद्धता की ज़रूरत नहीं थी," सैक्स ने कहा।

"अंतर्निहित प्रोत्साहन के साथ, जिस तरह टेज़र सामने आया है, आप उससे बहुत ख़ुश होंगे," मैंने यह जानते हुए सवाल किया कि स्टीव सैक्स के पास अभी भी टेज़र के बकाया स्टॉक का कुछ प्रतिशत मौजूद था। मैंने बस यह अनुमान लगाया था कि उन्होंने स्टॉक को वितरित करने में मदद करने के लिए प्रोत्साहन शुल्क के रूप में IPO में दिए गए स्टॉक को अभी भी अपने पास रखा था।

उन्होंने अपने जवाब से इसकी पुष्टि की, "हाँ। नियम के अनुसार, हमें अपने मुआवज़े के शुल्क के रूप में IPO पर शेयर के कुछ ब्लॉक मिले थे। और आज की कीमतों को देखा जाए तो टेज़र ने हमारे लिए अच्छा काम किया है। लेकिन अभी इस स्टॉक में काफी ऊपर का चढ़ाव बाकी है। उन्होंने शानदार वृद्धि दिखाई है। और उन्होंने बस अभी-अभी विदेशी बाज़ार में मार्केटिंग की शुरुआत की है। सस्ते डॉलर के साथ यूरोपीय बाज़ार में वो काफी अच्छी कमाई कर सकते हैं।"

और फिर उन्होंने आगे कहा, "लेकिन, याद रखें, प्रत्येक टेज़र के लिए हमारे पास ऐसे कई अन्य दर्जनों स्टॉक हैं, जो हमारे लक्ष्य तक पहुंचने में कहीं ज़्यादा समय लगाते हैं और कई बहुत ज़्यादा सफल भी नहीं होते हैं। IPO तो बस शुरुआत है। आम तौर पर, IPO शेयर के ब्लॉक को कुछ लोगों के हाथों में सौंप देता है। इसे ज़्यादा से ज़्यादा शेयर धारकों के कई व्यापक और विविध समूह में पूरी तरह वितरित करने की ज़िम्मेदारी हमारी होती है। कभी-कभी वो लक्ष्य हासिल करने में हमें सालों-साल लग जाते हैं। ऐसा वितरण पाने में एक दशक का समय लगना कोई असामान्य बात नहीं है। यह उस काम को पूरा करता है,

जो IPO पर ग्राहक ने हमें सौंपा होता है।" कम से कम वो इतने स्पष्टवादी थे कि मुझे यह सोचने दें कि उन्होंने जो कुछ भी कहा है वो पूरी तरह सच है। उन्हें पता था मैं कौन हूँ और बाज़ार के बारे में मेरी समझ को देखते हुए उन्होंने मुझे ऐसा कुछ भी ऑफर नहीं किया जो मुझे पहले से नहीं पता था। लेकिन मैं उनकी आँखों में देखकर बात करना चाहता था। आँखें वो संकेत देती हैं, जो आम तौर पर टेलीफ़ोन पर की जाने वाली बातों में नहीं दिखाई देते हैं।

मैंने उनसे एक आख़िरी और महत्वपूर्ण सवाल किया, "आपने बताया कि शुरुआती दिनों में IPO के छोटे आकार और बकाया शेयरों की कम संख्या के कारण वित्तीय प्रतिबद्धता छोटी थी। आजकल, स्टॉक एक दिन में लगभग 200 मिलियन डॉलर का कारोबार कर रहा है। अब निश्चित रूप से इस स्टॉक पर काम करने के लिए थोड़ी ज़्यादा वित्तीय ताकत की ज़रूरत पड़ रही होगी?"

उन्हें अच्छे से पता था कि मेरा इशारा किस तरफ है। मुझे पता था कि सैक्स अंतिम वितरण के लिए स्टॉक सेटअप करने की पूरी तैयारी में हैं और इसकी भी संभावना थी कि उन्होंने टेज़र में अपनी पूरी होल्डिंग में से बेचना भी शुरू कर दिया था। मुझे अच्छे से पता था कि स्टॉक की गतिविधि के साथ, उन्होंने इसका समर्थन करने के लिए प्रतिक्रियाओं पर इसे ख़रीदा था और नई ऊंचाई पर मजबूती के लिए बेचा था।

कुल मिलाकर, पिछले महीनों के दौरान उन्हें बहुत ज़्यादा टर्नओवर मिला था। क्योंकि उन्होंने अपनी निर्धारित राशि से कहीं ज़्यादा ख़रीदा था और अपनी पूरी होल्डिंग से कम बेचा था। और किसी बिंदु पर उन्होंने प्रतिक्रियाओं

पर ख़रीदना बंद कर दिया था और अब बस मजबूती में बेचने में लगे हुए थे। अभी उनके पास शायद अपनी होल्डिंग का बहुत छोटा प्रतिशत मौजूद होगा और वो नई भारी मात्रा में बेचने का इंतज़ार कर रहे थे। उन्होंने मेरी आँखों में देखा। उन्होंने देख लिया था कि मैं इस खेल को अच्छे से समझता हूँ। मैं उनकी आँखों में स्वीकृति देख सकता था। इसलिए उन्होंने बस इतना ही कहा, "हमारे पास वो सबकुछ इस्तेमाल करने की क्षमता है जिसकी ज़रूरत है। ज़ाहिर तौर पर, मौजूदा कारोबारी गतिविधियों के स्तर पर महीनों पहले की तुलना में कहीं अधिक की ज़रूरत है।"

मैंने उन्हें अपना समय देने के लिए धन्यवाद किया। जैसे ही मैं उनके ऑफिस से बाहर निकल रहा था, मैंने उन्हें फ़ोन पर कहते सुना कि "आपको पता है कि टेज़र के लिए आय रिलीज़ मंगलवार की सुबह के लिए निर्धारित है।"

अचानक मुझे ऐसा लगा जैसे कुछ होने वाला है। उस वक़्त मुझे इसे समझने में मुश्किल हो रही थी। बाद में, उसी रात जब मैं बॉयड के साथ बैठकर टेज़र के ट्रेड पर बातें कर रहा था तब जाकर मुझे उस पूरे ऑपरेशन के बारे में समझ आया जो सैक्स ने टेज़र स्टॉक पर पिछले तीन साल के दौरान किया था। सैक्स ने यह खेल तीन साल पहले शुरू किया था। उन्होंने खेल अच्छे से सेटअप करने में अपना पूरा समय दिया था। उन्होंने ज़रूरत पड़ने पर स्टॉक को सहारा देने के लिए अपने पैसों और कनेक्शन का प्रयोग किया था। उन्होंने बाज़ार को मंदी से पूरी तरह से बाहर आने का इंतज़ार किया। जब बाज़ार में ज़्यादातर ने यह सोच लिया कि अब मंदी जा चुकी है, तब जाकर उन्होंने अपने ऑपरेशन का

दूसरा चरण शुरू किया। दूसरा चरण था, टेज़र स्टॉक पर साफ़ तौर पर दिखाई देने वाला ऊपर का ठोस रुझान शुरू करना। और अब वह अपने ऑपरेशन के अंतिम चरण में थे। उन्होंने वितरण चरण शुरू कर दिया था और खेल समाप्त करने के लिए अंतिम समापन की प्रतीक्षा कर रहे थे।

अध्याय 6:

14 अप्रैल, 2004, बुधवार की शाम - सट्टेबाज़ की मूलभूत बातें

टेज़र पर बॉयड की ट्रेडिंग के बारे में मेरे पास बस कुछ शुरूआती नोट्स थे। उन्होंने वादा किया था कि वो हफ्ता ख़त्म होने से पहले मुझे बाकी के नोट्स दे देंगे। हालाँकि, बुधवार की शाम को बॉयड के साथ अपनी दूसरी मुलाक़ात में मुझे घंटे भर से भी कम समय लगा था, लेकिन उसे पेपर पर उतारने में मुझे पूरी रात लग गई। टेज़र पर बॉयड के ट्रेड धन प्रबंधन और ट्रेडिंग तकनीकों पर मिसाल थे।

एक अनुभवी ट्रेडर होने के नाते, मैं उनके ट्रेड पर मूलभूत अनुशासन देखने में समर्थ था। लेकिन जो के लिए अपनी रिपोर्ट में मुझे इसके हर एक चरण पर जाना पड़ा। इसलिए नहीं क्योंकि जो को ट्रेड की व्याख्या की ज़रूरत थी। लेकिन मुझे नहीं पता था कि जो किसकी तरफ से इस रिपोर्ट पर काम कर रहा था।

और मुझे यह अनुमान लगाना पड़ा कि जो कोई भी मेरी रिपोर्ट पढ़ने वाला था उसे स्टॉक ट्रेडिंग में बहुत कम अनुभव था। और किसी नए इंसान को हर चरण पर स्पष्टीकरण और तर्क की ज़रूरत पड़ती है।

मेरे लिए अब चुनौती थी कि मैं हर कदम के पीछे के व्यावसायिक चरणों, अनुशासन और तर्क को सरल, संक्षिप्त और प्रभावी तरीके से कागज़ पर उतारूं। यह आसान नहीं होने वाला था। बॉयड के ट्रेडों के साथ शुरू करने से पहले, मुझे ट्रेडिंग के सिद्धांत की मूलभूत बातें प्रस्तुत करनी थीं। ऐसा करने के लिए, मुझे उन चीज़ों का उल्लेख करना पड़ा जिनका उल्लेख नहीं किया जा सकता था। मेरे द्वारा लिखे गए कई शब्द वॉल स्ट्रीट के पेशेवरों को नाराज़ कर देते। और मैं उनका क्रोध भड़का देता। लेकिन मैं वॉल स्ट्रीट का अंदरूनी व्यक्ति नहीं था। मैं एक बाहरी व्यक्ति था, जो कोई भी हो सकता है। अगर मैं एक अंदरूनी व्यक्ति होता, तो मैं उस तरह से रिपोर्ट कभी नहीं लिखता जिस तरह से मैंने इसे लिखा था। यह अंदरूनी व्यक्ति के रूप में स्ट्रीट पर मेरा करियर ख़त्म करने के लिए काफी होता।

अब, इससे पहले कि मैं बॉयड के किये गए ट्रेड के बारे में विस्तार से बताता मुझे एक मंच तैयार करने की ज़रूरत थी। कई प्रयासों के बाद, मैंने सबसे पहले शेयर बाज़ार के काम करने के मूलभूत तरीकों के बारे में लिखने का फैसला किया। इस तरह यदि रिपोर्ट पढ़ने वाला - चाहे वो जो हो या कोई और - शेयर बाज़ार के काम करने के तरीकों से भली-भाँती परिचित है तो वो सीधे ट्रेड पर जा सकता था। और मैंने इसे ऐसे शुरू किया:

स्टॉक मार्केट या शेयर बाज़ार साधारण नियमों पर चलता है। आपूर्ति और मांग के नियम मूल्य निर्धारित करते हैं। यह किसी दूसरी वस्तु से अलग नहीं है। शेयर भी कमोडिटी है। उनके साथ बस अलग-अलग नाम जुड़े होते हैं। जब मांग आपूर्ति से ज़्यादा होती है तो कीमत बढ़ती है और जब आपूर्ति मांग से ज़्यादा होती है तो कीमत कम होती है। लोकप्रिय मान्यता के विपरीत कि ख़रीदार शेयर की गतिविधियों को नियंत्रित करता है, असल में विक्रेताओं का समूह शेयर बाज़ार को नियंत्रित करता है। कई सारे विक्रेता मूल्य को नीचे लाते हैं और बहुत कम विक्रेता छोटी संख्या में विक्रेताओं को अपनी होल्डिंग बेचने के लिए आकर्षित करने के लिए मूल्य में वृद्धि करते हैं। कीमतों में उस हद तक बढ़ोतरी होती है जहाँ पर्याप्त विक्रेता बेचने के लिए आकर्षित होंगे और शेयरों को नकद में बदल देंगे। इस प्रकार, विक्रेताओं द्वारा शेयरों की मांग को पूरा किया जाता है। निश्चित रूप से, विक्रेता बाज़ार को नीचे और ऊपर जाने के लिए नियंत्रित करते हैं। यदि वे अपनी बिक्री वापस ले लेते हैं तो कीमतें बढ़ जाती हैं और यदि वे बाज़ार को आपूर्तियों से भर देते हैं तो कीमतें गिर जाती हैं।

कोई भी ऐसा स्टॉक नहीं ख़रीदना चाहता जिसकी कीमत गिर रही हो। इसके विपरीत, सब ऐसा स्टॉक ख़रीदना चाहते हैं जिसकी कीमत बढ़ रही हो। इसलिए, तर्क कहता है कि यदि हम ऐसा स्टॉक चाहते हैं जिसका मूल्य ऊपर जाए तो हमें एक ऐसा स्टॉक ख़रीदना चाहिए जिसमें बहुत कम विक्रेता हों। इसका मतलब है कि स्टॉक में सफल ट्रेडर बनने के लिए व्यक्ति को ऐसे स्टॉक

की तलाश करनी चाहिए जिसमें बहुत कम आपूर्ति हो। विक्रेताओं की कमी मूल्य को ऊपर ले जाएगी। ऐसे स्टॉक कैसे खोजें? यह आसान है - एक ऐसा स्टॉक जो नया उच्च मूल्य बनाता है उसमें बहुत कम विक्रेता होते हैं। इसका यह कारण है कि जब कोई स्टॉक नया उच्च मूल्य बनाता है तो स्टॉक एक ऐसे मूल्य क्षेत्र में आ चुका होता है, जहाँ यह पहले कभी नहीं था। परिणामस्वरूप, किसी ने भी वो मूल्य नहीं चुकाया होता जो इसके नए उच्च मूल्य से ज़्यादा हो। इसलिए, कोई विक्रेता अपनी निवेश की गई धनराशियों को रिकवर करने की कोशिश नहीं कर रहा होता है। बल्कि, संभावित विक्रेता और अधिक कीमत बढ़ने की उम्मीद में किसी बढ़ते हुए स्टॉक को अपने पास रखेंगे। परिणामस्वरूप, शेयर की आपूर्ति में कमी आएगी। और इसकी वजह से मूल्य में बढ़ोतरी होगी।

ऐसा माना जाता है कि जिस कंपनी की बैलेंस शीट अच्छी हो उसे एक अच्छा निवेश समझा जाता है। लेकिन दुर्भाग्य से सामान्य जनता के लिए और उन लोगों के लिए जो केवल बैलेंस शीट पर निर्भर रहते हैं, सच्चाई यह है कि स्टॉक मार्केट आगे की ओर देखने वाला बाज़ार है। बाज़ार उम्मीद पर चलता है। जो है उसके कारण नहीं। बल्कि, जो होगा उसके कारण।

लेकिन स्ट्रीट पर अंदरूनी सूत्र शोध और बहुत अच्छी बैलेंस शीट वाले शेयरों की युक्तियों में बहुत सारी सेवाएं प्रदान करेंगे। ऐसी बहुत सारी सेवाएं हैं, जो बताती हैं कि वे सर्वश्रेष्ठ कंपनियों को कवर करती हैं। उनके अनुमान में सर्वश्रेष्ठ कंपनियां ऐसी कंपनियां हैं, जिनके पास या तो ठोस बैलेंस शीट हैं या जिनकी आय में ठोस वृद्धि है। इसके अलावा, यदि आप और ज़्यादा मूलभूत

शोध चाहते हैं तो ये सेवाएं आपको कई सारी अतिरिक्त प्रीमियम सेवाएं प्रदान करती हैं, जिनमें से हर एक पिछली वाली से ज़्यादा महंगा होती है। यदि आप तिमाही आय और बिक्री डेटा पाना चाहते हैं तो आपको ज़्यादा पैसे देने पड़ते हैं। कुछ और डॉलर जोड़ें और फिर आपको पिछले 15-20 तिमाहियों का ऐसा डेटा मिल जायेगा। थोड़े और डॉलर में आपको अगली चार तिमाहियों आदि के लिए इक्विटी पर मुनाफा, निवेश पर मुनाफा, मुनाफे का मार्जिन, अनुमानित आय आदि मिल जाएंगे। यदि आप जानकारी पाने के लिए और पैसे देना चाहते हैं तो ऐसी बहुत सारी सेवाएं हैं जो आपको वो दे देंगी। आख़िरकार, हम एक पूंजीवादी समाज में रहते हैं। यदि आपको कुछ चाहिए तो आपको वो मिल सकता है, लेकिन आपको उसके लिए पैसे देने होंगे। और चूँकि कोई व्यक्ति वॉल स्ट्रीट के साथ डील कर रहा होता है, जो पूंजीवाद में अत्याधुनिक है तो व्यक्ति पैसा बनाने के सबसे परिष्कृत रूप से कम की उम्मीद नहीं कर सकता है। यह प्रणाली इतनी परिष्कृत है कि आंतरिक लोगों का समूह पूरी तरह से एक-दूसरे पर निर्भर है और इस तरह से सेटअप किया गया है कि जहाँ कोई भी अंदर का आदमी जनता को यह नहीं बता सकता कि वहाँ क्या चल रहा है।

जैसा कि बताया गया है कि शेयर बाज़ार का आकर्षण धन का वादा है। यह हर चीज़ में सबसे अच्छा आकर्षित करता है। सर्वश्रेष्ठ व्यापारी, सर्वश्रेष्ठ विश्लेषक, सर्वश्रेष्ठ शोधकर्ता, सर्वश्रेष्ठ दिमाग, बड़ा पैसा, आदि। सभी बेहतर मुनाफे की तलाश में हैं। मैंने बॉयड से पूछा था कि स्टॉक मार्केट को देखते हुए, कोई व्यक्ति बाज़ार को मात देने की उम्मीद कैसे कर सकता है। उनका जवाब आसान था।

पैसों का पीछा करो। उन्होंने कहा कि स्टॉक और बैलेंस शीट पर शोध करने की कोई ज़रूरत नहीं है।

शोधकर्ता, शोधकर्ता इसलिए होते हैं और ट्रेडर नहीं, क्योंकि वे सफल ट्रेडर नहीं हैं। स्ट्रीट पर आप वही करते हैं जिसमें आप अच्छे हैं। यदि आप बात करने और बेचने में अच्छे हैं, तो आप एक ब्रोकर हैं। यदि आप संख्या और गणित में अच्छे हैं, तो आप शायद ट्रेडिंग मॉडल बनाते हैं। यदि आप एक अच्छे मार्केटिंग मैन हैं, तो आप बेचते हैं। इससे कोई फर्क नहीं पड़ता कि आप क्या बेचते हैं। यह शोध सेवाएं, स्टॉक पर उपाय प्रदान करने की सेवाएं, ब्रोकरेज सेवाएं, म्यूचुअल फंड, हेज फंड आदि हो सकता है। बेचना बेचना है। इसके लिए व्यक्ति को आकर्षक, प्रस्तुत करने योग्य, बात करने में आसान, सुनने और देखने में अच्छा होने की आवश्यकता होती है। बेचने के लिए पीछा करने, दृढ़ रहने, प्रेरित करने, खींचने, ग्राहक की ताकत और कमजोरी के साथ खेलने और प्रेरक होने की क्षमता की ज़रूरत होती है। यदि आप अच्छे ट्रेडर हैं तो आप ट्रेड करते हैं।

बाज़ार ख़ुद हमेशा आगे की ओर देखता है। दिन में आने वाले सभी समाचार जैसे नए वित्तीय नंबर, ब्याज दरें, फेडरल रिज़र्व की कार्रवाइयां इत्यादि सभी महीनों पहले बाज़ार द्वारा अनुमानित कर ली गई थीं और छोड़ दी गई थीं। उनका पहले ही अनुमान लगाया जा चुका था और शायद उनकी सही से भविष्यवाणी भी कर ली गई थी और स्मार्ट मनी द्वारा उनपर पहले ही कार्यवाही भी कर ली गई होगी। सबसे होशियार लोग असाधारण शोध करेंगे और फिर अपने शोध के आधार पर कार्य करेंगे। जब वे कार्य करते हैं, तो वे दृढ़

विश्वास के साथ और अपने पीछे बड़ी धनराशि के साथ कार्य करते हैं। ऐसी कार्यवाही विवेकपूर्ण नहीं है। कोई भी चतुर प्रेक्षक इसे स्पष्ट रूप से देख सकता है। किसी को सिर्फ पैसे के पीछे भागना होता है। लगन से। स्मार्ट मनी कैसे काम करती है, यह चार्ट पर दिखाई देता है। चार्ट भविष्यवाणी नहीं करते हैं। लेकिन वे हमें चल रही घटनाओं की व्याख्या करने की अनुमति देंगे। और सुराग दिखाई देते हैं। यदि कोई ऐसे सुरागों की तलाश में है, तो दैनिक और साप्ताहिक चार्ट पर मूल्य और मात्रा की कार्यवाही बहुत सारे सुराग प्रदान करती है। यदि किसी स्टॉक का रुझान ऊपर की तरफ है तो स्पष्ट रूप से ट्रेड की मात्रा द्वारा ऑफर किए गए संकेतों की पुष्टि के साथ ऊँचे उच्च और ऊँचे निम्न का एक सेट दिखाई देगा।

मैंने ऐसे बहुत सारे लोगों को देखा है जिन्हें चार्ट में कोई विश्वास नहीं होता है। उनके लिए यह बस कागज़ पर रेखाओं का एक समूह है, जिनका कोई मतलब नहीं निकलता है। अन्य लोग चार्ट्स के आधार पर अनुमान लगाने के लिए इसे प्रयोग करते हैं। दोनों तरीके गलत हैं। चार्ट्स का बस एक प्रयोग है। वे दिखाते हैं कि ख़रीदारी ज़्यादा हो रही है या बेचा ज़्यादा जा रहा है या कुछ भी नहीं हो रहा है। चार्ट्स किसी स्टॉक और मार्केट के रुझान की पुष्टि कर सकते हैं या इसे अस्वीकार कर सकते हैं। ये केवल उन लोगों के लिए उपयोगी है, जो उनका मतलब समझ सकते हैं। किसी आम आदमी के लिए एक्स-रे का कोई मतलब नहीं है। यह केवल रेडियोलॉजिस्ट के काम आता है, जो इसे पढ़ सकता है। किसी चिकित्सा संस्थान से लैब रिपोर्ट का साधारण व्यक्ति के लिए कोई प्रयोग नहीं

है और यह उस चिकित्सा कर्मचारी के बहुत काम आती है जो इसे पढ़ सकता है। अदालतों द्वारा निकाले गए कानूनी निष्कर्ष की व्याख्या केवल वे ही कर सकते हैं, जो कानूनी मामलों में प्रशिक्षित होते हैं। गणित के सूत्र को गणितज्ञ द्वारा समझा और बताया जा सकता है।

जीवन में सब कुछ संतुलन पर आधारित है। शेयर बाज़ार में भी ऐसा ही है। विक्रेता और ख़रीदार के बीच संतुलन होने पर कीमतें तय होती हैं। ट्रेडर तब सफल होते हैं, जब उनके पास बाज़ार की समझ, धन प्रबंधन तकनीकों और संभावनाओं के बहुत स्पष्ट दृष्टिकोण के बीच संतुलन होता है। सामान्य जनता के लिए यह स्वीकार करना मुश्किल होता है, लेकिन वो केवल अपने ख़ुद के बुरे अनुभव से यह सीखते हैं कि केवल ख़रीदना और रखना काफी नहीं होता है। कुल मिलाकर, बुल और बेयर मार्केट के संपूर्ण चक्रों के दौरान शेयरों में पूरी तरह से निवेश करके जीतने की संभावना नहीं होती है।

चूँकि, ज़्यादातर लोगों को आसानी से पैसा या शॉर्ट कट नहीं मिलता है, इसलिए वो थोड़े समय के लिए बाज़ार को मात देने का कोई न कोई तरीका ढूंढने की कोशिश करेंगे। यह बस कोई संयोग नहीं है कि "बाज़ार को मात" देने की इतनी सारी प्रणालियाँ मौजूद हैं। और यदि सब लोग बाज़ार को मात देने में इतने सफल हो जाते तो जिस बाज़ार को हम जानते हैं वो कभी मौजूद ही न होता। बाज़ार में अच्छा मुनाफा कमाना आसान नहीं है। जब चीज़ें आसान लगती हैं तो बाज़ार एक जाल बिछा रहा होता है ताकि यह हमें भटका सके और हम बेफिक्र हो जाएं और इसकी वजह से हम सावधानी बरतनी छोड़ देते

हैं। और फिर जब हम पूरी तरह फंस जाते हैं तब बाज़ार हमारे ऊपर हमला करता है और उससे कहीं ज़्यादा ले लेता है जो इसने हमें दिया होता है।

कइयों ने अच्छे-ख़ासे पैसे कमाए हैं। लेकिन शायद ही कोई ऐसा होगा जो इसे रख पाया हो। ज़्यादातर विजेता सबकुछ और उससे भी ज़्यादा वापस दे देते हैं और अंत में बाज़ार में नुकसान उठाते हैं। जीतने वाला दुर्लभ व्यक्ति वो होता है, जिसने बाज़ार की जानकारी, ट्रेडिंग तकनीकों, मानसिक मजबूती, अनुशासन, अकेले काम करने की क्षमता और भीड़ से अलग होने की क्षमता के बीच सही संतुलन का पता लगा लिया हो।

यह कोई संयोग नहीं है कि अधिकांश सेवाएं और हाउस विविधीकरण पर ज़ोर देते हैं। इसे कमजोर प्रदर्शन करने वाले क्षेत्रों और शेयरों से बचने के लिए एक सुरक्षा तंत्र के रूप में बताया जाता है। किसी भी वित्तीय योजनाकार, सलाहकार या दलाल से पूछें। विविधीकरण नियम है। लेकिन यदि किसी को पता है कि शेयरों के समूह में कुछ असंतोषजनक शेयर होंगे तो पहली बात कोई कमजोर प्रदर्शन करने वाले क्षेत्र या शेयर को क्यों ख़रीदेगा?

यह इस बात को साबित करता है कि स्ट्रीट पर सेवा प्रदाताओं को बाज़ार के बारे में कोई जानकारी नहीं है। और इसे जनता के ध्यान में लाकर वो केवल स्ट्रीट का गुस्सा और आक्रोश ही जगाते हैं। इसमें कोई आश्चर्य नहीं कि कोई यह नहीं सुनता कि 85% फंड मैनेजर बाज़ार में ख़राब प्रदर्शन करते हैं। अगर 85% तथाकथित पेशेवर औसत से कम प्रदर्शन कर रहे हैं, तो कोई पेशेवर फंड मैनेजर को अपने पैसे का प्रबंधन क्यों करने देगा? क्या पेशेवर ने ख़ुद अपने पैसे निवेश

किये हैं? यदि पेशेवर वास्तव में इतना अच्छा था, तो उसे अन्य लोगों के पैसे का प्रबंधन करने की आवश्यकता क्यों है? वह क्यों नहीं बस अपने ख़ुद के पैसों का प्रबंधन करके कहीं ऐशो आराम की ज़िन्दगी बिताता है?

आम तौर पर, सबसे अच्छे ट्रेडरों को कोई नहीं जानता क्योंकि वो चुपचाप और शांति से अपने पैसे प्रबंधित करते हैं। वे निरंतर रूप से अपने पैसों पर मुनाफा कमाते रहते हैं, और उन्हें अपने प्रदर्शन की बड़ाई या प्रचार करने की ज़रूरत महसूस नहीं होती है। वे जानते हैं कि शांति से काम करना वो करने का सबसे अच्छा तरीका है जो वो सबसे अच्छा करते हैं। ऐसे सफल ट्रेडरों को बाज़ार ने यह मुश्किल तरीके से सिखाया होता है। जैसे ही कोई अपने अच्छे प्रदर्शन का ढिंढोरा पीटना शुरू करता है, बाज़ार लगातार उसे काटने को दौड़ पड़ता है। बाज़ार सबको विनम्र बना देता है।

ज़्यादातर लोग बाज़ार की क्रूरता को तब तक नहीं समझते जब तक कि वे बड़ा नुकसान नहीं झेलते। और बड़ा नुकसान झेलने के बाद भी बहुत सारे लोग बाज़ार की क्रूरता को भूला देते हैं। अपने सर्वोत्तम रूप में हम मनुष्य अद्भुत प्राणी हैं, जो बलिदान, दया, उदारता और सभी अच्छी चीज़ों के शानदार प्रदर्शन में सक्षम हैं। अपने सबसे बुरे रूप में मनुष्य अविश्वसनीय क्रूरता और निर्दयता में सक्षम है। और चूँकि शेयर बाज़ार में सभी प्रतिभागी मनुष्य होते हैं, इसलिए तर्क कहता है कि वहाँ पर भी हमें सबसे अच्छे और सबसे बुरे मनुष्य देखने को मिलेंगे। एक और तार्किक विस्तार के अनुसार, शेयर बाज़ार अपने सर्वोत्तम रूप में असाधारण समृद्धि प्रदान करने में समर्थ होता है। और अपने सबसे बुरे रूप

में बेहद ही निर्दयी भी हो सकता है। बाज़ार के हाथ में एक अंतिमता है। कोई फिर से करने का मौका नहीं हैं। कोई अतिरिक्त शॉट नहीं है। यह कोई गोल्फ का खेल नहीं है। सब कुछ रखने के लिए है। सब कुछ हमेशा के लिए है।

यदि किसी गलत गतिविधि को तुरंत ट्रेड से बाहर निकलकर ठीक नहीं किया जाता तो इसकी वजह से बाज़ार का ज़ोरदार झटका लग सकता है। लेकिन कोई गतिविधि गलत है या नहीं यह बाद में पता चलता है क्योंकि हर गतिविधि एक अच्छी गतिविधि के रूप में ही की जाती है। यदि किसी को ऐसा नहीं लगता कि यह गतिविधि सही है तो सबसे पहले इसे शुरू ही न किया गया होता। यदि किसी गतिविधि की वजह से भारी नुकसान होता है तो बहुत बुरा होता है। और कोई भारी नुकसान मामूली नुकसान के रूप में शुरू होता है। उसके बाद यह बड़े से बड़ा नुकसान बनता जाता है। इसलिए, इससे पहले की भारी मात्रा में खून निकलने से इंसान की मौत हो जाए, किसी भी व्यक्ति को एक बिंदु पर आकर खून बहने से रोकना होगा।

बाज़ार अंधाधुंध तरीके से अपना फैसला सुनाता है। बाज़ार को कोई फर्क नहीं पड़ता कि कोई अच्छा है या बुरा, नैतिक है या अनैतिक, अमीर है या गरीब, धार्मिक है या अधार्मिक, पुरुष है या महिला, स्मार्ट है या बेवकूफ, बूढ़ा है या जवान। केवल यह मायने रखता है कि हम इसकी गतिविधियों के साथ हैं या इसके ख़िलाफ़। यदि हम सही तरीके से इसकी गतिविधि के साथ हैं और हमने सही तरीके से निवेश किया है और शायद सही स्टॉक पर मार्जिन के साथ लाभ भी उठाया है, तो इससे मिलने वाले लाभ बहुत अधिक होते हैं। और अगर हम

61

इसकी गतिविधियों के विरुद्ध हैं, तो इसकी सज़ा तब तक विनाशकारी हो सकती है जब तक कि कोई अपनी गलती को स्वीकार नहीं करता और किसी भी गंभीर क्षति के होने से पहले सभी होल्डिंग को तुरंत समाप्त नहीं कर देता है।

अध्याय 7:

अप्रैल 15, 2004, गुरुवार की सुबह - स्टॉकब्रोकर

जॉन रोमानो तीसरी पीढ़ी के इतालवी थे। और उनके पास बात करने का हुनर था। यह आनुवंशिक गुण था या नहीं, मुझे नहीं पता। उनके कार्यालय में एक महान सेल्समैन के सभी सामान थे। पुराने पैसे के साथ-साथ नए पैसे को संतुष्ट करने के लिए बस थोड़े तड़क-भड़क के साथ पर्याप्त लालित्य। जॉन ऐसे लगते थे जैसे वो आपके सबसे अच्छे दोस्त हैं। बुजुर्गों के लिए वह उनके बेटे के सबसे अच्छे दोस्त की तरह थे। वह सेल्समैन के सेल्समैन थे।

अब अपने तीसवें साल के उत्तरार्ध में, जॉन रोमानो ने ब्रोकरेज व्यवसाय में वह सब देख लिया था जो देखने की ज़रूरत थी और इससे भी महत्वपूर्ण बात यह थी कि उन्होंने यह सबकुछ कर लिया था। हम एक-दूसरे को अच्छी तरह से जानते थे क्योंकि हमारे बहुत सारे समान ग्राहक थे। मैंने उन्हें वित्तीय समुदाय के अंदरूनी लोगों द्वारा आयोजित कई गोल्फ टूर्नामेंटों में देखा था। हालाँकि, मैं

वास्तव में एक बाहरी व्यक्ति था, लेकिन मेरे कुछ बड़े ग्राहकों द्वारा मुझे इनमें से कुछ आयोजनों के लिए पास दिए जाते थे। मैं इनमें से कुछ टूर्नामेंट में सिर्फ अपने संपर्क बनाए रखने के लिए शामिल होता था। पिछले कुछ सालों में मैंने जॉन रोमानो के साथ कुछ ड्रिंक पीये थे और बातें की थी। उनके पास अच्छे-ख़ासे संपर्क थे और वह स्थानीय क्षेत्र में एक बड़े स्टॉक ब्रोकर थे।

उस गुरुवार की सुबह जब मैं अपने निर्धारित समय पर उनसे मिलने के लिए उनके ऑफिस में गया तो उन्होंने मुझे अपनी मेज़ के दूसरी तरफ रखी कुर्सी पर बैठने का इशारा किया। मैंने उनकी मेज़ पर एक छोटा साइन पढ़ा। उसपर लिखा था: सेल्समैनशिप तब शुरू होती है जब ग्राहक "ना" कहता है। जॉन रोमानो फ़ोन पर थे। मुझसे हाथ मिलाने और मेरी पीठ थपथपाने के लिए वह अपने फ़ोन को स्पीकर पर रख देते हैं। फ़ोन पर दूसरी तरफ के लहज़े से यह साफ़ था कि जॉन किसी कोल्ड कॉल पर अपना जादू चलाने की कोशिश कर रहे थे। वह अभी भी हर सुबह निर्धारित संख्या में कोल्ड कॉल करने की अपनी दैनिक दिनचर्या बनाये रखते थे। इससे उन्हें अपनी सेल्स क्षमताओं को बनाये रखने और ख़ुद को तैयार करने में मदद मिलती थी। यह एक आदत थी जिसे उन्होंने एक दशक पहले ब्रोकरेज व्यवसाय में आने के पहले दिन से विकसित किया था।

कोल्ड कॉल्स वो फ़ोन कॉल्स होती हैं जिन्हें ब्रोकर संभावित शेयर ख़रीदारों को करता है, जहाँ ख़रीदार को शेयर ख़रीदने के लिए आकर्षित करने के लिए सेल्स पिच दी जाती है। इन कॉल्स को कोल्ड कॉल इसलिए कहा जाता है क्योंकि

संभावित ख़रीदार को सेल्स लीड के डेक से चुना जाता है और वो एक ऐसा व्यक्ति होता है जिसे ब्रोकर नहीं जानता। एक सामान्य बिक्री लीड 3"x5" कार्ड के रूप में आती है और इसमें संभावित ख़रीदार के सभी बुनियादी प्रासंगिक डेटा होते हैं, जिसमें नाम, पता, टेलीफ़ोन नंबर, आयु, निवल मूल्य, पूर्व निवेश अनुभव आदि शामिल होते हैं, लेकिन यह इतने तक सीमित नहीं है। और अपने हाथ में सिर्फ एक नाम और नंबर के साथ, ब्रोकर से लीड को कॉल करने और बिक्री की पिच देने की उम्मीद की जाती है। सबसे अच्छे ब्रोकर वो होते हैं जो फ़ोन कॉल पर क्षण भर में संभावित ख़रीदार के बारे में सब कुछ जान जाते हैं और बेचने के लिए उस जानकारी और मानव मनोविज्ञान का उपयोग करते हैं।

वास्तव में सफल ब्रोकर संभावित ख़रीदार के बारे में नोट्स बनाते हैं और कुछ हफ्तों या महीनों में फॉलो अप करने के लिए वापस कॉल करते हैं। और कई बार बिक्री के लिए ऐसी दो, तीन या इससे अधिक कॉलें लग जाती हैं। जॉन अपने द्वारा की जाने वाली प्रत्येक कॉल के बारे में ऐसे हाथ से लिखे गए नोट्स बनाते थे। वह विस्तार से विषय और संभावित ख़रीदार के साथ हुई बातचीत का सारांश लिखते थे। इसमें वो संभावित ख़रीदार के बारे में वो सब शामिल करते थे जो उन्हें पता चलता था। वह संभावित ख़रीदार की रुचियों, परिवार, वर्तमान निवेश, नकद खर्च करने की क्षमता, खेल की रुचियों, छोटी-मोटी व्यक्तिगत बातों को समझने की कोशिश करते थे। वह संभावित ख़रीदार के साथ अपनी आगे की बातचीत में इन नोटों का उल्लेख करते थे। और संभावित ख़रीदार को यह विश्वास दिलाया जाता था कि जॉन रोमानो उनके सबसे अच्छे

दोस्त हैं और उनके सबसे अच्छे हित के बारे में सोचते हैं। एक बार फिर से, यह एक आदत थी जिसे उन्होंने पुराने समय से सीखा और विकसित किया था, जब उन्होंने व्यवसाय में वर्षों पहले शुरुआत की थी।

मैं बैठ गया और दिलचस्पी के साथ मुस्कुराते हुए उनकी बातें सुनने लगा। मैं उस सहजता और स्वाभाविकता का दर्शक था, जिसके साथ रोमानो अजनबियों से फ़ोन पर बात करते थे।

"माफ़ करना, बॉब। आज जब बाज़ार खुलने पर मैजेस्टिक वायरलेस के शेयर में बहुत भारी मात्रा में 5% उछाल आया तब मैं अपनी स्क्रीन देख रहा था। कोई बड़ा आदमी बहुत ज़्यादा भरोसे के साथ इसे ख़रीद रहा है," वह थोड़ी देर रुक गए। "अब मैं कहाँ था?" जॉन ने स्पीकर फ़ोन पर कहा।

फ़ोन के दूसरी तरफ संभावित ख़रीदार, बॉब, ने कहा, "अभी मुझे शेयरों में दिलचस्पी नहीं है। मुझे नहीं पता आपको मेरा नाम कहाँ मिला। कृपया अपनी सूची से मेरा नाम निकाल दें। इस समय मैं निवेश करने के लिए रियल एस्टेट की तलाश में हूँ।"

जॉन ने सामान्य बातचीत के साथ फ़ोन पर संदेह को दूर करते हुए कहा, "हे, बॉब! मेरी और आपकी दो-तीन महीने पहले बात हुई थी, याद है? उस समय भी आप रियल एस्टेट के बारे में सोच रहे थे। मुझे लगता है आप अभी भी सबसे अच्छे रियल एस्टेट निवेश की तलाश में हैं। यदि आपको याद हो तो उस वक़्त मैं आपको मैजेस्टिक वायरलेस के शेयरों पर एक नज़र डालने के लिए मनाने की कोशिश कर रहा था। उस वक़्त इसके एक स्टॉक की कीमत $30 थी। जो

अब $50 हो गई है। मुझे यकीन है आपको पता होगा कि स्टॉक कितने लिक्विड होते हैं। यदि आपको अपनी रियल एस्टेट संपत्ति ख़रीदने के लिए स्टॉक बेचने की ज़रूरत पड़ती है तो आपको बस मुझे कॉल करना होगा। आपका आदेश मिलते ही मैं आपके मैजेस्टिक वायरलेस के शेयरों को बेच सकता हूँ। मैं बस इतना कहना चाहता हूँ कि जब तक आप उस रियल एस्टेट की तलाश कर रहे हैं जो आपके दिमाग में है, तब तक अपने पैसों को बेकार रखने का क्या फायदा है। मैं कहता हूँ, आपको अपने पैसों का कुछ इस्तेमाल करना चाहिए। आख़िरकार, अगर दो महीने पहले मैं आपको अपने सुझाव के लिए ज़्यादा प्रभावी तरीके से मना पाता तो मैजेस्टिक के बस 1000 शेयर की ख़रीदारी करके अब तक आप $20,000 ज़्यादा कमा चुके होते। मेरी शोध टीम का अनुमान है कि साल ख़त्म होने से पहले तक मैजेस्टिक के शेयर $100 तक बढ़ जाएंगे। पिछले दो महीने में यह $30 से $50 हुआ है। गतिविधि बस अभी-अभी शुरू हुई है," और इतना कहने के बाद जॉन रुक गए। वह देखना चाहते थे कि शांत रहने पर बॉब क्या कहते हैं। उन कुछ सेकंड की चुप्पी में बॉब ने जिस तरह से प्रतिक्रिया व्यक्त की, उससे जॉन को पता चल गया कि वह बिक्री के कितने करीब हैं।

बॉब ने कहा, "मैंने मैजेस्टिक वायरलेस के बारे में कभी नहीं सुना।" यह एक इशारा था। बॉब को उस स्टॉक का नाम याद था जिसका जॉन ने उल्लेख किया था। बॉब को न केवल मैजेस्टिक वायरलेस का नाम याद था, बल्कि उसने

दिलचस्पी भी दिखाई थी और उसकी हिचकिचाहट में दिलचस्पी साफ़ थी। बॉब अब लगभग राज़ी होने वाला था।

जॉन ने आगे कहा, "बॉब, 1991 में सिस्को के बारे में किसी ने नहीं सुना था। अब सिस्को के बारे में हर कोई जानता है। जब तक सभी को मैजेस्टिक के बारे में पता चलेगा, तब तक इससे पैसे बनाने का समय आ जायेगा। आपको पहले इसके भूतल पर आना होगा। और ऊपर की मंज़िल पर पहुंचने से पहले लिफ्ट से बाहर निकल जाएं। चारों ओर नज़र दौड़ाएं। सभी के पास वायरलेस फ़ोन है और अब अगली बड़ी चीज़ वायरलेस इंटरनेट है। थोड़े ही समय में लैपटॉप या सेलफ़ोन या हाथ से पकड़ी जाने वाली कोई भी डिवाइस वायरलेस इंटरनेट पर चलेगी। आप रियल एस्टेट के आदमी हैं और मुझे आपको यह बताने की ज़रूरत नहीं है। आप कम में ख़रीदते हैं और ज़्यादा में बेचते हैं। आप भीड़ के उत्तेजित होने से पहले ख़रीदारी करना चाहते हैं और फिर उत्साहित लोगों को बेचना चाहते हैं। "

बॉब ने हिचकते हुए कहा, "मैं अपनी पत्नी से बात करके बताता हूँ।"

जॉन ने एक बार फिर प्रेरित किया, "ठीक है, बॉब। हम आपके लिए ऐसा कर सकते हैं। क्यों न हम आज ही आपके लिए मैजेस्टिक के छोटे 2000 शेयर के लॉट के साथ शुरुआत करें? यह चीज़ ज़्यादा समय तक ख़रीदारी की ये कीमतें ऑफर नहीं करने वाली है। आप आने वाले समय में ज़्यादा ख़रीदने के लिए अपनी पत्नी से बात कर सकते हैं। मैं मैजेस्टिक के 2000 शेयरों के लिए आज दोपहर को आपका चेक लेने के लिए किसी को भेज दूंगा। आपके सारे कागज़ात

भी भर दिए जाएंगे, जिनपर आपको हस्ताक्षर करना होगा। अगले हफ्ते तक आपकी पत्नी पूछेंगी कि आपने और ज़्यादा शेयर क्यों नहीं ख़रीदे। तो चलिए शुरू करते हैं। अब मैं आपको अपने वित्त विभाग में स्विच कर रहा हूँ। वो आपकी तरफ से आपका फॉर्म भर देंगे और हस्ताक्षर के लिए इसे आपको कूरियर कर देंगे, ठीक है?"

बॉब को मौका ही नहीं मिला। जॉन ने आगे कहा। "बॉब, कुछ हफ्तों में आप मेरा शुक्रिया अदा करेंगे। आपके फॉर्म और चेक वापस मिलने के बाद मैं कल दोबारा आपके बात करूंगा। एक सेकंड रुकिए मैं आपकी कॉल ट्रांसफर कर रहा हूँ, ठीक है?"

बॉब का काम हो चुका था, "ठीक है, धन्यवाद।"

जॉन ने बॉब को होल्ड पर रख दिया। उन्होंने इंटरकॉम की ओर मुड़कर कहा, "सूज़ी। मैंने बॉब को होल्ड पर रखा है। कृपया उन्हें अपनी पूरी जानकारी देने में उनकी मदद करें, उनका फॉर्म अच्छे से पूरा भरवा दें और अपने कंप्यूटर पर टाइप करें और स्कॉट्सडेल में उनके घर पर एक ही बार में उनके हस्ताक्षर और बाकी सारी चीज़ें लेने के लिए कूरियर डिलीवरी का इंतज़ाम करें। वह जिस राशि से खाता खोलेंगे, उसके रूप में $100,000 की राशि भरें। आज दोपहर पिक अप के लिए कूरियर सेट करें। उनके पैकेज में मेरे तीन बिज़नेस कार्ड के साथ-साथ अपना भी बिज़नेस कार्ड डालें। धन्यवाद।"

69

जॉन रोमानो मेरी तरफ मुड़े और मुस्कुराने लगे। "कैसे हो दोस्त? काफी समय हो गया," उन्होंने कहा। हमने एक-दूसरे का हाल-चाल लिया और फिर तुरंत मुद्दे पर आ गए। टेज़र स्टॉक।

"जॉन। मैंने सुना है कि आपने कुछ साल पहले सैक्स और सैक्स के लिए टेज़र IPO पर काफी सारा काम किया था। मैं टेज़र की कहानी पर कुछ फॉलो अप का काम कर रहा हूँ। मूल रूप से, यह देखने का कि इन सबकी शुरुआत कैसे हुई। चूँकि, आप शुरुआत से ही वहाँ थे, इसलिए मुझे लगा आप मुझे एक ऐसा दृष्टिकोण दे सकते हैं जो अख़बारों में शामिल नहीं किया गया है," मैंने अनुमान लगाया था कि अपने सेल्समैन के अभिमान के साथ, मेरी रिपोर्ट में अपना नाम आने की संभावना सुनकर वो सबकुछ बताने को तैयार हो जाएंगे।

जॉन मुस्कुरा पड़े। वह बहुत मुस्कुराते थे। यह देखना मुश्किल था कि उस मुस्कान के पीछे क्या है। जब तक वह मुझे वो जानकारी दे सकते थे जो मुझे चाहिए थी, मुझे कोई फर्क नहीं पड़ता कि उनके मुस्कुराने के पीछे का क्या कारण था। उनके एजेंडा से मुझे कोई लेना-देना नहीं था। मुझे इस खेल में उनकी भूमिका पहले से पता थी। ब्रोकरेज के व्यवसाय के बारे में ऐसी बहुत कम चीज़ें थीं, जिनके बारे में मैं नहीं जानता था। आख़िरकार, अपने दिनों में मैं भी काफी सफल कमोडिटी ब्रोकर हुआ करता था।

"मेरे दोस्त, मैंने सबसे अच्छे बाज़ारों में और सबसे बुरे बाज़ारों में कुछ IPO किये हैं। टेज़र अनोखा था। मुझे लगता है कि हम जल्दी ही इसकी कीमत में शीर्ष पर आ सकते हैं। मेरा ऐंटेना अब खड़ा हो गया है। और यह कहता है कि

यह शीर्ष के करीब है। जब सैक्स मेरे पास टेज़र IPO के आउटलेट के रूप में आया, तो मैंने उनसे कहा था कि उन्हें न्यूयॉर्क या सैन फ्रांसिस्को में लोगों के पास जाना चाहिए। लेकिन ज़ाहिर तौर पर, सैक्स को उन बड़े शहर के लोगों ने निराश किया था, जो अभी भी इंटरनेट IPO की तलाश में थे। क्या आप इस पर विश्वास कर सकते हैं? एक साल से अधिक की भारी हार के बाद, वे अभी भी इंटरनेट IPO के लिए रुके हुए थे। हम इंसान भी अद्भुत होते हैं। लालच हमसे कुछ बहुत बेवकूफी भरी चीज़ें करवाता है। सैक्स को नए स्टॉक के बारे में चर्चा करने की ज़रूरत थी लेकिन उसके पास कोई आउटलेट नहीं था। कोई भी बंदूक बनाने वाले को छूना नहीं चाहता था। इसलिए स्टीव सैक्स चाहते थे कि मैं इसे स्थानीय रूप से पश्चिम और दक्षिण में बंदूक प्रेमियों को बेचूं। मैंने उनसे कहा कि स्टन गन बंदूक नहीं है। इसे थोड़ा नरमी से बेचने की ज़रूरत थी। मैंने दक्षिण और पश्चिम में कुछ प्रभावशाली लोगों को इकट्ठा किया, जिन्होंने 2001 की शरद ऋतु में स्टॉक का समर्थन करने में मदद की। इसमें कुछ नहीं था," रोमानो ने समझाया।

"ज़ाहिर तौर पर, जब कोई इस स्टॉक को नहीं चाहता था तो इसे लेने के लिए आपको कोई डील ऑफर की गई होगी? और जिस तरह से चीज़ों ने बाज़ी पलटी है, आपके पास कुछ काफी प्रसन्न ग्राहक होंगे," मैंने आगे पूछा।

रोमानो ने मुस्कुराना बंद कर दिया। यह बस एक क्षण के लिए था लेकिन मुझे समझ आ गया कि मैंने किसी संवेदनशील चीज़ को छू लिया था। मैं अच्छी तरह जानता था कि जब तक स्टॉक पूरी तरह से ख़त्म नहीं हो जाता, तब तक

मुझे इस मामले में उनके साथ बैठने का दूसरा मौका नहीं मिलेगा। और जब तक मुझे रोमानो से दोबारा बात करने का मौका मिलता, मेरी रिपोर्ट पहले ही जो के पास जमा हो जाती। रोमानो ने एक गहरी साँस ली और फिर एक कहानी शुरू की।

"आपको तो पता ही है कि बाज़ार कैसे काम करता है। शेयर बाज़ार में किसी को भी गतिविधि का सबसे शीर्ष मूल्य नहीं मिलता। ऊपर के रुझान में शेयर बस एक मालिकों के समूह से दूसरे मालिकों के समूह में जाते रहते हैं। काश मेरे ग्राहकों ने IPO के दिनों से ही सारे शेयरों को अपने पास रखा होता।" वह पानी का घूंट लेने के लिए रुके और फिर आगे कहा, "जब मैंने टेज़र पर IPO बेचना शुरू किया था, तब मेरे पास दर्जनों ऐसे अच्छे ख़रीदार थे, जिन्होंने 2001 की शरद ऋतु में स्टॉक का समर्थन करने के लिए अच्छे-ख़ासे पैसे खर्च किये थे। यह देखते हुए कि उन सबने थोड़े ही समय में अच्छे पैसे कमाए थे, उन्हें अपने सारे शेयर भी अच्छी कीमत पर मिल गए थे। IPO के लगभग तीन महीने बाद, 9/11 का हमला हुआ तो सैक्स ने मुझे कॉल किया और निर्देश दिया कि यदि मेरा कोई भी ख़रीदार अपनी टेज़र होल्डिंग के बदले में पैसे पाना चाहता है तो मैं उन्हें कॉल करूं। सैक्स ख़ुद उस स्टॉक को वापस ख़रीदना चाहते थे। मैंने अपने ग्राहकों को कॉल करके बता दिया कि एक बड़ा ख़रीदार उनके बड़े शेयरों को ख़रीद सकता है। चूँकि यह एक छोटा स्टॉक था और छोटी राशियों में ट्रेड करता था, इसलिए किसी भी बड़ी बिक्री को इच्छुक ख़रीदार का सामना करना पड़ता था। सैक्स ने मुझे पहले ही बता दिया था कि वो उस

इच्छुक ख़रीदार की भूमिका निभाएंगे और स्टॉक के बिक्री मूल्य का समर्थन करेंगे। मेरे ज़्यादातर ग्राहकों ने 2001 के अंत तक या 2002 की शुरुआत में सारे स्टॉक बेच दिए। मेरे ज़्यादातर ग्राहकों ने छह महीने में ही अपने पैसे दोगुने या उससे भी ज़्यादा कर लिए थे। उन्होंने $6-7/शेयर का भुगतान किया था और उन्हें लगभग $12-15/शेयर मिले। वे ख़ुश थे। जनवरी 2002 में जब कई बड़े विक्रेताओं ने अपने शेयर बेचे थे तब उनकी मात्रा बहुत ज़्यादा थी, लेकिन साथ ही कोई बड़ा ख़रीदार उन्हें ख़रीद भी रहा था - मुझे शक है वो सैक्स थे। पिछले कुछ महीने तक मेरे ग्राहक ख़ुश भी थे। अब जब वो देखते हैं कि टेज़र कितना आगे आ गया है तो उन्हें ऐसा लगता है कि काश उन्होंने अपने शेयर न बेचे होते। असल में, अब वो इसे वर्तमान वाली बेहद ज़्यादा कीमतों पर ख़रीदने की कोशिश कर रहे हैं।" वो दोबारा पानी पीने के लिए रुके। उन्होंने मेरी आँखों में देखा। "अब इसकी कीमत $300 से भी ज़्यादा है और मेरे ग्राहकों ने इसकी पूरी गतिविधि को गँवा दिया। और पिछले दो हफ्ते शानदार रहे हैं, जब टेज़र $200 से भी कम से प्रति शेयर $300 से भी ज़्यादा तक पहुंच गया है। अब मुझे उनके बहुत सारे कॉल आ रहे हैं और वो बड़ी मात्रा में इस स्टॉक को वापस ख़रीदना चाहते हैं।"

मैंने उनसे टेज़र के संबंध में पिछले दो हफ्तों में अपने ग्राहकों के साथ अपनी बातचीत को फिर से दोहराने के लिए कहा।

उन्होंने जवाब दिया, "ज़रूर। पिछले दो हफ्ते पागलपन से भरे हुए थे। लोगों का दिमाग ख़राब हो रहा है। इन सबकी शुरुआत 26 मार्च को हुई थी,

जब टेज़र प्रति शेयर $14.16 के भाव पर खुला था और $206.94 पर ख़त्म हुआ। इसने अपनी पिछली उच्च कीमतों को पीछे छोड़ दिया था और बिल्कुल नए ऊँचे मूल्य के क्षेत्र में आ गया था।" अब वह मुझसे बात करते समय स्क्रीन पर अपने चार्ट्स देख रहे थे। ज़ाहिर तौर पर, वह मुझसे बात करते हुए टेज़र के दैनिक चार्ट्स देख रहे थे। उन्होंने आगे कहा, "यह एक बिल्कुल नया समापन उच्च था और अचानक लोग मुझे कॉल करने लगे। वो इसपर मेरा नजरिया जानना चाहते थे। मैंने उन्हें बताया कि यह बहुत अच्छा स्टॉक है, जो एक ही साल में $5 के मूल्य से $200 से भी ज़्यादा के मूल्य पर पहुंच गया था। और मुझे नहीं पता था कि यह कितना ऊपर जाने वाला है। लेकिन आपको तो भीड़ का पता ही है। वो उत्साहित हो रहे थे। उसके बाद हर रोज़ वो कॉल्स आने लगी। अगले कुछ दिनों में हर दिन टेज़र की कीमतों में भारी बढ़ोतरी देखी गई। हाँ, कुछ दिन मूल्य में बहुत कम गतिविधियां देखने को मिलीं। ऐसे दिनों पर कॉल बहुत कम होती थीं और उनकी अवधि भी कम होती थी। लेकिन कोई भी बहुत ज़्यादा नीचे जाने के दिन नहीं थे।"

कुछ सेकंड तक पानी का घूंट लेने के बाद रोमानो ने आगे कहा, "एक दिन इसकी कीमत में कमी आयी थी, उस दिन कॉल्स नहीं रुकीं। 5 अप्रैल को शेयर की कीमत में $19.50 की कमी आयी थी और यह $235.55 पर ख़त्म हुआ। यह पिछले दिन के $255 के समापन मूल्य से कम था। मेरे पास कॉल्स आती जा रही थीं। वो उसे ख़रीदना चाहते थे, लेकिन उन्हें समझ नहीं आ रहा था कहाँ ख़रीदें। मैं उनकी ज़्यादा मदद नहीं कर पाया लेकिन मैंने कहा कि स्टॉक

तेज़ी से ऊपर की ओर बढ़ रहा है। मैं बस उन्हें यही बताता रहा कि आय रिपोर्ट 20 अप्रैल को आने वाली है और यह गतिविधि अच्छी रिपोर्ट की उम्मीद हो सकती है। लेकिन इतनी अस्थिरता के साथ, व्हिपसॉ का सामना कर पाने के लिए बहुत हिम्मत की ज़रूरत थी। आने वाले दिनों में, टेज़र ने अपनी अत्यधिक वृद्धि जारी रखी। ऊपर के रुझान अद्भुत थे। अब फ़ोन कॉल्स की संख्या बढ़ती जा रही थी, लोग परेशान होते जा रहे थे। लोगों को लगने लगा था कि वो एक बड़ी गतिविधि का मौका गँवा रहे हैं। वे सब ख़रीदना चाहते थे लेकिन किसी दूसरी प्रतिक्रिया का इंतज़ार कर रहे थे। लेकिन स्टॉक ज़्यादा से ज़्यादा ऊँची कीमतों पर बंद होता रहा। 6 अप्रैल से चार दिन के अंदर स्टॉक ने बहुत शानदार उछाल दिखाई थी। 6 अप्रैल को यह $41.28 की बढ़त के साथ $276.78 पर समाप्त हुआ। 7 अप्रैल को यह फिर से ऊपर गया। इस बार यह $17.40 की बढ़त के साथ $294.12 पर समाप्त हुआ। अगले दिन यह 5.28 डॉलर बढ़कर $294.12 डॉलर पर बंद हुआ। और गुड फ्राइडे से एक दिन पहले यह उस सप्ताह 299.40 डॉलर/शेयर पर बंद हुआ।”

जॉन रोमानो ने अपनी स्क्रीन के ऊपर सिर उठाया और फिर से पानी का घूंट पीया। उन्होंने ना में अपना सिर हिलाया।

और उन्होंने आगे कहा, "ओह! मैं तो भूल ही गया था। मैं आपको बताना चाहता था कि फ्लोर पर टेज़र के विशेषज्ञ ने मुझे कल कॉल करके बताया कि अगर कोई बड़ा ख़रीदार मिलता है तो वह शेयरों का एक बड़ा ब्लॉक बेचना चाहते हैं। टेज़र का स्टॉक विशेषज्ञ वो आदमी है, जो सैक्स के साथ करीब से

काम करता है। सैक्स - वो कुछ और ही है। मेरा शक है कि इस टेज़र चीज़ के साथ वो कुछ न कुछ करने की योजना तो बना रहा है।"

मैंने उन्हें बीच में रोक दिया क्योंकि मुझे इस बात का अच्छा अनुमान था कि सैक्स क्या कर रहे हैं, लेकिन मैं जानना चाहता था कि रोमानो क्या कर रहे हैं। तो मैंने उनसे पूछा, "मुझे लगता है, आपको पता चल गया है कि स्टॉक शीर्ष पर है। यदि बड़े ग्राहक अभी ख़रीदना चाहते हैं, तो क्या आप उन्हें इसे ख़रीदने से मना कर रहे हैं?"

रोमानो हंस पड़े, "मैं उतना पागल नहीं हूँ। लोग ख़रीदना चाहते हैं। मैं एक सेल्समैन हूँ। मैं उन्हें ऐसा कुछ भी बेचूंगा जो वो ख़रीदना चाहते हैं। मैंने बहुत पहले ही सीख लिया था कि अगर किसी ख़रीदार को लगता है कि कोई स्टॉक ऊपर जा रहा है तो यह मेरी रोजी-रोटी है और यह मेरा कर्तव्य है कि मैं उससे वो ख़रीदवाऊँ जो वो ख़रीदना चाहता है। वहीं दूसरी तरफ, यदि उसे लगता है कि अब बेचने का समय है तो मैं कौन होता हूँ उसे मना करने और रोकने वाला? उसके पैसे हैं वो जैसे चाहे वैसे खर्च कर सकता है। मैं बस उसके काम को आसान बनाता हूँ। नहीं तो, मेरे बड़े ग्राहक को कोई दूसरा ब्रोकर मिल जायेगा जो वही करेगा जो ग्राहक चाहता है। ग्राहक राजा है और ग्राहक हमेशा सही होता है। यदि ग्राहक आज के टेज़र मूल्य को $300/शेयर पर देखता है और Taser के सीईओ को $1000/शेयर की कीमत के बारे में बोलते हुए सुनता है, तो मैं बहस करने वाला कौन होता हूँ? ग्राहक सीईओ पर विश्वास करता है। मुझपर नहीं - मैं बस एक छोटा सा स्टॉक ब्रोकर हूँ। मैं उसे ख़रीदने से क्यों रोकूंगा और उससे

कहने जाऊंगा कि मेरे हिसाब से स्टॉक अब शीर्ष पर आ चुका है? क्योंकि फिर ख़रीदार मेरे पास से चला जायेगा और किसी दूसरे ब्रोकर के साथ अपने पैसे खर्च करेगा। आख़िर में, ख़रीदार फिर भी स्टॉक ख़रीदेगा। और मेरा कमीशन किसी और के पास चला जायेगा। इसलिए ख़रीदार को मना करने में मेरी कोई दिलचस्पी नहीं है।"

मैं मन ही मन मुस्कुरा पड़ा। मैं ख़ुद इस तरह का तर्क दिया करता था। 1980 के दशक में कमोडिटी ब्रोकर के रूप में, मैं लोगों की इस मानसिकता को देख चुका था। मुझे बस इस बात की हैरानी थी कि दो दशकों बाद भी चीज़ें अभी भी वैसी की वैसी थीं।

रोमानो ने आगे कहा, "इस हफ्ते स्टॉक की कीमत थोड़ी कम हुई है और यह $285-$290 की सीमा में ट्रेड कर रहा है। अब तक इस हफ्ते कॉल थोड़े कम हुए हैं। लेकिन अभी तो बस बुधवार है और हफ्ता ख़त्म होने में अभी भी दो और ट्रेडिंग दिन बाकी हैं। मैं अंदर से यह महसूस कर सकता हूँ कि यह हफ्ता ख़त्म होने तक या अगले हफ्ते की शुरुआत में, हम शेयर का मूल्य $300 से भी अधिक देख सकते हैं। और मैं गारंटी से कह सकता हूँ कि जैसे ही हमें $300 का मूल्य दिखाई देगा, मेरे पास कॉल्स की भरमार लग जाएगी। और इसे ख़रीदने में रूचि और उत्साह दोनों बढ़ेगा। उन्हें पहले ही ऐसा लग रहा है कि वो कितना बड़ा मौका गँवा रहे हैं। अब वे देखते हैं कि कीमतों में वृद्धि जारी है और कोई प्रतिक्रिया नहीं दिख रही है। और वे शायद 20 तारीख को ठोस कमाई की रिपोर्ट देखेंगे। जनता अच्छी कमाई की उस रिपोर्ट से पहले स्टॉक में रहना

चाहेगी। मैं आय रिपोर्ट आने से एक दिन पहले - लगभग सोमवार को मात्रा में विस्फोट देख सकता हूँ। आप इंतज़ार करिये और देखिये।"

हमने थोड़ी देर और बातें की, उसके बाद मेरे सेल फ़ोन पर बॉयड की कॉल आने लगी। उनके पास अब मेरे लिए टेज़र ट्रेड के सारे नोट्स मौजूद थे। मैंने उनसे कहा कि कूरियर आकर इसे उनके घर से ले लेगा। लंच का समय होने वाला था। मैंने सोचा था कि लंच के दौरान मैं कूरियर को कॉल करके बॉयड के घर से नोट्स लेने के लिए बोल दूंगा। मैंने रोमानो को अलविदा कहा, और उनके समय के लिए उनका शुक्रिया भी अदा किया।

जब मैं बाहर निकल रहा था तब रोमानो ने मुझे एक सलाह दी, "अगर आप टेज़र स्टॉक के प्रबंधन की चीज़ों को उस तरह से कवर करते हैं जैसे मुझे लगता है कि आप करेंगे तो आपको इसे एक काल्पनिक कहानी की तरह पेश करना चाहिए। नहीं तो कोई आपका यकीन नहीं करेगा और सबसे ज़रूरी बात यह है कि व्यवसाय में बहुत सारे अंदरूनी लोग शायद आपको बहिष्कृत कर देंगे। उसके बाद आपके लिए शोध का काम ढूंढना मुश्किल हो सकता है। आख़िरकार, यह छोटी सी दुनिया है।" मुझमें इतनी समझ थी कि मैं समझ सकूँ कि उनकी बात सही थी।

अध्याय 8:

15 अप्रैल, 2004, गुरुवार की दोपहर - पूल संचालक

पूल संचालक उस समय से हैं, जबसे बाज़ार है। आजकल उनके साथ फैंसी नाम जुड़ गए हैं। जैसे- हेज फंड, प्रबंधित खाते आदि। आज उन्हें जिस नाम से पुकारा जाता है, वो केवल नियामकों के लिए मायने रखता है। पूल संचालक ख़ुद को जिस भी नाम से बुलाता है, उसके आधार पर आवश्यक नियामक कागज़ी कार्यवाही अलग-अलग होती है। अंत में पूल संचालक वही करता है जो वह सदियों से करता आ रहा है। वह कई स्रोतों से धन को एक जगह जमा करता है। फिर वह पूल योगदानकर्ताओं के फायदे के लिए स्टॉक की गतिविधि शुरू करने, बनाने, उपयोग करने और/या समाप्त करने के लिए उस संग्रहीत धन का प्रयोग करता है। वह किसी भी स्टॉक या स्टॉक के बंडल की कीमतों को ट्रेड करने, हेरफेर करने, समर्थन करने या अन्यथा प्रभावित करने के लिए उस संग्रह का उपयोग करता है। कुछ संचालक विश्लेषण भी लिखते हैं और ब्रोकरों को ऐसे

विश्लेषण बेचते हैं। यह सावधानी से और बिचौलियों की परतों वाले तीसरे और चौथे पक्ष के चैनलों के माध्यम से किया जाता है ताकि सचेत लोगों को सीधा संघर्ष दिखाई न दे। लेकिन इसमें अपने स्वार्थ को प्रभावित और पूरा करने का इरादा ज़रूर होता है, चाहे यह मूल रूप से हो या न हो।

एलेक्स सैंटोस पश्चिम में ऐसे सर्वश्रेष्ठ संचालकों में से एक थे। उनकी कंपनी - सैंटोस एंड हॉलैंड - सिलिकॉन वैली के बाहर स्थित एक बुटीक ऑपरेशन थी। उन्होंने 1990 के दशक के टेक्नोलॉजी बबल में अपना नाम कमाया था। वह अपने बहुत से ग्राहकों और सदस्यों को खोए बिना किसी तरह 3 साल के बेयर मार्केट से बच गए थे। जो एक बड़ी उपलब्धि थी। उनकी रिपोर्टें महंगी होती थीं। हाल ही में वह बहुत अच्छा काम कर रहे थे। लेकिन बेयर मार्केट के निचले स्तर से बाज़ार में उछाल आया था और ऐसे में अच्छा होना आसान था। सभी शेयर ऊपर जा रहे थे।

उन्होंने पिछले तीन हफ्तों से टेज़र स्टॉक का अत्यधिक प्रचार करना शुरू किया था। और न जाने कैसे यह उसी समय हो रहा था जब पिछले 5-7 हफ्तों में टेज़र की कीमत दोगुनी हुई थी। और मुझे पता था कि इसमें उससे कहीं ज़्यादा था जो दिखाई दे रहा था। कम से कम जहाँ तक एलेक्स सैंटोस के निजी दांव का सवाल था। एलेक्स भी डेविड रिची की तरह टेज़र के शेयरों का मूल्य $1000 तक जाने वाली बात पर सुर से सुर मिला रहे थे। मैं उसी मूल्य लक्ष्य के बारे में जानकर हैरान था। मुझे पता चला था कि कुछ हफ्ते पहले एलेक्स

टेज़र के बड़े लोगों से मिले थे और बहुत प्रभावित हुए थे। और वहीं से $1000 के स्टॉक मूल्य लक्ष्य की नई चर्चा शुरू हुई थी।

मेरे अनुरोध पर, जॉन रोमानो ने उस दिन फ़ोन पर मेरा और एलेक्स सैंटोस का परिचय कराया था। मैंने एलेक्स से मिलने के लिए बे एरिया के लिए दोपहर की शुरुआती फ्लाइट पकड़ी। वह अपने ऑफिस के पास एक छोटे से कॉफी शॉप में मुझसे मिलने के लिए तैयार हो गए थे। वह ज़्यादा चर्चा में नहीं आना चाहते थे और हमेशा भीड़ के साथ घुलने-मिलने की कोशिश करते थे ताकि किसी से अलग न लगें। यह शेयर बाज़ार में उनके काम करने के तरीके के समान था। वो चुपचाप और पर्दे के पीछे से अपनी चाल चलने की कोशिश करते थे।

मैं अपनी कॉफी लेकर बैठ गया और उनका इंतज़ार करने लगा, वो चलकर आये और मेरे सामने आकर बैठ गए। उनके हाथ में पानी का बोतल था। वह दिखने में ठीक-ठाक थे, जिसे कोई भी दोबारा मुड़कर देखे बिना आसानी से अनदेखा कर सकता था। उन्हें ऐसे ही रहना पसंद था। वह अपने ऊपर किसी का ध्यान लाये बिना काम कर सकते थे।

बे एरिया में मौसम के बारे में थोड़ी-बहुत बातचीत करने के बाद, उन्होंने कहा, "मुझे हैरानी है कि आप मुझसे मिलने के लिए यहाँ तक चले आये। मैं आराम से फ़ोन पर भी आपको अपने विचार बता सकता था।"

"मैं आपसे आकर मिलना चाहता था क्योंकि हम पहले नहीं मिले हैं। और जिन लोगों के लिए मैं काम कर रहा हूँ, वो चाहते हैं कि मैं अपना वेतन पाने के लिए मेहनत करूं। इसलिए मुझे यह दिखाना पड़ेगा कि मैं यात्रा कर रहा हूँ

और कई लोगों से मिल रहा हूँ," मैंने जवाब दिया। इसके अलावा, मैंने यह कई बार जाना है कि नहीं बोला गया शब्द और नज़रों का मिलना उससे कहीं ज़्यादा जानकारी देता है, जो फ़ोन पर बोले गए शब्दों से नहीं मिलती। स्पष्ट रूप से लोगों से जाकर मिलने का फायदा होता है।

"रोमानो के साथ हमारी कॉन्फ्रेंस चैट के दौरान, उन्होंने बताया कि आप टेज़र पर गहन अध्ययन कर रहे हैं। क्या परिणाम निकला?" उन्होंने शुरू किया।

"मैं इसके चार्ट्स देख रहा हूँ और यह बस बढ़ता जा रहा है। मुझे कुछ पैसे वाले लोगों ने यह देखने के लिए काम पर रखा है कि इस स्टॉक के साथ क्या चल रहा है और कौन सी चीज़ इसे इतना आकर्षक स्टॉक बनाती है। और मैं इसके लिए कई अलग-अलग स्रोतों की राय लेना चाहता था। मुझे आपके नाम का पता तब चला जब आप पिछले 2-3 हफ्तों से इस स्टॉक का अत्यधिक सुझाव दे रहे थे। और मैं देखना चाहता था कि आपको क्या पता है या कम से कम आपके पास स्टॉक के बारे में ऐसा क्या है, जो आप मेरे साथ शेयर करना चाहते हैं? कौन सी चीज़ इसे इतना अच्छा निवेश बनाती है?"

"मैंने टेज़र लिया है। इसलिए आपको पता होना चाहिए कि मेरा दृष्टिकोण पक्षपातपूर्ण होगा," उन्होंने स्पष्ट बात को सीधे तौर पर बता दिया। उनके पास टेज़र के शेयर थे। नहीं तो भला वो क्यों $300 स्टॉक पर $1000 के मूल्य लक्ष्य का प्रचार करते? वो अपने पास मौजूद शेयरों के ब्लॉक को बेचने के लिए ख़रीदारों की तलाश में थे। अब मैं उनके चेहरे और उनकी आँखों में देखकर यह

अच्छी तरह जान चुका था। जैसा कि मैंने बताया, नहीं बोले गए शब्द बोले जाने वाले शब्दों से कई गुना ज़्यादा कीमती होते हैं।

"मैं इस बात से हैरान हूँ कि आप एक ऐसे स्टॉक पर $1000 के मूल्य लक्ष्य की उम्मीद कर रहे हैं, जो पहले ही पिछले 52 हफ्तों में लगभग 6000% या उससे ज़्यादा बढ़ चुका है। आपको ऐसा क्यों लगता है कि इस तरह की गतिविधि बनी रहेगी?" मैंने पूछा और आगे कहा, "कुछ लोगों को लगता है कि यह स्टॉक अब अपने शीर्ष पर है।" मेरे आख़िरी वाक्य ने अपना काम कर दिया।

उन्होंने सख्त चेहरा बना लिया। और मेरी आँखों में देखकर आत्म-विश्वास से कहा, "देखिये, यह वही स्टॉक है, जो छह हफ्ते पहले $150 पर था और उस समय भी लोग यही बातें कर रहे थे। यही कि यह नौ महीने में $6 से $150 बढ़ गया है और ऐसी गतिविधि ज़्यादा समय तक नहीं बनी रह सकती। लेकिन फिर भी छह हफ्ते में इसका मूल्य दोगुना हुआ है। और यह गतिविधि अभी बस शुरुआत है क्योंकि ज़्यादा से ज़्यादा लोग इस स्टॉक और इसके उत्पादों के बारे में जान रहे हैं। हाँ, ऐसी गतिविधियां बहुत कम देखने को मिलती हैं। लेकिन यह एक दुर्लभ स्टॉक है और दुर्लभ उत्पाद वाली दुर्लभ कंपनी है। इसका विकास अद्भुत रहा है। लेकिन आम तौर पर इस तरह के स्टॉक बिकने से पहले महीनों तक एक अंतिम ठोस पुश लगाते हैं। मुझे लगता है, इसकी गतिविधि का सबसे महत्वपूर्ण हिस्सा अब आने वाला है। हो सकता है हम $1000 तक न पहुंच पाएं लेकिन मैं कुछ हफ्तों में $500-$600 पर निकासी की उम्मीद कर सकता

हूँ। यह विशेष रूप से पूरी तरह से संभव है, यदि सामान्य बाज़ार अच्छा व्यवहार करता है।"

"क्या मैं आपसे पूछ सकता हूँ कि आपने लगभग कहाँ स्टॉक ख़रीदा था?" मैंने सीधा सवाल किया।

उन्होंने भी स्पष्ट रूप से बताया लेकिन मेरे पास उनकी बात मानने के अलावा इसकी पुष्टि करने का कोई तरीका नहीं था। उन्होंने कहा, "मैंने $150 के औसत मूल्य पर इसे ख़रीदा था, जो इसके पिछले 50 दिन की गतिशील औसत रेखा के करीब था। यह लगभग पांच हफ्ते में दोगुना हुआ है। अगली बार यह और भी तेज़ी से दोगुना होगा क्योंकि अब इसकी असली चाल शुरू हो गई है। और फिर यह नीचे आ जायेगा। मुझे बस इसे बेचने के सही समय का अनुमान लगाना है।"

"कौन सी चीज़ टेज़र को आप लोगों के लिए इतना आकर्षक बनाती है?"

एलेक्स ने अपनी पानी की बोतल में देखा। "हम एक बुटीक ऑपरेशन हैं और हमारे सक्रिय प्रबंधन के अंतर्गत लगभग $100 मिलियन मौजूद है। ज़ाहिर है, यह 100 मिलियन डॉलर कई शेयरों में फैला हुआ है। एक छोटा संचालक होने के नाते, हम तेज़ी और चतुराई से स्टॉक और बाज़ारों के अंदर-बाहर जा सकते हैं। बड़े खिलाड़ियों की तुलना में हमारे लिए ऐसी चीज़ें करना कहीं अधिक आसान है। इसलिए टेज़र जैसा स्टॉक हमें आकर्षित करता है। चूँकि, टेज़र आजकल लगभग 700 मिलियन डॉलर मूल्य के स्टॉक का कारोबार कर रहा है, इसलिए हमारे पास खिलाड़ी बनने के लिए पर्याप्त लिक्विडिटी है।"

मुझे पहले ही अपना जवाब मिल चुका था। जो कुछ उन्होंने बताया उससे कहीं ज़्यादा उससे जो उन्होंने नहीं बताया था। इसलिए, थोड़ी देर और बातचीत करने के बाद, मैं अपनी वापसी की फ्लाइट पकड़ने के लिए फीनिक्स स्काई हार्बर हवाई अड्डे पर वापस चला गया।

मैं अपनी रिपोर्ट को अप-टू-डेट करने के लिए घर आ गया था।

तब मुझे नहीं पता था कि एलेक्स सैंटोस ने उसी दिन अपनी टेज़र होल्डिंग को $300/शेयर की औसत कीमत पर बेच दिया था। मुझे कुछ महीनों बाद उनकी बिक्रियों और बिक्री के मूल्य का पता चला, जब उनकी नई विवरण-पुस्तिका आयी, जिसमें उनके 2004 की पहली छमाही में उनके विजेता ट्रेड्स को सूचीबद्ध किया गया था। उन्होंने अपने पैसे दोगुने कर लिए थे और यह बाज़ार में उनका काम करने का तरीका था। यदि वह अपना निवेश दोगुना कर लेते थे तो वो उसे बेच देते थे। ख़ास तौर पर, तब जब ऐसा लगता है कि आम बाज़ार में कोई प्रतिक्रिया होने वाली है।

मज़ेदार बात यह है कि मैंने ध्यान दिया कि उनके शोध पत्रों और न्यूज़लेटर के सदस्यों को मई 2004 तक स्टॉक पर बिक्री की रेटिंग प्राप्त नहीं हुई थी। यह कुछ हफ्तों के बाद हुआ, जब सैंटोस ने पहले ही अपनी होल्डिंग बेच दी थी। लेकिन आम तौर पर ऐसी बातों को साधारण जनता अनदेखा कर देती है या उन पर किसी का ध्यान नहीं जाता। विशेष रूप से, जब बेचने की सिफारिश तीसरे पक्ष के चैनलों के माध्यम से की जाती है और विश्लेषक व आम जनता को सिफारिश करने वाले व्यक्ति के बीच मध्यस्थ मौजूद होते हैं।

अध्याय 9:

सट्टेबाज़ की मूलभूत बातें – आगे

जीत और हार की संभावनाएं सफल सट्टे की गतिविधि के लिए ज़रूरी हैं। इसकी मूलभूत बातें स्पष्ट करने के लिए मेजर लीग बेसबॉल (MLB) से इसकी समानता के साथ शुरुआत करना उपयोगी रहेगा। एक बहुत अच्छा बेसबॉल खिलाड़ी .300 की औसत से बल्लेबाजी करता है। इसी तरह, एक जानकार ट्रेडर दस ट्रेडों में से औसतन तीन में जीत हासिल कर सकता है और फिर भी बाज़ार से काफी आगे निकल सकता है। उसकी सफलता उसकी ट्रेडिंग तकनीकों या धन प्रबंधन कौशल पर निर्भर करती है। अधिकांश नौसिखिए प्रत्येक ट्रेड पर अपनी सभी या अधिकांश ट्रेडिंग पूंजी ट्रेड कर देंगे। एक सही मायने में सफल ट्रेडर अपने ट्रेड में टेस्ट केस एंट्री के साथ शुरुआत करता है। यदि उसका टेस्ट केस उसे साबित करता है कि स्टॉक और बाज़ार की उसकी प्रारंभिक रीडिंग सही थी, तो वह अपनी स्थिति में आगे जोड़ देगा या दूसरी प्रतिबद्धता करेगा। हर बार

एक समय में एक कदम उठाया जाता है और यह पूरी तरह से इस बात पर निर्भर करता है कि पिछला कदम कैसा था। इसके लिए बहुत सारे अनुभव और कौशल की ज़रूरत होती है जो समय के साथ आता है।

क्योंकि हम सब अलग-अलग ट्रेडिंग पूंजी, अलग-अलग व्यक्तित्व, अलग-अलग जोखिम-पुरस्कार के रवैये, अलग-अलग कौशलों और ज्ञान के साथ बाज़ार में आते हैं, इसलिए प्रत्येक व्यक्ति को अपने व्यक्तित्व के अनुरूप तकनीक का विकास करना पड़ता है। लेकिन एक उदाहरण के तौर पर, मान लीजिये हम $100,000 की ट्रेडिंग पूंजी के साथ बाज़ार में आते हैं, तो पहली बार में हम 20% या $20,000 मूल्य से ज़्यादा के शेयर नहीं ख़रीदेंगे। जैसा कि हम जानते हैं, बाज़ार में नकद ही राजा है। नकद के बिना, कोई ट्रेड नहीं कर सकता। बाज़ार में अच्छा मुनाफा कमाना जितना ज़्यादा अच्छा लगता है, अक्सर इस महत्वपूर्ण सिद्धांत को नज़रअंदाज़ कर दिया जाता है कि पूंजी का संरक्षण भी उतना ही ज़रूरी होता है। पूंजी के बिना, इतिहास के सबसे अच्छे स्टॉक से हमें कोई फायदा नहीं होगा क्योंकि इतने अच्छे स्टॉक को ट्रेड करने के लिए आपके पास कोई पूंजी नहीं होगी। स्टॉप-लॉस का सिद्धांत पूंजी सुरक्षित करने का एक महत्वपूर्ण साधन है। स्टॉप-लॉस एक पहले से निर्धारित स्टॉप है, जो शुरूआती ट्रेड खोलते ही लागू कर दिया जाता है, ताकि अगर ट्रेड की गतिविधि हमारे ख़िलाफ़ होती है तो उसे बंद किया जा सके।

स्टॉप-लॉस इस मूलभूत तथ्य के साथ आता है कि हम बाज़ार में या तो सही हो सकते हैं या फिर गलत। हमें केवल तभी पता चलता है कि हम गलत

हैं जब हम लाभ कमाने के बिना नुकसान झेलना शुरू कर देते हैं। ज़्यादा लंबे समय तक किसी पोज़ीशन में बने रहने का कोई फायदा नहीं है, जहाँ हम अपनी ट्रेडिंग पूंजी गँवा दें। इसलिए हमें प्रत्येक ट्रेड के लिए जोखिम के रूप में एक निश्चित राशि निर्धारित करनी चाहिए। इसलिए, नुकसान को सीमित करने के लिए, व्यक्ति को अपनी ट्रेडिंग पूंजी सुरक्षित रखने के लिए उस बिंदु पर स्टॉप लागू करना चाहिए, जहाँ प्रतिबद्धता समाप्त हो जाती है। कुछ लोग 8% का इस्तेमाल करते हैं, और अन्य 10% का।

गणना में आसानी के लिए, मान लीजिये हम 10% स्टॉप-लॉस के नियम का प्रयोग करते हैं। यानी, ट्रेड करने के बाद, यदि ट्रेड की गति हमारे ख़िलाफ़ जाना शुरू हो जाती है, जिसकी वजह से 10% का नुकसान होता है तो उस पोज़ीशन को स्वचालित तरीके से बंद कर दिया जायेगा। ज़्यादातर लोगों को स्टॉप-लॉस का सिद्धांत समझ में नहीं आता। लेकिन अगर आप किसी भी सफल ट्रेडर से पूछेंगे तो बाज़ार से सुरक्षा के लिए उसके पहले नियम के रूप में उसके पास कोई स्टॉप-लॉस विधि ज़रूर होगी। हमारे उदाहरण के लिए, हम 10% के स्टॉप-लॉस के नियम पर बात करेंगे। पूंजी की रक्षा करने की क्षमता का वर्णन करने और अपने आप को ट्रेड करने के बहुत सारे अवसरों की अनुमति देने के लिए, हम लगातार पांच नुकसानों की श्रृंखला की कल्पना करते हैं। हमारे उदाहरण में प्रत्येक ट्रेड में $20,000 के प्रवेश के साथ शुरू करने पर हमें लगातार पांच नुकसान के बाद इस तरह के आंकड़े दिखाई देंगे:

ट्रेड 1 = $20,000 की प्रवेश राशि पर 10% के स्टॉप लॉस के साथ बाहर आने पर हमारे पास $18,000 बचेंगे

ट्रेड 2 = $18,000 की प्रवेश राशि पर 10% के स्टॉप लॉस के साथ बाहर आने पर हमारे पास $16,200 बचेंगे

ट्रेड 3 = $16,200 की प्रवेश राशि पर 10% के स्टॉप लॉस के साथ बाहर आने पर हमारे पास $14,580 बचेंगे

ट्रेड 4 = $14,580 की प्रवेश राशि पर 10% के स्टॉप लॉस के साथ बाहर आने पर हमारे पास $13,122 बचेंगे

ट्रेड 5 = $13,122 की प्रवेश राशि पर 10% के स्टॉप लॉस के साथ बाहर आने पर हमारे पास $11,810

पांच नुकसानों के बाद नेट ट्रेडिंग पूंजी = $80,000 + $11,810 = $91,810

या लगभग 8% की ट्रेडिंग पूंजी का नेट नुकसान।

अब लगातार पांच नुकसानों के बाद ट्रेडिंग के लिए उपलब्ध नेट पूंजी $100,000 से घटाकर $91,810 कर दी गई है। तो अगले पांच ट्रेडों के लिए, कोई व्यक्ति टेस्ट केस एंट्री राशि की गणना कुल ट्रेडिंग पूंजी का 20% करेगा या $91,810 का 20% करेगा या अगले पांच ट्रेडों के लिए पहली टेस्ट एंट्री $18,362 की राशि से शुरू होगी।

इससे ट्रेडर को बाज़ार में कई और बार अपनी किस्मत आज़माने का मौका मिलता है। वह ऐसी एक या दो बड़ी गतिविधियों की तलाश में होता है, जो उसके नुकसानों की भरपाई करने से कहीं ज़्यादा हो। और जब उसे बड़ी गतिविधि वाला स्टॉक मिल जाता है तो वह बड़ी गतिविधि के उचित बिंदुओं पर अपनी सारी पूंजी के साथ इसमें जा सकता है। मान लीजिये किसी को इतना अच्छा स्टॉक मिल जाता है, तो ऐसे विजेताओं के लिए पोज़ीशन जोड़ना बाज़ार द्वारा पेश की गई अगली चुनौती होती है। और कौन सी चीज़ किसी संभावित विजेता को विजेता बनाती है? आम तौर पर, विजेता अपना रुझान जारी रखेगा और गतिविधि के अंत तक पहुंचते हुए रुझान की गति बढ़ती जाएगी। हमारे उदाहरण के लिए, हम मानेंगे कि हम एक ऊपर के रुझान वाला स्टॉक ख़रीद रहे हैं।

आम तौर पर (लेकिन हमेशा नहीं), विजेता टेस्ट ख़रीदारी के पहले चार हफ्तों के अंदर तेज़ी से 20% या उससे ज़्यादा की गतिविधि के साथ शुरुआत करता है। इसके बाद, सबकुछ इसपर आकर टिक जाता है कि कोई व्यक्ति संभावित विजेता गतिविधि पर सही समय में सही राशि डालने को लेकर कितना सावधान और सतर्क है। यह सब इसपर आकर टिक जाता है कि कोई व्यक्ति स्टॉक चार्ट को कितने अच्छे से समझ सकता है। कुछ रूढ़िवादी और अन्य बैलेंस शीट विश्लेषक चार्ट्स के ख़िलाफ़ बात करेंगे। लेकिन एक अच्छा चार्ट पढ़ने वाला जितने अच्छे से स्टॉक की गतिविधि के बारे में बता सकता है, कोई और नहीं बता सकता। अगर कोई ट्रेडर चार्ट्स नहीं पढ़ सकता तो जीतने से ज़्यादा

उसके हारने की संभावना अधिक होगी। ऐसे भी लोग हैं जो कहेंगे कि वॉरेन बफे चार्ट नहीं पढ़ते हैं। सबसे पहले तो वॉरेन बफे क्या करते हैं या क्या नहीं करते हैं और कैसे करते हैं या नहीं करते हैं, यह सभी के लिए एक पहेली है। दूसरा, वॉरेन बफे केवल एक हैं। लेकिन दुनिया में बहुत सारे सफल स्टॉक ट्रेडर हैं।

स्टॉक चार्ट्स इसलिए महत्वपूर्ण हैं क्योंकि मूल्य और मात्रा की गतिविधि के इतिहास के माध्यम से, कोई व्यक्ति यह पता लगा सकता है कि स्मार्ट मनी जमा हो रही है या नहीं। और यदि स्मार्ट मनी जमा हो रही है तो यह कैसे और कहाँ जमा हो रही है। कोई बड़ी गतिविधि ऐसे ही रातों-रात नहीं होती। इसमें समय लगता है। किसी गंभीर गतिविधि को सेटअप होने, विकसित होने, शुरू होने, बने रहने, समर्थित होने और ख़त्म होने में समय लगता है। इसे हासिल करने के लिए अच्छे-ख़ासे पैसों और समय की ज़रूरत पड़ती है। और अगर कोई चार्ट को पढ़ने में ज़रूरी समय और मेहनत लगाता है तो उससे बहुत सारे संकेत मिलते हैं।

जब बड़ा पैसा गतिविधि सेटअप करने के बाद एक गतिविधि शुरू करता है, तो यह चार्ट पर सही प्रकार के मूल्य/मात्रा की क्रिया पर दिखाई देता है। स्मार्ट मनी वह पैसा है जो लगातार पैसा कमाता है। इसके अलावा, पूरे बाज़ार में हर तरह के शोध उपलब्ध हैं। लेकिन क्या यह शोध कार्यवाही के योग्य हैं? और अगर यह कार्यवाही के योग्य हैं, तो किस तरह की कार्यवाही दिखाई जा रही है? क्या कार्यवाही यह दिखा रही है कि अच्छी मात्रा में पैसे सही प्रकार के

संचय के साथ गतिविधि की शुरुआत कर रहे हैं? और गतिविधि को प्रतिक्रियाओं पर समर्थित किया जा रहा है? इन सभी सवालों का चार्ट से जवाब मिल जाता है। जब स्मार्ट मनी काम करती है तो यह समय के साथ काम करती है। आम तौर पर, इस गतिविधि का सेटअप गतिविधि से ज़्यादा समय तक चलता है। सेटअप कई सालों तक चल सकता है और गतिविधि केवल 6-8 महीने तक चल सकती है। यह असामान्य नहीं है।

महान ट्रेडर, बर्नार्ड बरूच, कहा करते थे कि केवल झूठे लोग शीर्ष पर बेचते हैं और नीचे होने पर ख़रीदते हैं। उनका यह भी कहना था कि वो अंदर आने से पहले हमेशा गतिविधि के पहले 20% को छोड़ने और गतिविधि का अंतिम 20% विकसित होने से पहले बाहर निकलने के लिए तैयार रहते हैं। वह बीच के 60% की अच्छी गतिविधि से ख़ुश रहते थे।

प्रत्येक स्टॉक का अपना व्यक्तित्व होता है। कुछ अस्थिर होते हैं। कुछ स्थिर होते हैं। कुछ अपनी गतिविधि के अलग-अलग हिस्सों में अपना व्यक्तित्व बदलते हैं। इस मामले में, स्टॉक इंसानों की तरह हैं। प्रत्येक का अपना व्यक्तित्व है। हालाँकि, अधिकांश स्टॉक, स्टॉक प्रबंधक के व्यक्तित्व को दर्शाते हैं। स्टॉक प्रबंधक वह व्यक्ति होता है, जिसकी ज़िम्मेदारी स्टॉक की महत्वपूर्ण चाल को सेटअप करने, शुरू करने, समर्थन करने और समाप्त करने और चाल के अंत तक पूर्ण वितरण को प्रभावित करने की होती है। प्रबंधक निवेश बैंक या अंडरराइटिंग कंपनी का वह व्यक्ति होता है, जो उस स्टॉक पर वास्तव में ख़रीदारी और बिक्री ऑर्डर करता है जिसे वो प्रबंधित करता है। उदाहरण के

लिए, टेज़र के मामले में, प्रबंधक सैक्स एंड सैक्स में वो वास्तविक व्यक्ति होगा, जो पूरे वितरण को प्रभावित करने की कोशिश में ख़रीदारी और बिक्री ऑर्डर कर रहा होता है। जो स्टीव सैक्स हो सकते हैं या नहीं भी हो सकते हैं। या फिर यह उनका कोई ज़्यादा अनुभवी इन-हाउस ट्रेडर हो सकता है।

परिणामस्वरूप, व्यापक मात्रा में धारकों में पूरी तरह वितरित होने तक उस स्टॉक का समाचार की हेडलाइन में आ जाना लगभग एक आवश्यकता होती है। इसके समाचार बनने का एकमात्र कारण यह होता है कि बहुत सारे लोगों ने इस स्टॉक को ख़रीदा होता है और अब यह लोगों के बीच मशहूर हो जाता है। यही कारण है कि कोई स्टॉक जितना ज़्यादा मशहूर होता है, इसकी अच्छी गतिविधियों की संभावनाएं उतनी ही कम होती जाती हैं। ट्रेडिंग जीवन भर सीखने वाला अनुभव है। और इसके लिए कड़ी मेहनत की ज़रूरत पड़ती है। इसके लिए समय की ज़रूरत पड़ती है। धैर्य की ज़रूरत पड़ती है। इसके लिए ढेर सारे नुकसान झेलने की क्षमता की ज़रूरत होती है। इसके लिए अनुशासन की ज़रूरत होती है। जब लोग शॉर्ट कट और आसान पैसों की तलाश में होते हैं तो इसकी ज़्यादा संभावना होती है कि उन्हें कोई अच्छा मुनाफा प्राप्त नहीं होगा। इस संबंध में यह विशेषज्ञता के किसी अन्य क्षेत्र में महारत हासिल करने से अलग नहीं है।

मैं इसके बारे में टेज़र पर बॉयड हंट द्वारा की गई ट्रेड गतिविधियों से बहुत कुछ सीखने वाला था।

अध्याय 10:

16 अप्रैल, 2004, शुक्रवार की सुबह - शेयरधारक, दोबारा

डेविड रिची शुक्रवार को व्यस्त थे। मैंने मंगलवार को आने वाली नई आय रिपोर्ट पर प्रत्याशित उत्साह के बारे में टिप्पणी पाने के लिए उन्हें कॉल किया था। मेरे पास उनके लिए कुछ और सवाल थे। मुझे होल्ड पर रख दिया गया। इंतज़ार करते समय, मैंने टेज़र का भाव जानने के लिए अपनी स्क्रीन पर देखा। इसे $340 पर बेचा जा रहा था। डेविड उस वक़्त टेज़र में अपनी पोज़ीशन बंद करके $170 मिलियन की भारी-भरकम राशि के साथ बाहर निकल सकते थे।

"गुड मॉर्निंग। आप कैसे हैं?" डेविड ने फ़ोन पर कहा।

"मैं ठीक हूँ, डेविड। धन्यवाद। आप कैसे हैं?"

"मैं बहुत अच्छा हूँ," उन्होंने जवाब दिया। मैंने मन ही मन सोचा कि $170 मिलियन की संपत्ति के साथ ज़ाहिर तौर पर वो बहुत अच्छे ही होंगे। और उन्होंने आगे कहा, "देरी के लिए माफ़ी चाहता हूँ। आज मैं बहुत व्यस्त हूँ। सब लोग मंगलवार को आने वाली आय रिपोर्ट के बारे में जानना चाहते हैं। मैं सुबह से कॉल्स का जवाब दे रहा हूँ और अपने शेड्यूल में पीछे हो गया हूँ।" एक ऐसा इंसान होते हुए भी वो काफी घबराये हुए लग रहे थे, जिसके स्टॉक ने आज तक के सबसे ऊँचे मूल्य को छुआ था।

"आपको किन लोगों के कॉल आ रहे हैं?"

डेविड ने जवाब दिया, "आपको तो पता ही है - विश्लेषक, फंड मैनेजर, हेज फंड मैनेजर, समाचार पत्र, स्टॉक ब्रोकरेज हाउस, आदि।"

"आपको क्या लगता है कि आपकी रिपोर्ट स्टॉक को कैसे प्रभावित करेगी? क्या आप बता सकते हैं कि कमाई का आंकड़ा कहाँ होगा? क्या आप उम्मीदों पर खरे उतरेंगे या इसे तोड़ देंगे?"

डेविड ने कहा, 'मैं स्टॉक विश्लेषक नहीं हूँ। स्ट्रीट तिमाही रिपोर्ट की तलाश में है। मैं लंबी अवधि वाला इंसान हूँ। अपनी कंपनी को सार्वजनिक करने में मुझे एक दशक से अधिक का समय लगा। मैं अपने उत्पादों के लिए बाज़ार से दस साल आगे था। मुझे डर है कि मैं आपके प्रश्नों का उत्तर स्पष्टता से नहीं दे सकता। इसके अलावा, भले ही मुझे पता हो कि कमाई क्या होने वाली है, मेरे लिए इस पर टिप्पणी करना अनुचित होगा।"

"क्या आप अपने स्टॉक पर किसी स्टॉक विश्लेषक की टिप्पणी देखते हैं? हाल के दिनों में कई लोगों ने आपसे बात की है। क्या आप इनमें से किसी विश्लेषक के करीब हैं?" मैंने पूछा।

"नहीं। मेरा किसी भी विश्लेषक के साथ मेलजोल नहीं है और मैं उनमें से किसी के सुझाव नहीं देखता। मेरी ओर से इस तरह की कोई भी कार्यवाही हितों का टकराव हो सकती है," उन्होंने तुरंत इशारा किया।

"क्या आप एलेक्स सैंटोस को जानते हैं? यदि हाँ, तो आप उन्हें कैसे जानते हैं?" मैंने अपना सवाल किया।

"सैंटोस और हॉलैंड लगभग तीन महीने पहले हमारे पास आए थे। मैंने एलेक्स को अपनी कंपनी दिखाई और यहाँ की सुविधाओं के बारे में बताया। यह सामान्य बात है। हम कई विश्लेषकों के साथ ऐसा करते हैं। उसके बाद से मैं उनसे एक-दो बार मिल चुका हूँ। लेकिन उन्होंने हमारे बारे में क्या कहा, यह मैंने नहीं पढ़ा। मैं अपनी बैलेंस शीट के अपने आंतरिक विश्लेषण पर किसी भी प्रभाव से बचने के लिए स्ट्रीट की ऐसी टिप्पणियों से बचता हूँ। एलेक्स ने हमारे कुछ बड़े शेयरधारकों से बात की है। यह मुझे पता है। मैंने उनके किसी शेयरधारक या विश्लेषकों के सम्मेलन में भाग नहीं लिया है।"

"डेविड, आपके पास व्यक्तिगत रूप से स्टॉक ट्रेडिंग का कितना अनुभव है? क्या आपने पहले IPO में निवेश किया है? मैं यह देखने की कोशिश कर रहा था कि वह बाज़ार के कामकाज के बारे में क्या जानते हैं।

"ज़्यादातर अन्य लोगों की तरह मेरे पास भी सामान्य अनुभव है। मैंने 1990 के दशक के कुछ तकनीक स्टॉक में अपना हाथ आज़माया था। नहीं, मैं पहले किसी IPO में शामिल नहीं था। मैं ज़्यादातर म्यूचुअल फंड में रहा हूँ। और शायद ज़्यादातर, मैं पिछले 7-8 वर्षों में अपने खाते में हानिरहित ट्रेडिंग में रहा हूँ। शुरू में मैंने जो कुछ भी कमाया था, वो सब बेयर मार्केट में खो दिया।"

मैं डेविड के लिए अपने अंतिम सवाल पर था। "आप कल के बंद के आधार पर $150 मिलियन से ज़्यादा के मूल्य पर हैं। क्या आपको अपना हिस्सा बेचने का मन नहीं हो रहा?" मैं उनकी आवाज़ का लहज़ा सुनने का इंतज़ार कर रहा था।

"मैं कुछ और वर्षों के अच्छे विकास की तलाश में हूँ। और इसके साथ स्टॉक की कीमत में बढ़ोतरी होती है। मैं ख़ुद को अपनी सारी होल्डिंग बेचते हुए नहीं देखता।" मुझे विश्वास नहीं हो रहा था कि उन्होंने स्वीकार किया है कि वह कम से कम अपनी कुछ होल्डिंग बेच रहे थे। यह उनके अंतिम वाक्य के शब्दों में छिपा हुआ था जब उन्होंने कहा कि, "मैं ख़ुद को अपनी सारी होल्डिंग बेचते हुए नहीं देखता।" जिसका मतलब था कि वह अपनी होल्डिंग का कुछ हिस्सा बेचने वाले थे या फिर बेचने के बारे में सोच रहे थे। एक बार फिर से, जो नहीं कहा जाता वो कई बार महत्वपूर्ण होता है।

फ़ोन कॉल समाप्त करते समय मैंने उनकी मदद के लिए उन्हें धन्यवाद किया और उनकी अपार सफलता की कामना की।

अध्याय 11:

16 अप्रैल, 2004, शुक्रवार की दोपहर - सट्टेबाज़ का संचालन

लंच के बाद मैंने अपने स्टॉकब्रोकर को कॉल किया। मैं टेज़र स्टॉक के बारे में कुछ मूलभूत चीज़ें पता करना चाहता था। मैंने उससे पूछा कि क्या स्टॉक को शॉर्ट करना संभव है। इसपर उसने जवाब दिया कि स्टॉक शॉर्टिंग के लिए उपलब्ध नहीं है, क्योंकि ब्रोकर के साथ कोई फ्लोटिंग आपूर्ति मौजूद नहीं थी। जब कोई व्यक्ति किसी स्टॉक को शॉर्ट करता है तो वो मूल रूप से ब्रोकर से स्टॉक उधार लेकर इसे बेचता है। इसलिए, जब उस स्टॉक का मूल्य बाज़ार में गिर जाता है तो ट्रेडर इसे कम दाम पर वापस ख़रीद सकता है और उधार लिए गए स्टॉक को ब्रोकर को वापस कर सकता है। आधार अभी भी वही रहता है। केवल निष्पादन का क्रम बदल जाता है। कम में ख़रीदने और ज़्यादा में बेचने के बजाय, शॉर्ट ट्रेडर ज़्यादा में बेचता है और कम में ख़रीदता है। लेकिन यदि

ब्रोकर के पास ट्रेडर को उधार देने के लिए कोई स्टॉक नहीं होता तो स्टॉक शॉर्ट करने का कोई तरीका नहीं होता है। मैं अभी भी इस तरह की स्टॉक की कमी के प्रभावों के बारे में सोच रहा था। और मैंने अपनी फाइल से बॉयड के ट्रेड रिकॉर्ड बाहर निकाले।

मैंने टेज़र स्टॉक की कमी के बारे में सभी विचारों को किनारे रख दिया और अपने ब्रोकर को कॉल किया। मैंने अपनी मेज़ पर जमा बाकी सारी चीज़ों को भी किनारे कर दिया। अब मेरी मेज़ पर बस कागज़ों के दो सेट थे। एक सेट बॉयड का ट्रेड रिकॉर्ड बुक था। ये उनके नोट्स और ट्रेड की प्रविष्टियां थीं, जिन्हें वो हर बार ट्रेड करने पर डायरी में लिखकर रख लेते थे। दूसरा टेज़र के लिए चार्ट्स का एक सेट था। इसे कागज़ पर उतारना मुश्किल होने वाला था। चार्ट पर तारीखों के साथ उनकी ट्रेड प्रविष्टियों को समन्वित और पंक्तिबद्ध करना आसान नहीं होने वाला था, ताकि पाठक को बॉयड हंट के सफल ट्रेडिंग कार्यों के पीछे का विचार और सिद्धांत पता चल सके।

मैंने अपने चैट के नोट्स को बॉयड के ट्रेड जर्नल के बगल में रख दिया। मुझे नहीं पता था, कैसे शुरू करूं। उन्होंने टेज़र पर $50,000 की टेस्ट ख़रीदारी के साथ ट्रेडिंग शुरू की थी। मैंने पहले उनका ट्रेडिंग रिकॉर्ड देखा। उसमें 3 अक्टूबर, 2003 की तारीख का एक ऑर्डर था, और लिखा था:

ख़रीद-स्टॉप 1500 TASR @$32.68, $32.75 पर निष्पादित

राशि $49,125

कमीशन $29.95

कुल: $49,154.95

कारण: 17 सितंबर के नए उच्च के हटने के बाद अब तक का सबसे ज़्यादा नया उच्च स्तर जो भारी मात्रा पर बनाया गया था।

उसी दिन 3 अक्टूबर के लिए, उनके पहले ऑर्डर के नीचे जर्नल में एक और एंट्री थी, जिसमें लिखा था:

बिक्री-स्टॉप 1500 TASR @ $29.68 GTC

कारण: SOP 10% स्टॉप-लॉस (SOP का अर्थ है 'मानक संचालन प्रक्रिया')

मैंने टेज़र का चार्ट खोला। और देखा कि 17 सितंबर, 2003 को स्टॉक ने अब तक का सबसे उच्च मूल्य प्राप्त किया था। उस दिन इसने अपने 200,000 शेयरों से कम की अपनी दैनिक औसत मात्रा की तुलना में 1.1 मिलियन से भी ज़्यादा शेयर ट्रेड किये थे। इसकी मात्रा में पांच गुना से भी ज़्यादा वृद्धि हुई थी। यह सबसे हाल के 52-सप्ताहों के लिए टेज़र पर किया गया सबसे अधिक एक दिवसीय ट्रेड था। इस तरह के कदम ने स्पष्ट रूप से संकेत दिया था कि कुछ बड़े संचय हफ्तों और महीनों पहले शुरू हो गए थे और स्टॉक में कमी आने वाली थी, जो स्टॉक के पीछे लगे बड़े पैसों की वजह से होने वाली थी।

उसके बाद लगभग दो हफ्तों के लिए, स्टॉक अपने हाल के कुछ हफ्तों और महीनों में किए गए किसी भी लाभ को वापस दिए बिना शांत पड़ गया। इस तरह, बॉयड की सबसे पहली टेस्ट ख़रीदारी तब हुई थी जब टेज़र ने नई ऊंचाई

छुई थी। और उन्होंने कुछ दिन पहले ही यह तय कर लिया था कि अगर यह नई ऊंची कीमत बनाता है तो वो स्टॉक में टेस्ट ख़रीदारी करेंगे, इसलिए उन्होंने कुछ दिन पहले ही अपना ऑर्डर कर दिया था। और 3 अक्टूबर को वो पूरा हो गया और अब वह एक टेस्ट केस ख़रीद के साथ स्टॉक में थे।

उन्होंने अपनी 10% स्टॉप-लॉस वाली मानक संचालन प्रक्रिया लागू की थी। इसलिए उन्होंने नोट्स पर लिखा था, "SOP 10% स्टॉप-लॉस।" बिक्री का स्टॉप मूल्य उनके ख़रीद मूल्य से 10% कम था। इस तरह वो अपने ट्रेड पर $4605 का जोखिम उठाने के लिए तैयार थे। अगर स्टॉक उन्हें गलत साबित कर देता तो वह पूर्व-निर्धारित नुकसान स्वीकार करने को तैयार थे और यदि स्टॉक मुनाफा कमाना शुरू कर देता तो वो उसे अपने बिक्री-स्टॉप मूल्य पर बेच देते। GTC का मतलब था 'गुड-टिल-कैंसिल।' ऑर्डर तब तक रहता जब तक कि बॉयड उसे रद्द करने का फैसला नहीं करते।

स्टॉक ने ऊपर जाना शुरू कर दिया। चार ही हफ्तों में इसकी कीमत दोगुनी हो गई क्योंकि 30 अक्टूबर को इसने $69.36 का नया उच्च मूल्य छू लिया था। बॉयड के $32.75 के ख़रीद मूल्य से $69.36 का सबसे नया उच्च मूल्य बस चार हफ्तों के अंदर हुआ था और यह पूरी गतिविधि किसी प्रतिक्रिया के बिना थी। इसने बॉयड को हैरान कर दिया था क्योंकि यह गतिविधि उनकी सारी उम्मीदों से परे थी। उन्हें ऐसा लगने लगा था कि वह शायद किसी स्टॉक पर क्लासिक बुल रन की शुरूआती हलचल देख रहे हैं। ऊपर के तेज़ रुझान के लिए प्रतिक्रिया

के बिना, बॉयड यह पता नहीं लगा पा रहे थे कि वह वास्तव में कहाँ और कब ज़्यादा बड़ा स्टैक ख़रीद सकते हैं।

उनकी पहली टेस्ट ख़रीदारी ने साबित कर दिया था कि वो सही हैं। वह सही समय पर सही स्टॉक में थे। अब उन्हें एक ऐसा स्थान और समय ढूंढने की ज़रूरत थी जहाँ वो ज़्यादा बड़ी प्रतिबद्धता कर सकें। उन्होंने पता लगा लिया था कि अगर चार हफ्तों में उनके स्टॉक की कीमत दोगुनी हो जाती है तो यह बस अभी असली गतिविधि की शुरुआत थी। और उन्हें पता था कि इसके ऊपर के रुझान पर कम से कम एक बार ज़रूर एक बड़ी हलचल होगी। इसलिए उन्होंने इसके दैनिक चार्ट के बजाय साप्ताहिक चार्ट पर ध्यान देना शुरू कर दिया। दैनिक चार्ट शायद कई अल्प-कालिक अस्थिर गतिविधियां दिखाने वाला था, जिससे स्टॉक के कमजोर धारकों को हटाने में मदद मिलती। इसलिए, उन्होंने प्रतिक्रिया का इंतज़ार किया। पहली प्रतिक्रिया 2003 के नवंबर की शुरुआत में शुरू हुई। यह प्रतिक्रिया कीमत को 51.36 डॉलर के निचले स्तर पर ले आयी। लेकिन प्रतिक्रिया अल्पकालिक थी और नवंबर के तीसरे सप्ताह तक स्टॉक अपनी पिछली उच्च कीमतों पर वापस आ गया था। अब बॉयड अपना बड़ा दांव लगाने को तैयार थे। जैसे ही स्टॉक अपने पूर्व उच्च स्तर के करीब आया, उन्होंने निम्नलिखित ऑर्डर किया:

ख़रीद-स्टॉप 2800 TASR @ $69.50 GTC

यदि स्टॉक $69.36 के अपने पिछले उच्च मूल्य के ऊपर जाता तो वह लगभग $200,000 मूल्य के अतिरिक्त स्टॉक ख़रीदने वाले थे। उन्होंने इंतज़ार

किया। 20 नवंबर को, उनका ऑर्डर पूरा हो गया और अब उन्होंने टेज़र में लगभग 250,000 डॉलर लगा दिए थे। उनके ट्रेडर जर्नल में लिखा था:

ख़रीद 2800 TASR, निष्पादित @ $69.75

राशि $195,300

कमीशन $29.95

कुल $195,329.95

अब उनके पास टेज़र के 4300 शेयर थे। 4300 शेयरों के लिए उनका ख़रीद मूल्य था:

(1500 x $32.75 + 2800 x $69.75)/4300 = $56.84

उन्होंने तुरंत अपनी नवीनतम ख़रीदारी के 10% नीचे पर बिक्री-स्टॉप लगा दिया:

4300 TASR बिक्री-स्टॉप @ $63.18 GTC

सबसे बुरी स्थिति में वह $63.18 पर अपने शेयर बेच देते। इसके बावजूद, वो आगे होते क्योंकि टेज़र के पूरे 4300 शेयरों के लिए उनका औसत मूल्य $56.84 था।

मैंने जर्नल पढ़ना बंद कर दिया। मैंने चार्ट निकाले। और उनके ऊपर तारीखों, कीमतों और स्टॉप पर निशान लगा दिया। इससे पाठक को स्पष्टता मिलती।

TASR आगे बढ़ता रहा। 3-4 हफ्तों में, उसने $93.48 की नई ऊंचाई को छू लिया था। उस मूल्य पर, बॉयड के 4300 शेयरों का मूल्य $400,000 से ज़्यादा था। जबकि उनका निवेश $250,000 से कम था। दो महीने में ही उन्होंने $150,000 से ज़्यादा का मुनाफा कमा लिया था। इसे पैसों में बदलना आसान होता। असल में, ज़्यादातर लोगों के लिए अपनी होल्डिंग को पैसों में बदलना और मुनाफा पाना स्वाभाविक होता। लेकिन बॉयड असली सट्टेबाज़ थे। प्रत्येक गतिविधि बड़ी जीत की सबसे अच्छी संभावनाओं पर आधारित थी। इसकी संभावनाएं अभी बेचने के पक्ष में नहीं थीं। संभावनाएं अभी भी कह रही थी कि कीमत में और ज़्यादा वृद्धि होने वाली है।

हमेशा की तरह, बॉयड ने स्टॉक से संकेत पाने के लिए $93.48 से ऊपर जाने की प्रतिक्रिया का इंतज़ार किया। और उन्हें अपनी प्रतिक्रिया मिल गई। वह प्रतिक्रिया स्टॉक को $73.44 तक नीचे ले आयी। यह प्रतिक्रिया अभी भी उस मूल्य से ऊपर थी जिसपर उन्होंने $69.36 में अपना बड़ा स्टैक ख़रीदा था। $73.44 तक नीचे जाने के बाद, टेज़र ने और नीचे जाने से मना कर दिया। इसका बस यही मतलब था कि अभी इसकी कीमतों में और ज़्यादा उछाल आनी बाकी थी। कुछ हफ्तों के दृढ़ीकरण के बाद, स्टॉक वापस अपने पिछले उच्च मूल्य पर जाना शुरू हो गया।

2004 की जनवरी की शुरुआत में, बॉयड ने अपने सारे पत्ते खेलने का फैसला किया। वो हमेशा ऐसे स्टॉक के इंतज़ार में रहते थे। और जब वो दिखाई देते थे तब उनकी पूरी गतिविधियों के दौरान उन्हें ट्रेड करने का उन्हें हमेशा

फायदा मिलता था। इसलिए यदि स्टॉक नई उच्च कीमत पर आता है तो उन्होंने 50% मार्जिन पर बाहर जाने का फैसला किया। 50% मार्जिन पर जाने का मतलब है कि वह अपने ब्रोकर से अपनी इक्विटी का 50% तक उधार लेने वाले थे और अपनी मौजूदा होल्डिंग पर अतिरिक्त उधार की राशि को जोड़ना चाहते थे। इसलिए उन्होंने कुछ गणनाएं की। स्टॉक पर अंतिम उच्च मूल्य $93.48 था। उन्होंने फैसला किया कि अगला ख़रीद मूल्य पिछले उच्च से थोड़ा ऊपर होगा। यदि स्टॉक अपने पुराने उच्च मूल्य को पीछे छोड़ देता है और नए उच्च मूल्य पर पहुंचता है, तो वह $93.75 की कीमत पर अपनी ख़रीदारी करेंगे। तो उनकी गणना इस प्रकार थी:

अगर टेज़र वास्तव में नए ख़रीद मूल्य पर पहुँचता है तो 4300 x $93.75 = $403,125 खाता मूल्य

इस राशि का 50% मार्जिन = $201,562.50

$93.75 मार्जिन फंड ख़रीदेगा = $201,562.50/$93.75 = 2150 शेयर

इसलिए उन्होंने अपने जर्नल में एक और ख़रीद-स्टॉप ऑर्डर जोड़ दिया:

ख़रीद-स्टॉप 2150 TASR @ $93.75 GTC

और 9 जनवरी को उनका नया ख़रीद स्टॉप सक्रिय हो गया और अब उनके पास कुल 4300 + 2150 = 6450 शेयर थे। और अपनी मानक संचालन प्रक्रिया (SOP) के अनुसार, नए उच्च मूल्य पर ऑर्डर पूरा होते ही उन्होंने अपना स्टॉप-लॉस लागू कर दिया। बिक्री-स्टॉप ऑर्डर था:

सर्वश्रेष्ठ स्टॉक

बिक्री-स्टॉप 6450 TASR @ $85.22 GTC

यह उनका 10% का सामान्य सुरक्षात्मक स्टॉप था। उन्हें लगा अगर कुछ बहुत बुरा भी होता है तो वह $85.22 पर अपने शेयर बेच देंगे। उनके 6450 शेयर उन्हें $85.22 पर 549,669 डॉलर की राशि देते। लेकिन उन पर ब्रोकर की $201,562.50 की मार्जिन राशि बकाया थी। इसे घटाकर, उनके पास $348,106.50 रह जाते। जो कि टेज़र में उनके लगभग 250,000 डॉलर के निवेश पर 98,000 डॉलर से अधिक का लाभ था।

टेज़र लगातार आगे बढ़ता गया और फरवरी की शुरुआत में इसने $203/शेयर का उच्च मूल्य छू लिया। एक बार फिर से, उनका मन हो रहा था कि वह 6450 शेयरों को $203 पर बेचकर $1,309,350 का मुनाफा ले लें। और $201,562.50 के मार्जिन फंड को घटाकर, वह एक मिलियन डॉलर से अधिक का मुनाफा पा सकते थे। लेकिन प्रतिक्रिया के बाद ही कोई काम करने का उनका सिस्टम सक्रिय हो गया, जो अभी भी बेचने के लिए अच्छी संभावना नहीं दे रहा था। यानी अभी कीमतों में उछाल आना बाकी था। इसलिए उन्होंने प्रतिक्रिया का इंतज़ार किया।

और प्रतिक्रिया आयी। इस बार गंभीर प्रतिक्रिया देखने को मिली और स्टॉक की कीमत घटकर $144.66 हो गई। इसकी वजह से वह थोड़ा घबरा गए। लेकिन जब उन्होंने साप्ताहिक चार्ट और साप्ताहिक आंकड़ों पर गौर किया तो उन्हें विश्वास हो गया कि यह बस एक क्लासिक गिरावट है - जो शायद ऊपर का रुझान ख़त्म होने से पहले की अंतिम बड़ी गिरावट थी। लेकिन, उनके नोट्स

से पता चल रहा था कि इस बार उन्हें थोड़ी हिचकिचाहट हो रही थी क्योंकि उन्होंने अपना बिक्री-स्टॉप उस हफ्ते की कम कीमत से $2 नीचे पर लागू किया था। उन्होंने ऑर्डर डाला था:

बिक्री-स्टॉप 6450 TASR @ $142.50 GTC

और फिर उन्होंने इंतज़ार किया। वह बस यही कर सकते थे। उनका बिक्री-स्टॉप कभी सक्रिय नहीं हुआ। $144.66 का निचला स्तर प्रतिक्रिया का निम्न स्तर था। यह साप्ताहिक चार्ट्स पर मूल्य मात्रा की क्रिया ही थी, जिसने उन्हें यकीन दिलाया कि गतिविधि समाप्त होने वाली है। 2004 के अंतिम सप्ताह में, स्टॉक की कीमत पिछले $203 के ऊपर चली गई और नया उच्च मूल्य बन गया। उस हफ्ते इसकी कीमत में $28 का उछाल आया था। अब बॉयड को लगने लगा था कि अंत आने वाला है। उन्हें लगने लगा था कि गतिविधि का अंत आने में अब शायद कुछ दिन या कुछ हफ्ते बाकी रह गए हैं। इसलिए उन्होंने स्टॉक पर करीब से नज़र रखना शुरू कर दिया।

यह अविश्वसनीय था। उन्होंने काफी समय से ऐसा कुछ नहीं देखा था। इसके बाद के तीन सप्ताहों ने टेज़र पर सबसे तेज़ और सबसे फायदेमंद गतिविधि पेश की। बॉयड बस आश्चर्य से देखते रहे। साथ ही, वह अपने स्टॉप को पिछले सप्ताह के निचले स्तर से थोड़ा नीचे ले जाते रहे। और उन पिछले तीन हफ्तों की गतिविधियां नीचे सूचीबद्ध हैं:

2 अप्रैल 2004 को समाप्त सप्ताह का उच्च $263

सप्ताह की गतिविधि = +$48.06

सप्ताह की मात्रा = 21 मिलियन शेयर

सप्ताह की समाप्ति =$255

9 अप्रैल, 2004 को समाप्त सप्ताह का उच्च $308.22

सप्ताह की गतिविधि = +$44

सप्ताह की मात्रा = 19.5 मिलियन शेयर

सप्ताह की समाप्ति = $299.40

16 अप्रैल, 2004 को समाप्त सप्ताह का उच्च $345

सप्ताह की गतिविधि = +$42

सप्ताह की मात्रा = 12.5 मिलियन शेयर

सप्ताह की समाप्ति = $342.30

और इसके बाद कल की उनकी सबसे नई एंट्री इस प्रकार थी:

अंतिम शीर्ष आ रहा है और कुछ दिनों में आ जाएगा। ट्रेड किए गए शेयरों की एक दिन की सबसे बड़ी मात्रा के साथ दैनिक आधार पर कीमतों में बहुत कम प्रतिशत परिवर्तन के साथ समापन की तलाश करें। उस दिन, दिन की समाप्ति के करीब बिकवाली करें।

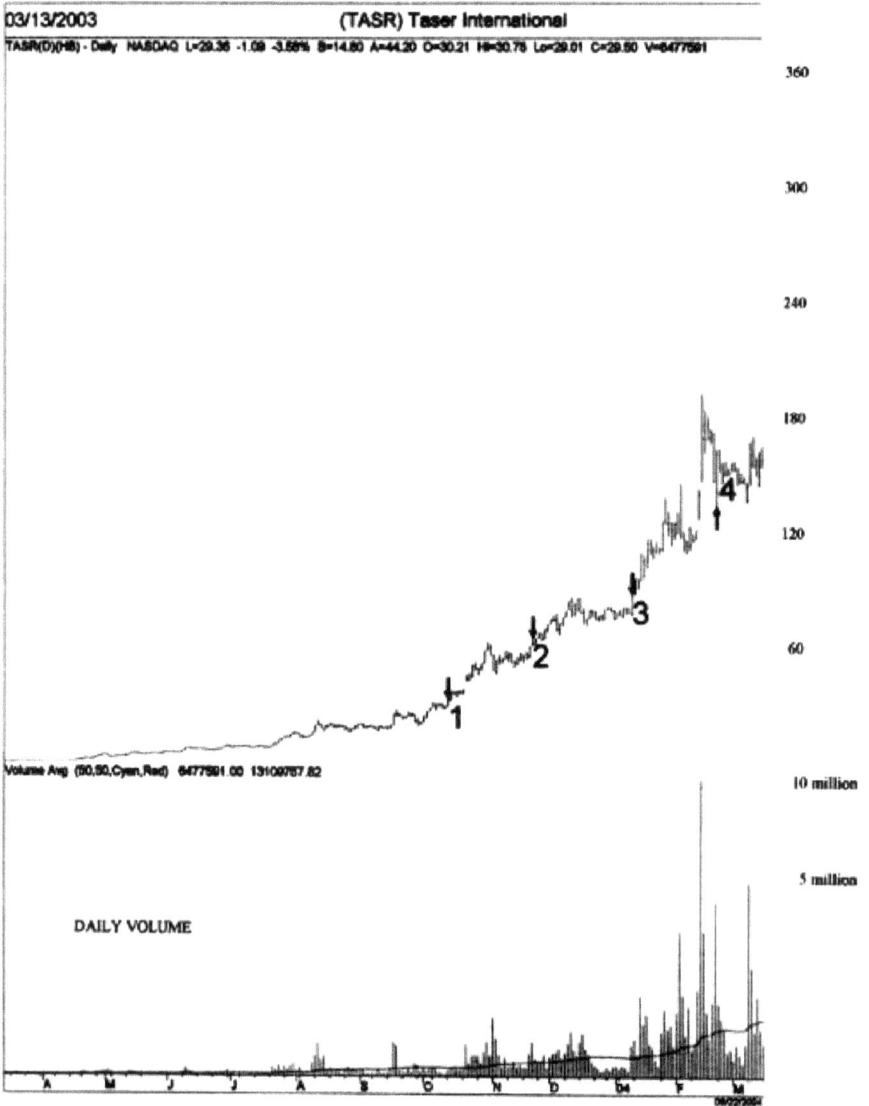

चार्ट 1. TradeStation® पर निर्मित चार्ट, जो TradeStation Technologies, Inc. का प्रमुख उत्पाद है।

चार्ट 1 बॉयड हंट के संचय ट्रेड को दर्शाता है।

1. बॉयड ने टेज़र पर $50,000 की टेस्ट ख़रीदारी के साथ ट्रेड शुरू किया था। मैंने पहले उनके ट्रेडिंग रिकॉर्ड को देखा। उसमें 3 अक्टूबर 2003 का एक ऑर्डर था और उसमें लिखा था:

   ख़रीद-स्टॉप 1500 TASR @$32.68, $32.75 पर निष्पादित

2. यदि स्टॉक $69.36 के अपने पिछले उच्च मूल्य से आगे जाता तो वह लगभग $200,000 मूल्य का अतिरिक्त स्टॉक ख़रीदने वाले थे। उन्होंने इंतज़ार किया। 20 नवंबर को, उनका ऑर्डर हो गया और अब उन्होंने लगभग एक मिलियन डॉलर का लगभग एक चौथाई टेज़र में लगा दिया था। उनके ट्रेड जर्नल में लिखा था:

   ख़रीद 2800 TASR @ $69.75 पर निष्पादित

3. यदि स्टॉक नई ऊंचाई छू लेता तो बॉयड ने 50% मार्जिन पर बाहर जाने का फैसला किया। 50% मार्जिन पर जाने का मतलब है कि वह अपने ब्रोकर से अपनी इक्विटी का 50% तक उधार लेने वाले थे और अपनी मौजूदा होल्डिंग पर अतिरिक्त उधार की राशि को जोड़ना चाहते थे। इसलिए उन्होंने कुछ गणनाएं की। स्टॉक पर अंतिम उच्च मूल्य $93.48 था। उन्होंने फैसला किया कि अगला ख़रीद मूल्य पिछले उच्च से थोड़ा ऊपर होगा। यदि स्टॉक अपने पुराने उच्च मूल्य को पीछे छोड़ देता है और नए उच्च मूल्य पर

पहुंचता है, तो वह $93.75 की कीमत पर अपनी ख़रीदारी करेंगे।
तो उनकी गणना इस प्रकार थी:

अगर टेज़र वास्तव में नए ख़रीद मूल्य पर पहुंचता है तो 4300 x $93.75
= $403,125 खाता मूल्य

इस राशि का 50% मार्जिन = $201,562.50

$93.75 मार्जिन फंड ख़रीदेगा = $201,562.50/$93.75 = 2150
शेयर

इसलिए उन्होंने अपने जर्नल में एक और ख़रीद स्टॉप ऑर्डर जोड़ दिया:

ख़रीद-स्टॉप 2150 TASR @ $93.75 GTC

और 9 जनवरी को उनका नया ख़रीद स्टॉप सक्रिय हो गया और अब उनके
पास कुल 4300 + 2150 = 6450 शेयर थे। और अपनी मानक संचालन
प्रक्रिया (SOP) के अनुसार, नए उच्च मूल्य पर ऑर्डर पूरा होते ही उन्होंने अपना
स्टॉप-लॉस लागू कर दिया। बिक्री-स्टॉप ऑर्डर था:

बिक्री-स्टॉप 6450 TASR @ $85.22 GTC

यह उनका 10% का सामान्य सुरक्षात्मक स्टॉप था। उन्हें लगा अगर कुछ
बहुत बुरा भी होता है तो वह $85.22 पर अपने शेयर बेच देंगे। उनके 6450
शेयर उन्हें $85.22 पर 549,669 डॉलर की राशि देते। लेकिन उन पर ब्रोकर
की $201,562.50 की मार्जिन राशि बकाया थी। इसे घटाकर, उनके पास

$348,106.50 रह जाते। जो कि टेज़र में उनके लगभग 250,000 डॉलर के निवेश पर 98,000 डॉलर से अधिक का लाभ था।

4=> इस बार गंभीर प्रतिक्रिया देखने को मिली और स्टॉक की कीमत घटकर $144.66 पर आ गई। इसकी वजह से वह थोड़ा घबरा गए। लेकिन जब उन्होंने साप्ताहिक चार्ट और साप्ताहिक आंकड़ों पर गौर किया तो उन्हें विश्वास हो गया कि यह बस एक क्लासिक गिरावट है - जो शायद ऊपर का रुझान ख़त्म होने से पहले की अंतिम बड़ी गिरावट थी। लेकिन, उनके नोट से पता चल रहा था कि इस बार उन्हें थोड़ी हिचकिचाहट हो रही थी क्योंकि उन्होंने अपना बिक्री-स्टॉप उस हफ्ते की कम कीमत से $2 नीचे पर लागू किया था। उन्होंने ऑर्डर डाला था:

बिक्री-स्टॉप 6450 TASR @ $142.50 GTC

अध्याय 12:

क्लासिक पूल संचालक

कुछ हफ्ते बाद मुझे रोजर स्टोनीब्रुक के बारे में पता चला। और उनके बारे में मुझे ख़ुद स्टोनीब्रुक से पता चला। मैं उन्हें अपने कमोडिटी वाले दिनों से जानता था। वह उन दिनों एक खिलाड़ी थे और अपनी बढ़ती हुई उम्र में अभी भी वो एक खिलाड़ी थे। और वो बड़े पैसों से अपने खेलों का समर्थन करते थे। मुझे जो पता चला था वो यह भी अब उन्होंने लास वेगास के कुछ दूसरे खिलाड़ियों से हाथ मिला लिया था और उसके बाद से अब वो ज़्यादा बड़ी लीग में आ गए थे। स्टोनीब्रुक बाज़ार से मिलने वाले अपने मुनाफे का एक बड़ा हिस्सा हमेशा वेगास में उड़ा देते थे, जहाँ उनके जीतने की कोई संभावना नहीं थी। वह ऐसा केवल एक कारण से करते थे। यह उन्हें दूसरे बड़े खिलाड़ियों के करीब लाता था। इसी तरह, कुछ साल पहले स्टोनीब्रुक को जिम जोंस और आंद्रे डुलस के रूप में अच्छी कंपनी मिली थी। जोंस और डुलस दोनों के पास खानदानी पैसे

थे। और उन्हें स्टोनीब्रुक एक होशियार संचालक लगे। और उनमें उन्हें एक वास्तविक बाज़ार संचालक मिला, ऐसा जैसा वो पहले कभी नहीं जानते थे। स्टोनीब्रुक लगभग अस्सी साल के थे, लेकिन आज भी कील की तरह तेज़ थे। उन्होंने सभी बाज़ारों के चक्रों को देखा था - स्टॉक, कमोडिटी, रियल एस्टेट, बॉन्ड।

मैं 2004 के मई के अंत में एक सुबह गोल्फ राउंड के बाद स्कॉट्सडेल फेयरमोंट प्रिंसेस में था, जब स्टोनीब्रुक मेरे बगल में आकर खड़े हो गए। उन्होंने टेज़र स्टॉक पर जो के लिए मेरे काम के बारे में सुना था। इसलिए वह उस स्टॉक पर मुझे अपनी राय और गतिविधि के बारे में बताने के लिए उत्सुक थे। जैसा कि मैंने कहा, ऐसा लग रहा था जैसे बाज़ार में ट्रेड करने वाले हर एक इंसान ने कभी न कभी टेज़र में अपना हाथ आज़माया था। टेज़र में भागीदारी के बारे में उनकी कहानी आकर्षक थी।

स्टोनीब्रुक ने याद करते हुए बताया कि शनिवार 17 अप्रैल, 2004 को आख़िरी बार जब वह फेयरमोंट प्रिंसेस में थे तब वह जिम जोंस और आंद्रे डुलस से मिल रहे थे। टेज़र की कमाई आने में सिर्फ 3 दिन थे। तीनों लोगों ने ड्रिंक ऑर्डर किया और कुछ संख्याओं को देखने के लिए बैठ गए, जो स्टोनीब्रुक ने उनके सामने अपने नोटपैड पर लिखे थे।

आंद्रे डुलस शराब छोड़ने की कोशिश कर रहे थे, इसलिए उन्होंने केवल पानी पीया। जिम जोंस उत्साह के साथ अपना बियर पीते जा रहे थे। रोजर स्टोनीब्रुक सूरज डूबने तक बस कॉफ़ी पीते थे। सूरज डूबने के बाद वो शराब

पीते थे। उस दिन शनिवार की शाम होने वाली थी। रोज़र अपनी कॉफ़ी पी रहे थे। उन तीनों ने पिछले वर्षों में शेयर बाज़ार में कई सफल ट्रेडिंग संचालन किए थे।

उनके गैंग के पीछे का दिमाग और सही सट्टे का अनुमान रोजर स्टोनीब्रुक का होता था। बाकी दोनों इस सच्चाई का सम्मान करते थे कि बाज़ार के संचालनों में स्टोनीब्रुक की शानदार 60% की विजेता दर थी। लास वेगास में, जहाँ जिम जोंस और आंद्रे डुलस काम करते थे, जीतने की इस तरह की संभावनाओं के बारे में किसी ने नहीं सुना था। 60% की जीत की दर बैंक में लगभग पैसे आने के बराबर थी। ख़ासकर जिस तरह से स्टोनीब्रुक काम करते थे, वो कोई भी दांव छोटे संग्रह के साथ शुरू करते थे। इसलिए उन्हें होने वाले नुकसान छोटी प्रतिबद्धताओं के साथ आते थे। जबकि वह बड़ी प्रतिबद्धताओं पर मुनाफा कमाते थे। पहली छोटी प्रतिबद्धता के बाद, यदि उनका दांव काम करना शुरू करता था तो वो उस संग्रह में पैसे डालते जाते थे और धीरे-धीरे अपनी प्रतिबद्धता बढ़ाते थे। स्टोनीब्रुक कभी भी अपने प्रतिबद्ध पैसों पर 10% से ज़्यादा का नुकसान स्वीकार नहीं करते थे।

ज़रूरत पड़ने पर, सामूहिक रूप से, उन तीनों के पास संयुक्त ट्रेडिंग पूंजी में $70 मिलियन तक प्रयोग करने की क्षमता थी। टेज़र के संचालन के लिए, वे 12 मिलियन डॉलर से अधिक का संग्रह जमा करने को तैयार नहीं थे। स्टोनीब्रुक ने अपने ट्रेडों द्वारा कीमतों को प्रभावित किए बिना सट्टे के फंड के संबंध में स्टॉक को संभालने के आधार पर इस सीमा का सुझाव दिया था। इसलिए पूल

की शुरुआत की गई, जो $12 मिलियन तक सीमित थी, और प्रत्येक प्रतिभागी ने उसमें $4 मिलियन का योगदान किया था।

इस योजना की शुरुआत तब हुई थी जब रोजर स्टोनीब्रुक ने जनवरी के अंत में जिम जोंस और आंद्रे डुलस दोनों को कांफ्रेंस कॉल किया था। स्टोनीब्रुक ने बहुत कम विवरण दिया था। वह अपने प्रस्ताव की केवल सामान्य जानकारी वाले हिस्से तक सीमित थे। वह ट्रेड और चार्ट वाले हिस्से को केवल अपने तक सीमित रखते थे। उन्हें पता था कि उन नौसिखियों को चार्ट के पीछे मौजूद संदेश समझ नहीं आएगा। स्टोनीब्रुक का प्रस्ताव टेज़र और इसके उत्पादों पर आधारित था। 9/11 के बाद की दुनिया में स्टन गन का बाज़ार उछाल पर था। अपने क्षेत्र में टेज़र का एकाधिकार था। 3 महीने की छोटी अवधि में ही यह स्टॉक $30 से $150 के ऊपर पहुंच गया था। यह एक ऐसा स्टॉक था, जो अब अपनी समापन गतिविधि या अपनी गतिविधि के आख़िरी हिस्से के करीब आ रहा था, जो आम तौर पर सबसे तेज़ और काफी कम समय के लिए बिल्कुल ऊपर की ओर होता है। यह गतिविधि केवल 2-4 सप्ताह तक चल सकती है, लेकिन ऐसी गतिविधि का प्रतिशत कई बार तीन अंकों के मुनाफे में चला जाता है।

रोजर बहुत अच्छे चार्टिस्ट थे। वो एक सादे ग्राफ पेपर पर अपने ख़ुद के चार्ट बनाते थे, जहाँ वह उस स्टॉक का दैनिक खुला, उच्च, निम्न और बंद चित्रित करते थे, जिसे वो फॉलो कर रहे होते थे। इस मामले में वो पुराने ख्याल के व्यक्ति थे। उन्हें केवल अपने ख़ुद के चार्ट्स पर यकीन था। उनका कहना था कि

किसी और द्वारा बनाये गए चित्र से वो हर एक बारीकी को सही से नहीं देख पाते हैं। वह कई हफ्तों से टेज़र का चित्रण कर रहे थे और उसपर नज़र रखे हुए थे और इंतज़ार में थे।

उन्हें दो संकेतों का इंतज़ार था। एक यह था कि ट्रेड की मात्रा उन स्तरों तक पहुंच जाए जहाँ $12 मिलियन के संग्रहीत पैसे बिना किसी समस्या के स्टॉक में अंदर और बाहर आ-जा सकें। और दूसरा संकेत जिसका वह इंतज़ार कर रहे थे वो थी एक स्पष्ट प्रतिक्रिया, जो इतनी गंभीर हो कि स्टॉक के ज़्यादातर कमजोर धारकों को बाहर निकालने में समर्थ हो। वह 2003 के अक्टूबर से टेज़र पर नज़र बनाये हुए थे, जब टेज़र $35 के स्टॉक मूल्य पर था और फरवरी 2004 की शुरुआत में यह $200 पर पहुंच गया था। जिस दिन फरवरी की शुरुआत में इसने 203 डॉलर की उच्च कीमत छुई थी, उस दिन टेज़र ने नौ मिलियन शेयरों का कारोबार किया था। उसके पास केवल 4.5 मिलियन शेयर बाकी थे। ऐसा लग रहा था कि उस एक दिन में टेज़र के सारे स्टॉक दो बार अलग-अलग हाथों में गए थे। ज़ाहिर तौर पर, ऐसा संभव नहीं था। असल में, ऐसा हो रहा था कि उपलब्ध शेयरों का एक छोटा सेट एक ही दिन में कई बार कई हाथों में जा रहा था। यह अंतिम वितरण के लिए स्टॉक रिलीज़ के एक बिंदु के करीब आने वाले संचय का एक उत्कृष्ट संकेत था। यह सिलसिला कई महीनों से चल रहा था।

रोजर ने अपने पांच दशक के स्टॉक ट्रेडिंग अनुभव में ऐसा अक्सर देखा था। खेल एक ही था। बस खिलाड़ी अलग थे। उन्होंने जनवरी 2004 से अपने ख़ुद

के कागज़ पर चार्ट बनाना शुरू कर दिया था। कार्यवाही का समय आने पर, वह चाहते थे कि टेज़र की हर एक चाल पर उनकी साफ़-साफ़ नज़र हो। उसके बाद स्टोनीब्रुक को जिस प्रतिक्रिया का इंतज़ार था वो फरवरी में आयी। उनकी आँखों ने उन्हें साफ़-साफ़ बता दिया था कि समापन की गतिविधि से पहले यह अंतिम प्रतिक्रिया थी। प्रतिक्रिया के निम्न स्तर को स्टॉक के 50 दिन के गतिशील औसत का समर्थन मिला। 50 दिन का गतिशील औसत वो लाइन है, जो सबसे हालिया 50 दिन के स्टॉक के औसत समापन मूल्य को दर्शाती है। यह बस एक मनोवैज्ञानिक समर्थन लाइन है। लेकिन यदि स्टॉक को वहाँ समर्थन मिलता है तो इसका आम तौर पर यही मतलब होता है कि ऊपर का रुझान शायद अभी ख़त्म नहीं हुआ है। पिछली प्रतिक्रियाओं में से कोई भी अब तक 50 दिन के लाइन तक नहीं पहुंचा था। ऐसा पहली बार हुआ था कि यह इतना नीचे आया था। बस। अब कोई प्रतिक्रिया नहीं आने वाली थी। अगली प्रतिक्रिया गिरावट की शुरुआत होगी।

रोजर ने कभी भी 10 हफ्ते से ज़्यादा की पोज़ीशन में पैसे नहीं लगाए। यह उनका नियम था। वह हमेशा तेज़ गतिविधियों की तलाश में रहते थे जो 10 हफ्ते की अवधि के अंदर गतिविधि करके समाप्त हो जाती थीं। उनके दशकों के अनुभव ने उन्हें सिखाया था कि बड़ी तेज़ गतिविधियां हमेशा अंत के आसपास आती हैं। वह उन संकेतों की तलाश में थे जो बताती थीं कि टेज़र की गतिविधि ख़त्म होने वाली है। और फरवरी/मार्च की प्रतिक्रिया में सभी क्लासिक संकेत मौजूद थे। साथ ही, अब टेज़र औसत दैनिक ट्रेड पर अच्छी मात्रा में ट्रेड कर रहा

था। यह हर रोज़ लगभग 1.4 मिलियन शेयर ट्रेड कर रहा था। फरवरी 2004 के दौरान इसकी औसत कीमत 170 डॉलर थी, उन्होंने अनुमान लगाया कि स्टॉक का दैनिक आधार पर 200 मिलियन डॉलर मूल्य से अधिक का कारोबार है। अब अपनी $12 मिलियन की राशि लगाने के लिए यह उनके लिए सही मात्रा थी। स्टॉक सही मात्रा पर पहुंच गया था। अब वह सही ख़रीद मूल्य की तलाश में थे। वह समर्थन ख़रीद आने की तलाश में थे। और यह $145 की प्रतिक्रिया के निचले स्तर के पास आया। जो इस बारे में है कि स्टॉक की 50 दिन की गतिशील औसत लाइन कहाँ थी।

तो उन्होंने अपने औसत ख़रीद मूल्य से 10% नीचे के बिक्री-स्टॉप का पालन करते हुए अपने संचय चरण की शुरुआत की। उनका संचय हर बार $10 मूल्य बढ़ने पर पोज़ीशन जोड़ने के सरल मार्ग का पालन करता था। उनका संचय इस प्रकार था:

$150 के शेयर मूल्य पर 6600 शेयर ख़रीदने के लिए $1 मिलियन खर्च किये गए। बिक्री-स्टॉप लागू @ $136।

$160 के शेयर मूल्य पर 6250 शेयर ख़रीदने के लिए $1 मिलियन खर्च किये गए। बिक्री-स्टॉप लागू @ $141।

$170 के शेयर मूल्य पर 5880 शेयर ख़रीदने के लिए $1 मिलियन खर्च किये गए। बिक्री-स्टॉप लागू @ $145।

$180 के शेयर मूल्य पर 5500 शेयर ख़रीदने के लिए $1 मिलियन खर्च किये गए। बिक्री-स्टॉप लागू @ $150।

$190 के शेयर मूल्य पर 5260 शेयर ख़रीदने के लिए $1 मिलियन खर्च किये गए। बिक्री-स्टॉप लागू @ $154।

$200 के शेयर मूल्य पर 5000 शेयर ख़रीदने के लिए $1 मिलियन खर्च किये गए। बिक्री-स्टॉप लागू @ $159।

कुल 34,540 शेयर ख़रीदने के लिए $6 मिलियन खर्च किये गए

औसत मूल्य $175.00

स्टॉप-लॉस प्रक्रिया के रूप में बेचने का लक्ष्य = $159

लेकिन टेज़र ने कभी पीछे मुड़कर नहीं देखा। आख़िरकार, 23 मार्च को जब स्टॉक नई ऊँची कीमत पर पहुंचा तो उन्होंने अपने बाकी के पैसों से अपना दांव लगा दिया और $204 के शेयर मूल्य पर $6 मिलियन में कुल 29,400 शेयर ख़रीद लिए।

और अब उनके पास कुल 63,940 शेयर थे और उन्होंने टेज़र में $12 मिलियन लगा दिए थे। और उनकी नई औसत लागत $187.67/शेयर थी। उन्होंने अपने दिमाग में यह रखा था कि यदि स्टॉक की कीमत $170 से नीचे जाती है तो उन्हें अपनी पूंजी को गंभीर नुकसान से बचाने के लिए अपनी लिक्विडेशन प्रक्रिया शुरू करने के बारे में गंभीरता से सोचना होगा। उनका संपूर्ण संचय चरण 3 हफ्ते तक चला।

लेकिन जैसा कि उम्मीद थी, टेज़र बस बढ़ता गया।

और अपने पूरे संचय के बाद अगले 3 हफ्तों तक, टेज़र पर गतिविधियां साप्ताहिक रूप से निम्नलिखित रूप से चलती रहीं। मुझे यह देखकर आश्चर्य हुआ कि उनके आंकड़े बॉयड के ट्रेड जर्नल में लिखे आंकड़ों से मेल खा रहे थे (इन दोनों पेशेवरों और बेहद सफल संचालकों की समानता मेरी नज़रों से नहीं बच पायी):

2 अप्रैल, 2004 को समाप्त सप्ताह का उच्च $263

सप्ताह की गतिविधि = +$48.06

सप्ताह की मात्रा = 21 मिलियन शेयर

सप्ताह की समाप्ति =$255

9 अप्रैल, 2004 को समाप्त सप्ताह का उच्च $308.22

सप्ताह की गतिविधि = +$44

सप्ताह की मात्रा = 19.5 मिलियन शेयर

सप्ताह की समाप्ति = $299.40

16 अप्रैल, 2004 को समाप्त सप्ताह का उच्च $345

सप्ताह की गतिविधि = +$42

सप्ताह की मात्रा = 12.5 मिलियन शेयर

सप्ताह की समाप्ति = $342.30

अब वे तीनों शनिवार को फेयरमोंट प्रिंसेस में मिल रहे थे, जब टेज़र ने एक दिन पहले $345 के समापन मूल्य पर सप्ताह समाप्त किया था। और स्टोनीब्रुक ने कहा कि $345 के समापन के आंकड़े पर, उनके निवेश किए गए $12 मिलियन का मूल्य अब $22 मिलियन से अधिक था। और अब समय आ गया था कि बाहर निकलकर पोज़ीशन को बंद कर दिया जाए और यहाँ तक कि आक्रामक होकर दो या तीन हफ्तों तक स्टॉक शॉर्ट किया जाए। वह इसकी आय रिपोर्ट में गिरावट की उम्मीद कर रहे थे। अब तक बहुत ज़्यादा गुबार बन चुका था। उसका बाहर निकलना ज़रूरी था। अब दबाव इतना ज़्यादा था कि यह कभी भी फट सकता था।

इसलिए उन्होंने पूल संचालन में अपने सहयोगियों की प्रतिक्रिया देखने के लिए उनसे बात की। उन्होंने कहा, "अगले दिनों में, मैं इस स्टॉक पर उस ट्रेड की मात्रा की तलाश करूँगा जो उस दिन के लिए सबसे ज़्यादा मात्रा होगी। और जैसे ही मुझे इतनी बड़ी मात्रा दिखाई देती है, मैं उस मात्रा में बेच दूंगा जो हमारे 63,940 शेयरों को अवशोषित कर लेगी। और उसके बाद मैं लगभग 60-62,000 शेयरों पर तुरंत शॉर्ट होने के बारे में विचार करूंगा। और मैं अपनी शॉर्ट पोज़ीशन को 10% स्टॉप-लॉस से सुरक्षित करूंगा। इस तरह, सबसे बुरा यही होगा कि हम अपनी कुल पूंजी का 10% खो देंगे। लेकिन लॉन्ग पोज़ीशन पर अच्छे मुनाफे के साथ, हम इतना नुकसान उठा सकते हैं। अच्छी बात यह है कि शॉर्ट गतिविधि छोटी होगी। और अगर मैं सही हूँ तो हम मई की शुरुआत

तक एक सुव्यवस्थित बंडल बना सकते हैं। मैं टेज़र से मिलते-जुलते स्टॉक की तलाश में हूँ, जो सुरक्षा व्यवसाय के अन्य स्टॉक हैं। और सब इस हफ्ते ढह गए हैं। लीडर होने की वजह से टेज़र सबसे अंत में गिरेगा। लेकिन वो गिरेगा ज़रूर। समय आने वाला है। कार्यवाही करने का क्षण जल्दी ही आने वाला है। बहुत जल्दी।"

आंद्रे डुलस और जिम जोंस परेशान थे। यह उनके लिए आसान पैसा था। उनके पास वह कौशल या धैर्य नहीं था जो स्टोनीब्रुक के पास था। स्टोनीब्रुक ने अपनी प्रतिबद्धताएं लागू करने से पहले गतिविधि विकसित होने और इसके समापन तक आने के लिए महीनों इंतज़ार किया था। आंद्रे डुलस और जिम जोंस नहीं जानते थे कि स्टोनीब्रुक ने गतिविधि के पूरा विकसित होने के लिए कितने महीनों तक इंतज़ार किया था। उन्होंने जोंस और डुलस को केवल तभी याद किया था, जब प्रतिबद्धताओं को शुरू करने का समय करीब आ गया था। और जब उन्होंने प्रतिबद्धताएं की थीं, तब उन्हें धीरे-धीरे सुरक्षात्मक चरणों के साथ निर्मित किया गया था।

दशकों पहले अपने करियर की शुरुआत में स्टोनीब्रुक को बाज़ार ने कई बार तबाह किया था। किस्मत से, स्टोनीब्रुक मार्केट के बारे में सीखने के लिए युवा, दृढ़ और अटल थे। अपनी जवानी के दिनों में उन्होंने बाज़ार की वजह से जो भी कठिनाइयां झेली थीं, उन्होंने स्टोनीब्रुक को केवल ज़्यादा होशियार और सावधान ही बनाया था। लेकिन स्टोनीब्रुक को यह पता था कि अपनी

प्रतिबद्धताओं को कब छोड़ना है। और जब उन्हें लगता था कि संभावनाएं उनके साथ हैं तो वह अपनी पूरी ताकत लगाने से भी नहीं डरते थे।

आंद्रे ने कहा, "क्यों न संग्रह में थोड़े और पैसे डाले जाएं? यानी, अगर यह उतना ही अच्छा है जितना आपको लग रहा है तो हमें स्टॉक में थोड़ी बड़ी राशि डालनी चाहिए।"

जिम जोंस ने भी उनकी हाँ में हाँ मिलाते हुए आगे कहा, "रोजर, आपने पिछले हफ्ते जो कदम उठाया था वो काफी फायदेमंद साबित हुआ है। क्यों न इसका और फायदा उठाया जाए? मैं थोड़े-बहुत कॉल करके सोमवार की सुबह तक मिनटों में $5 मिलियन का इंतज़ाम कर सकता हूँ।"

स्टोनीब्रुक ने अपनी गणनाओं और चार्ट्स से नज़र उठाकर देखा। वह लापरवाह तरीके से काम नहीं करते थे। उन्होंने कहा, "दोस्तों। गिरावट को महसूस करना और उस पर दांव लगाना एक बात है। लेकिन लापरवाह तरीके से दांव लगाना एक अलग चीज़ हो जाती है। यहाँ जो चीज़ अनजान है वो यह कि मुझे नहीं पता और कौन खेल रहा है और यहाँ दूसरे खिलाड़ी कितने बड़े या जानकार हैं। खेल में हमारे दांव को देखकर वो भी बड़े स्टैक के साथ खेल सकते हैं। यहाँ कोई निश्चित चीज़ नहीं है। मैं बस संभावनाओं के साथ खेल रहा हूँ। और हमने जो मुनाफा कमाया है मैं उसके कुछ प्रतिशत से ज़्यादा वापस नहीं देना चाहता। हमने जो कमाया है वो आसान और तेज़ पैसा लग सकता है। लेकिन इसमें सालों की सीख शामिल है। मुझे अपनी किस्मत ज़्यादा आज़माने में बहुत समस्या होती है। मैं बस इतना ही जोखिम लेने को तैयार हूँ। और मैं

नहीं चाहता कि हम लालच के वश में आएं। बाज़ार में लालच से ज़्यादा नुकसान और किसी वजह से नहीं होता। मैंने लोगों को कुछ महीनों में करोड़ों कमाते हुए देखा है, और फिर हफ्तों में उससे ज़्यादा गंवाते हुए भी देखा है। इसके अलावा, पुराने दिनों में मैं एक्सचेंज के फ्लोर पर कितने भी विशेषज्ञों को कॉल कर सकता था और पता लगा सकता था कि यह खेल कुछ बड़े खिलाड़ियों द्वारा खेला जा रहा है। लेकिन आजकल विशेषज्ञ एक अलग नस्ल के हो गए हैं। वो मुझे नहीं समझते और मैं उन्हें नहीं समझ पाता। पुराने प्रकार के विशेषज्ञ धीरे-धीरे ख़त्म हो रहे हैं। यह अंदर काम करने का नया तरीका है। हालाँकि, बाहरी इंसान के लिए, खेल में ज़रा भी बदलाव नहीं आया है। और यह मत भूलिए कि हम सब बाहरी लोग हैं जो अंदरूनी लोगों के पीछे-पीछे चल रहे हैं।"

उनकी वो बातें सुनकर ऐसा लगा जैसे जोंस और डुलस के ऊपर किसी ने बर्फ का पानी फेंक दिया हो। इसलिए उन्होंने यह मामला स्टोनीब्रुक के हाथों में छोड़ दिया। उन्हें पता था कि उनमें से स्टोनीब्रुक एकमात्र ऐसे थे जिन्होंने बाज़ार में अपनी संपत्ति बनाई थी।

स्टोनीब्रुक ने अपनी संख्याओं को देखा। उन्होंने कहा, "मैं यह ज़रूर कहूंगा कि बाज़ार में $22 मिलियन मूल्य के शॉर्ट सेल के लिए कुछ मात्रा की ज़रूरत पड़ेगी। ख़ासकर इसलिए क्योंकि पहले हमें अपने लॉन्ग पोज़ीशन को बेचना होगा। मूल रूप से, हम एक बार में लगभग $44 मिलियन मूल्य के स्टॉक बेच रहे हैं। इस तरह के स्टॉक पर ऐसा हर दिन नहीं होता। मुझे इस बात का ध्यान रखना होगा कि ट्रेड की सही मात्रा उपलब्ध हो। इसके अलावा, मुझे स्टॉक पर

खुले, उच्च, निम्न और समापन मूल्यों की भी तलाश करने की आवश्यकता है। सोमवार और मंगलवार का दिन बड़ा हो सकता है। इसलिए, लॉन्ग पोज़ीशन बंद करने के लिए और अगर सही होने पर शॉर्ट प्लेस करने के लिए आपकी अनुमति की ज़रूरत है। जैसा कि मैंने कहा, मैं शॉर्ट सेल पर हमारे स्टॉक होल्डिंग का 10% से ज़्यादा जोखिम पर नहीं लगाऊंगा। तो बुरी हालत में भी हमारे $22 मिलियन की कुल लगभग होल्डिंग के लिए, हमें $20 का मुनाफा मिलेगा। यानी, सबसे बुरी हालत में भी हम अपने 12 मिलियन के संग्रह पर $8 मिलियन के मुनाफे के साथ बाहर निकलेंगे।"

आंद्रे डुलस ने बीच में कहा, "सबसे अच्छी स्थिति में क्या होगा? मान लीजिए कि आप मौजूदा कीमतों पर लॉन्ग से बाहर निकलते हैं। और सबकुछ वैसा ही होता है जैसी हमने कल्पना की है। तो हम शॉर्ट्स कहाँ कवर करते हैं?"

"बहुत अच्छा सवाल है। चार्ट कहता है कि वर्तमान 50 दिन की लाइन $216 पर है। मेरा अनुमान है, जिस भारी बिक्री का मुझे इंतज़ार है वो होती है तो पहला समर्थन इस मूल्य स्तर पर होगा। इसमें थोड़ा-बहुत अंतर आ सकता है। मुझे देखना होगा कि किसी को वहाँ किस तरह का समर्थन दिखाई देता है। आम तौर पर, क्लासिक बिकवाली पर नीचे का रुझान लगातार कुछ हफ्तों तक चलता है। मैं साप्ताहिक चार्ट पर ज़्यादा भरोसा करता हूँ और शॉर्ट सेल को कवर करने के लिए वापस ख़रीदने से पहले, पहले ऊपर के सप्ताह तक का इंतज़ार करूंगा। एक आंकड़ा चुनना मुश्किल है। लेकिन बिकवाली देखने के बाद मैं आपको बेहतर जवाब दे सकता हूँ। आज 17 अप्रैल है। मैं मई के दूसरे सप्ताह

तक पूरे संचालन को बंद करना चाहता हूँ, भले ही शॉर्ट सेल कितना भी अच्छी तरह से काम करे। मुझे शॉर्ट सेल पर लंबी अवधि के दांव पसंद नहीं हैं। सबसे अच्छी शॉर्ट गतिविधियां तेज़ी से होती हैं।"

जिम जोंस ने अपने विचारों को जारी रखा जिनमें लालच की कोई कमी नहीं थी, "क्या आपको कोई और स्टॉक दिखाई दे रहा है जो टेज़र की तरह सेटअप हो रहा है?" वह पहले से ही भविष्य के ऐसे किसी समान संचालन के लिए अपने बॉन्ड पोर्टफोलियो से $10 मिलियन या उससे अधिक लाने के बारे में सोच रहे थे।

स्टोनीब्रुक ने शांति से कहा, "टेज़र एक ऐसी गतिविधि है जो कई सालों में एक बार होती है। मैं बाज़ार में अच्छी सफलता से अँधा होने को लेकर बहुत सावधान रहता हूँ। ऐसे ही स्टॉक को सर्वश्रेष्ठ स्टॉक कहा जाता है। अपने जीवनकाल में आपको ऐसे कुछ ही स्टॉक दिखाई देंगे।"

आंद्रे ने चार्ट्स की तरफ देखा और ध्यान दिया कि मई का मध्य टेज़र पर पहली ख़रीदारी की शुरुआत के बाद से लगभग 10 हफ्ते होते हैं। जो वो अवधि थी जब तक आम तौर पर स्टोनीब्रुक किसी स्टॉक संचालन में प्रतिबद्ध रहते थे। आंद्रे 79 साल के स्टोनीब्रुक के दिमाग में चल रही सोच से हैरान थे। उस बुजुर्ग व्यक्ति के लिए आंद्रे डुलस के मन में बहुत सम्मान था। जिम जोंस स्टोनीब्रुक की क्षमता से जलते थे। जो बेशर्मी से सम्मान दिखाने का एक तरीका है।

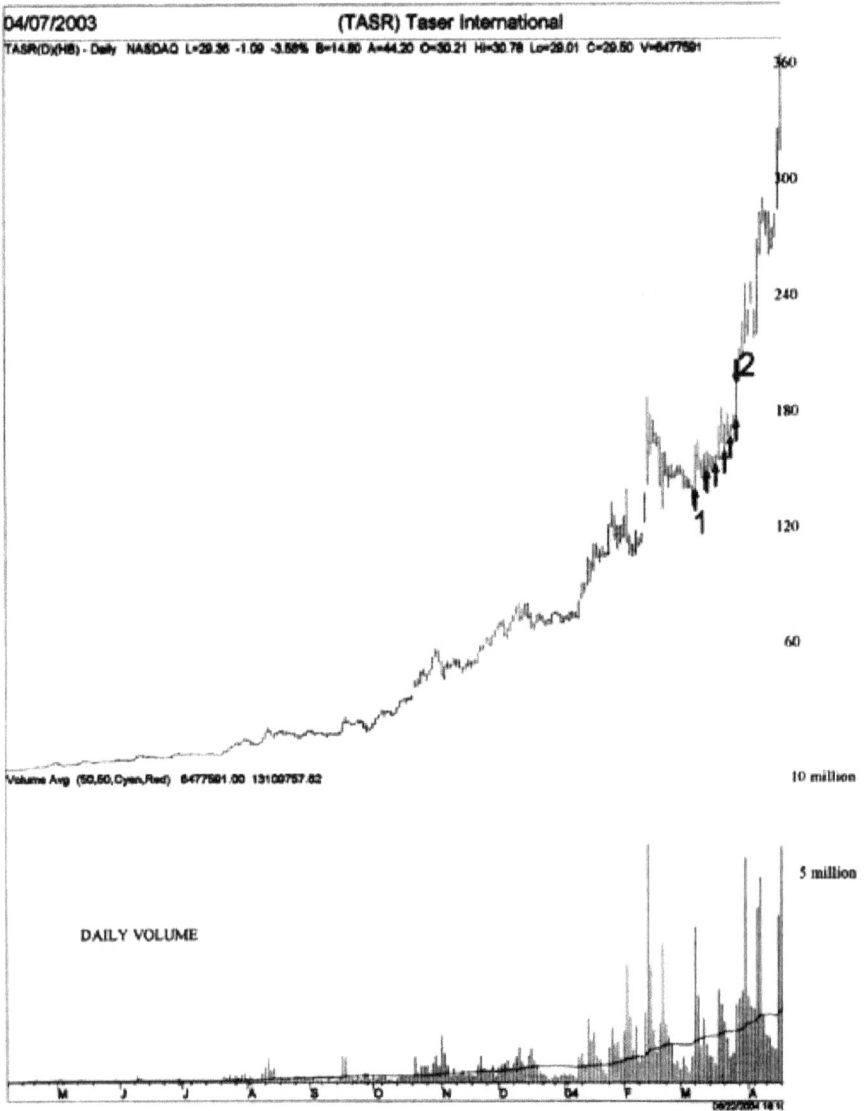

चार्ट 2. TradeStation® पर निर्मित चार्ट, जो TradeStation Technologies, Inc का प्रमुख उत्पाद है।

सर्वश्रेष्ठ स्टॉक

चार्ट 2 ट्रेड के लॉन्ग साइड पर रोजर स्टोनीब्रुक के पूल संचालन को दर्शाता है। स्टॉक को अपने 50 दिन के गतिशील औसत पर लगभग $145 के मूल्य स्तर पर ख़रीदारी समर्थन मिलने के ठीक बाद उन्होंने अपना संचय का चरण शुरू किया था।

1. दिखाता है कि हर बार मूल्य में $10 की बढ़ोतरी पर वह $1 मिलियन से अपना संचय शुरू करते थे। $145 के करीब ख़रीदारी समर्थन मिलने के बाद जैसे ही स्टॉक $150 पर गया, उन्होंने अपनी पहली प्रतिबद्धता की। उसके बाद, उन्होंने मूल्य $200 पर पहुंचने तक हर बार मूल्य में $10 की वृद्धि होने पर $1 मिलियन मूल्य के शेयर जोड़े।

$150 के शेयर मूल्य पर 6600 शेयर ख़रीदने के लिए $1 मिलियन खर्च किये गए। बिक्री-स्टॉप लागू @ $136।

$160 के शेयर मूल्य पर 6250 शेयर ख़रीदने के लिए $1 मिलियन खर्च किये गए। बिक्री-स्टॉप लागू @ $141।

$170 के शेयर मूल्य पर 5880 शेयर ख़रीदने के लिए $1 मिलियन खर्च किये गए। बिक्री-स्टॉप लागू @ $145।

$180 के शेयर मूल्य पर 5500 शेयर ख़रीदने के लिए $1 मिलियन खर्च किये गए। बिक्री-स्टॉप लागू @ $150।

$190 के शेयर मूल्य पर 5260 शेयर ख़रीदने के लिए $1 मिलियन खर्च किये गए। बिक्री-स्टॉप लागू @ $154।

$200 के शेयर मूल्य पर 5000 शेयर ख़रीदने के लिए $1 मिलियन खर्च किये गए। बिक्री-स्टॉप लागू @ $159।

कुल 34,540 शेयर ख़रीदने के लिए $6 मिलियन खर्च किये गए

औसत मूल्य $175.00

2. 23 मार्च को जब स्टॉक नई ऊँची कीमत पर पहुंचा तो उन्होंने अपने बाकी के पैसों से अपना दांव लगा दिया और $204 के शेयर मूल्य पर $6 मिलियन में कुल 29,400 शेयर ख़रीद लिए।

और अब उनके पास कुल 63,940 शेयर थे और उन्होंने टेज़र में $12 मिलियन लगा दिए थे। और उनकी नई औसत लागत $187.67/शेयर थी। उन्होंने अपने दिमाग में यह रखा था कि यदि स्टॉक की कीमत $170 से नीचे जाती है तो उन्हें अपनी पूंजी को गंभीर नुकसान से बचाने के लिए अपनी लिक्विडेशन प्रक्रिया शुरू करने के बारे में गंभीरता से सोचना होगा। उनका संपूर्ण संचय चरण 3 हफ्ते तक चला।

अध्याय 13

17 अप्रैल 2004, शनिवार - रिपोर्ट आकार लेती है

मैं अपने पीछे वाले पोर्च पर गया। सूरज बस अभी-अभी ढला था। ये कुछ दिन मेरे लिए बहुत लंबे थे। मेरा दिमाग शेयर बाज़ार और टेज़र चार्ट्स से भरा हुआ था। मैंने पिछली रात देर से जो के लिए रिपोर्ट लिखना शुरू किया था। मैं रात को देर से सोया भी था। जब मेरी नींद खुली तो दोपहर हो गई थी। मैंने थोड़ा नाश्ता किया और वापस सो गया, उसके बाद सूर्यास्त से ठीक पहले मेरी नींद खुली। मेरा दिमाग आराम करना चाहता था। मैं अपने शरीर से कभी बहस नहीं करता था। अगर मैं सोना चाहता था तो मैं सोता था। मुझे पता था, जगे रहने की कोशिश करना बेकार था। और मुझे इतना पता था कि अगर मैं अपने दिमाग को आराम करने दूंगा तो यह ऊँचे स्तरों पर काम करेगा। और कुछ घंटों का अच्छा मानसिक प्रदर्शन कई दिनों की बेकार सोच से कहीं ज़्यादा अच्छा होता है।

मैं अपने दिमाग में पिछले कुछ दिनों के बारे में सोच रहा था। मेरे नोट्स मेरे सामने पड़े हुए थे। मैंने पूल के पास पानी की आवाज़ सुनते हुए बैठकर लिखना शुरू कर दिया। लिखने के लिए यह एक सुकून भरी ध्वनि थी। मैंने ख़ुद से कहा कि अब मैं उससे कहीं ज़्यादा जानता था, जिसे जो की रिपोर्ट में शामिल करना था। जो को केवल तथ्य मिलने वाले थे।

रिपोर्ट ख़त्म करने में मुझे पूरी शनिवार की रात लग गई। रिपोर्ट पूरी करने के बाद, मैं अपने ऑफिस में गया। मैंने अपने पढ़ने के लिए एक कॉपी प्रिंट की। और मैंने जो को रिपोर्ट ईमेल कर दी। उस समय रविवार के सुबह 3 बजे थे। मैं अपने शेड्यूल से 24 घंटे से ज़्यादा आगे था। मुझे पता था इसकी कीमत उन पैसों से कहीं ज़्यादा थी जिसे जो मुझे भुगतान कर रहा था।

लॉग ऑफ करने से पहले, मैंने अपने ऑनलाइन ब्रोकर के साथ अपने स्टॉक ट्रेडिंग खाते के मूल्य की जांच की। इसमें 250,000 डॉलर नकद थे। लॉग ऑफ करने के बाद, मैंने अपने लिए एक नोट तैयार किया। यह मेरे पीले लीगल पैड पर हाथ से लिखा था। मैंने इसे अपने लिए लिखा था। उसमें यह था कि, "यदि कोई होशियार ट्रेडर है, जिसने पिछले महीनों में बड़ा मुनाफा कमाया है, तो अंतिम चाल पर नज़र डालने के लिए यह एक अच्छा समय होगा। अंतिम चाल तब होती है, जब कोई स्टॉक एक अविश्वसनीय चाल में अपनी ऊर्जा ख़त्म कर देता है क्योंकि यह गंभीर चाल के बाद सबसे ऊपर होता है। लगभग बिना किसी लाभ वाले सबसे ज़्यादा एक दिन की ट्रेड मात्रा की तलाश करें। शॉर्ट होने का यह पहला संकेत है। $250,000 के साथ मैं संभवत: लगभग 350

डॉलर/शेयर की मौजूदा कीमतों पर टेज़र के 700 शेयरों पर शॉर्ट कर सकता हूँ।"

मैंने तय किया कि कई महीनों में यह मेरा पहला शॉर्ट ट्रेड होगा। मैं अंदर से आत्मविश्वास महसूस कर रहा था। मुझे पता था कि मंगलवार को आय रिलीज़ आने वाली थी। लेकिन इससे पहले ही सेटअप शुरू हो जायेगा। जिसमें ट्रेडिंग के लिए सिर्फ एक दिन बचा था - सोमवार। मैं सोमवार तक इंतज़ार करने के अलावा कुछ नहीं कर सकता था।

मैं वापस अपने पिछले पोर्च पर गया और तैरने के लिए पूल में गोता लगा दिया। मुझे अपना दिमाग स्टॉक से हटाने के लिए कुछ शारीरिक गतिविधि करने की ज़रूरत थी।

रविवार में देर रात को मैंने जो के लिए अपनी रिपोर्ट उठाई और यह देखने के लिए इसे पढ़ना शुरू कर दिया कि कहीं मेरे नजरिये में कोई गलती तो नहीं है। मुझे ऐसा कुछ भी नहीं मिला जिससे कोई संदेह पैदा हो। मैंने आने वाले कल का इंतज़ार किया।

अध्याय 14:

19 अप्रैल, 2004, सोमवार - अंत निकट है

पिछले शुक्रवार को टेज़र $342/शेयर पर बंद हुआ था। सोमवार को टेज़र $351 पर खुला था। सुबह-सुबह की बड़ी मात्रा के साथ यह ज़्यादा मूल्य पर खुला था। इसने पहले घंटे के अंदर 2 मिलियन से ज़्यादा शेयर ट्रेड किये थे। यानी, बाज़ार खुलने के पहले 60 मिनट के भीतर 4.5 मिलियन के इसके बाकी के शेयरों का लगभग आधा ट्रेड हो चुका था। इस दर से, यह उस दिन के लिए आसानी से 10 मिलियन से ज़्यादा शेयरों को ट्रेड कर सकता था - उस दिन इसकी आज तक की एक दिन की सबसे बड़ी मात्रा और $3 बिलियन से ज़्यादा मूल्य के पैसे एक-हाथ से दूसरे हाथ में जा सकते थे। यह समापन का दिन लग रहा था। यह इस बात पर निर्भर होने वाला था कि स्टॉक कैसे बंद होता है। मैंने अपना कंप्यूटर बंद कर दिया। ट्रेड के अंतिम आधे घंटे तक स्क्रीन देखने का कोई फायदा नहीं था।

मैंने नाश्ता किया। अख़बार पढ़ा। अपने बैंक को कॉल किया। जो के भुगतान की राशि मेरे खाते में थी। मैंने छह दिन में $250,000 कमाए थे। मुझे ख़ुद को याद दिलाना पड़ा कि शायद जो अपने टेज़र के ट्रेड पर इससे कहीं ज़्यादा कमायेगा। मुझे कॉल करने और टेज़र पर काम करने के लिए बोलने का कोई न कोई कारण ज़रूर था। मुझे यह पता था और मैं यह महसूस कर सकता था। मैंने वो याद किया जो बॉयड ने मुझसे कहा था। किसी गतिविधि का कारण आम तौर पर गतिविधि समाप्त होने के बाद स्पष्ट होता है। इन सबमें जो का कारण देखने से पहले मुझे थोड़ा समय बीतने का इंतज़ार करना पड़ सकता था।

मैंने बाज़ार बंद होने से लगभग 30 मिनट पहले अपने कंप्यूटर पर भाव देखा। मैं शांत था। मैंने अपने पीले लीगल पैड पर उस दिन के ट्रेड की योजना का विवरण लिखा। यह इस प्रकार था:

19 अप्रैल, 2004 को टेज़र ट्रेड

खुला $351/शेयर

उच्च $385/शेयर

निम्न $341/शेयर

दोपहर 3:30 बजे EST पर मात्रा - बंद होने से 30 मिनट पहले = 9 मिलियन शेयर जो कि ट्रेड पर इसकी एक दिन की उच्चतम मात्रा है

वर्तमान भाव $351/शेयर

खुले बाज़ार से परिवर्तन = $0

यह मेरे लिए बिल्कुल उपयुक्त था। मैंने वो नोट्स देखें जिन्हें मैंने रविवार की सुबह अपने लिए लिखा था, जब मैंने जो को अपनी रिपोर्ट ईमेल की थी। जैसा कि मैंने पहले कहा था, नोट में लिखा था, "यदि कोई होशियार ट्रेडर है, जिसने पिछले महीनों में बड़ा मुनाफा कमाया है, तो अंतिम चाल पर नज़र डालने के लिए यह एक अच्छा समय होगा। अंतिम चाल तब होती है, जब कोई स्टॉक एक अविश्वसनीय चाल में अपनी ऊर्जा ख़त्म कर देता है क्योंकि यह गंभीर चाल के बाद सबसे ऊपर होता है। लगभग बिना किसी लाभ वाले सबसे ज़्यादा एक दिन की ट्रेड मात्रा की तलाश करें। शॉर्ट होने का यह पहला संकेत है। $250,000 के साथ मैं संभवत: लगभग 350 डॉलर/शेयर की मौजूदा कीमतों पर टेज़र के 700 शेयरों पर शॉर्ट कर सकता हूँ।"

मैंने अपना ऑर्डर कर दिया।

मार्केट में शॉर्ट 700 TASR

मेरी स्क्रीन पर लिखा था:

@$351/शेयर पर 700 TASR शॉर्ट निष्पादित

मैंने तुरंत स्टॉप-लॉस लागू कर दिया:

ख़रीद-स्टॉप 700 TASR @$385/शेयर GTC

यह मेरी पोज़ीशन के 10% तक मेरे नुकसान की रक्षा करता। मैं इतना ही जोखिम उठाना चाहता था। उस दिन टेज़र $356.10 पर बंद हुआ। उस दिन

इसने 10 मिलियन शेयर ट्रेड किये थे। जो इसके स्टॉक के बकाया सभी शेयरों का दोगुना था। मैं अपना कंप्यूटर बंद करके वहाँ से चला गया।

उसी दिन शाम को मैंने बॉयड को कॉल किया। मैंने उनके ट्रेड जर्नल से अपने नोट्स बाहर निकाले। 12 अप्रैल, 2004 का सप्ताह, वो सप्ताह था जब मुझे टेज़र पर काम करने के लिए कहा गया था। और बॉयड ने लिखा था कि गतिविधि के ख़त्म होने की संभावना है क्योंकि उन्होंने साप्ताहिक मात्रा को नीचे जाते देखा था, उसके साथ ही साप्ताहिक प्रतिशत गतिविधि भी नीचे जा रही थी। गिरावट आने वाली थी। वो पास आ रही थी। उस सोमवार को उन्होंने फ़ोन पर मुझे बताया कि उन्होंने अपने पूरे 6450 शेयरों को बेचने के लिए बाज़ार में बिक्री ऑर्डर कर दिया था और सोमवार, 19 अप्रैल, 2004 को बाज़ार बंद होने से कुछ मिनट पहले वो इसे बेचकर बाहर निकल गए थे। उन्होंने $351 पर अपने शेयर बेचे थे।

और उन्हें 6450 शेयर x $351 = $2,263,950 मिले थे।

इसमें से उन्होंने अपने ब्रोकर को $201,562.50 का मार्जिन फंड वापस कर दिया और उनके पास $2,062,387.50 बचे। उन्होंने अपने $244,425 के निवेश पर $1,817,962.50 कमाए थे। बस लगभग 6 महीने में 744% का शानदार मुनाफा।

और इस प्रक्रिया में, उन्होंने इस बात को साबित कर दिया कि किसी व्यक्ति को साल में बस कुछ स्टॉक ट्रेड करने की ज़रूरत होती है और असली स्टॉक को बाज़ार में बड़े पैसे कमाने देने का इंतज़ार करना चाहिए। और जैसा कि बरूच

ने कहा था, जब तक कोई इंसान गतिविधि का मध्य भाग पकड़ सकता है, वो स्टॉक ट्रेडिंग में बहुत सफल हो सकता है। जब हम सबसे ऊपरी या निचले स्तर को पकड़ने की बेवकूफी भरी कोशिश करते हैं तब हम ख़ुद को गड्ढे में गिरने के लिए तैयार करते हैं। बॉयड ने गतिविधि का निचला स्तर नहीं पकड़ा था। लेकिन उन्होंने गतिविधि का सबसे तेज़ और सबसे दूर वाला हिस्सा पकड़ा था, जो अच्छी-ख़ासी ट्रेडिंग पूंजी को संभाल सकता था।

मैंने अपनी आँखें बंद की। और ये सब समझने की कोशिश करने लगा। लेकिन ऐसा नहीं कर पाया। यही चीज़ बॉयड को एक सफल ट्रेडर बनाती थी। जैसा कि मैंने बताया, वह एक दुर्लभ नस्ल थे। वो अपनी तरह के ऐसे इकलौते हैं जिन्हें मैं जानता हूँ और मैं कुछ बहुत सफल ट्रेडरों को जानता हूँ। अपने धैर्य और अत्यधिक अनुशासन की वजह से बॉयड हंट ख़ुद को दूसरों से अलग बनाते हैं। ऐसे दूसरे लोग भी हैं, जो बड़े-बड़े गणितीय और कंप्यूटर मॉडलों का प्रयोग करते हैं, लेकिन इंसानों के रूप में विफल हो जाते हैं। इसके अलावा, गणितीय मॉडल का उपयोग करने वाले अपने खाते में बहुत अधिक टर्नओवर और गतिविधि दिखाते हैं जिससे उन्हें कई नुकसान होते हैं। बॉयड के जीवन में किसी तथाकथित कम्प्यूटरीकृत प्रोग्राम का कोई उपयोग नहीं है। वह वास्तव में जानते हैं कि वह कौन हैं और यही एक चीज है जो उन्हें बहुत अधिक गलतियां करने से रोकती है।

मैंने जॉन रोमानो को फ़ोन किया। मैं उस दिन के घटनाक्रम के बारे में एक सक्रिय स्टॉक ब्रोकर के अनुभव के बारे में जानना चाहता था। उन्होंने मेरा फ़ोन

उठाया लेकिन हमारी बहुत कम बात हुई। वो बहुत व्यस्त थे। उन्होंने उस दिन बहुत सारे टेज़र स्टॉक बेचे थे। उनमें से कई खुदरा निवेशक थे। और कई संस्थान भी थे। उस दिन हर कोई ख़रीदना चाहता था। लेकिन स्टीव सैक्स ने ख़रीदारी की मांग को पूरा करने में मदद के लिए एक बहुत बड़ा हिस्सा बेच दिया था। उन्होंने जो कुछ भी कहा उससे मुझे आश्चर्य नहीं हुआ। वास्तव में, अगर कोई इससे अलग चीज़ होती तब मुझे बहुत आश्चर्य होता। रोमानो ने मुझे कुछ हफ्ते में उन्हें वापस कॉल करने के लिए कहा, क्योंकि तब शायद उनके पास मेरे लिए ज़्यादा समय होता और वो मेरे साथ ड्रिंक भी ले सकते थे। सब कुछ ठीक वैसा ही हो रहा था जैसा मैंने सोचा था। प्रक्रिया शुरू होने वाली थी। और तेज़ गति से नीचे का रुझान आने वाला था।

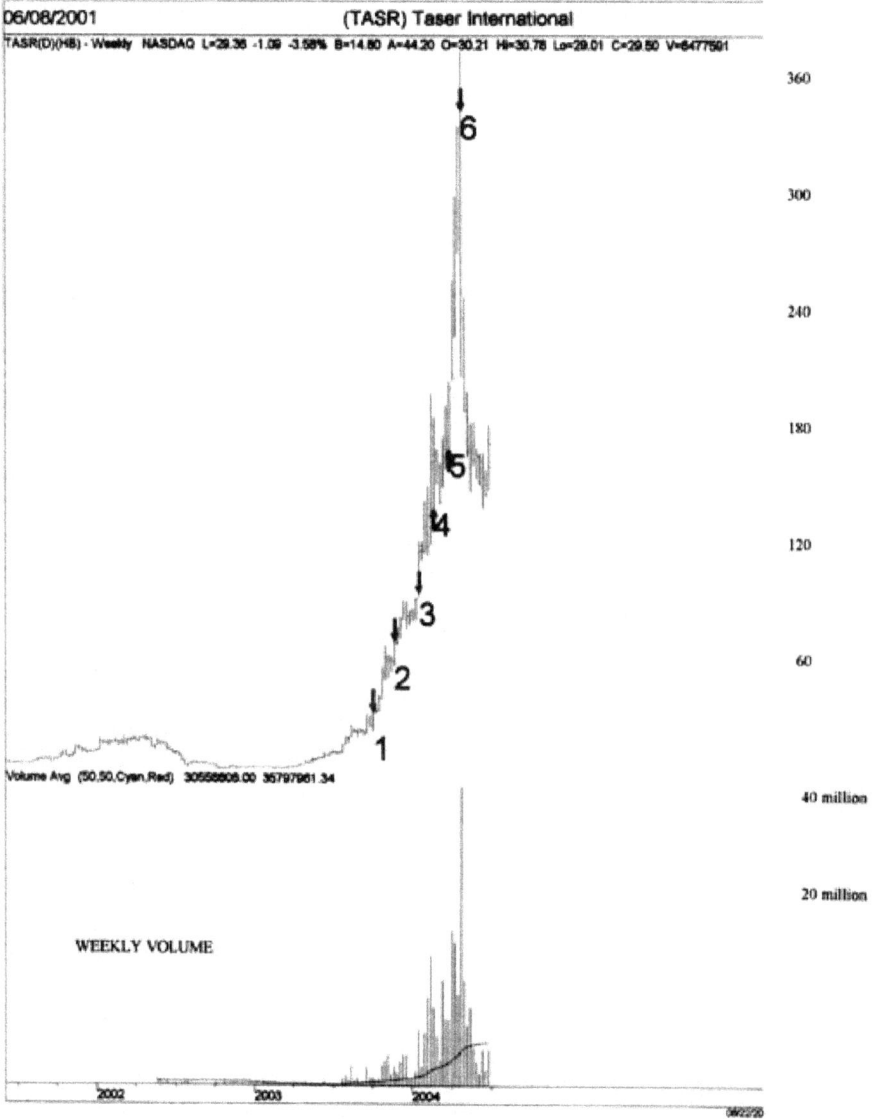

चार्ट 3. TradeStation® पर निर्मित चार्ट, TradeStation
Technologies, Inc का प्रमुख उत्पाद।

चार्ट 3 साप्ताहिक चार्ट पर टेज़र पर बॉयड के पूरे ट्रेड को दिखाता है।

1. वह पहले टेस्ट ख़रीदारी करते हैं, जहाँ उन्होंने $50,000 खर्च किये थे

2. $200,000 की उनकी बड़ी प्रतिबद्धता

3. $200,000 से थोड़ी अधिक की उनकी मार्जिन प्रतिबद्धता

4. गंभीर प्रतिक्रिया आयी लेकिन साप्ताहिक चार्ट पर प्रतिशत में साप्ताहिक नुकसान बहुत कम था और जिससे उन्हें पता चल गया कि अंतिम चाल आने से पहले यह एक अंतिम गिरावट थी।

5. वो बिंदु जिसपर उन्होंने अपने बिक्री-स्टॉप को पिछले सप्ताह की कम कीमत से $1 नीचे ले जाना शुरू किया। लगातार चार हफ्तों तक, टेज़र एक बड़े मुनाफे पर बंद हुआ। जब तक यह समापन बिक्री तक नहीं आ गया।

6. बॉयड ने मुझे फ़ोन पर बताया कि उन्होंने सोमवार, 19 अप्रैल को अपने सारे 6450 शेयरों को बेचने के लिए बाज़ार में ऑर्डर कर दिया है और बाज़ार बंद होने से कुछ मिनट पहले उनके सारे शेयर बिक गए। उन्होंने $351 पर अपने शेयर बेचे थे।

और उन्हें 6450 शेयर x $351 = $2,263,950 मिले थे।

इसमें से उन्होंने अपने ब्रोकर को $201,562.50 का मार्जिन फंड वापस कर दिया और उनके पास $2,062,387.50 बचे। उन्होंने अपने $244,425 के निवेश पर $1,817,962.50 कमाए थे। बस लगभग 6 महीने में 744% का शानदार मुनाफा।

अध्याय 15:

कुछ बाहरी लोग

जून 2001 की गर्मियों में खतरे का एहसास होना शुरू हो गया था। CIA में बहुत ज़्यादा हलचल का माहौल था। उसी समय के दौरान आर्नी की अपनी ज़िन्दगी में भी ऐसी ही हलचल पैदा होनी शुरू हो गई थी। आर्नी स्कैफेर 58 साल के थे। 6 महीने पहले ही रह-रहकर उनके कान बजना शुरू हो गए थे। यह सबसे अनुचित समय पर होता था। और यह उतने ही अचानक से रुक जाता था जितना कि शुरू होता था। वह अपने जीवन से तंग आ गए थे। अपनी CIA की नौकरी से उन्हें जितना आगे बढ़ना था वो बढ़ चुके थे। एजेंसी में नए युवा लोगों के बीच उनका कोई काम बाकी नहीं रह गया था।

हर एक बीतते दिन के साथ आर्नी के कानों की समस्या बढ़ती जा रही थी। उनकी पत्नी उन्हें छोड़कर जा चुकी थी। फ़ीनिक्स, एरिज़ोना में अपने 2 हफ्ते की छुट्टी के बाद वो अभी-अभी वाशिंगटन, डीसी वापस लौटे थे, जहाँ वो अपनी

बीमार माँ को देखने गए थे। रेगिस्तान की गर्मी में उन्होंने ध्यान दिया कि उनके कान का बजना काफी हद तक कम हो गया था। एरिज़ोना में अपने दो हफ्तों के दौरान उनके कान की समस्या बस दो बार सामने आयी थी और वो भी एक-दो मिनट से ज़्यादा नहीं थी। डीसी के अपने अपार्टमेंट में वापस आने से पहले तक, उन्हें इस बात का एहसास नहीं हुआ था कि फ़ीनिक्स में सामान्य ज़िन्दगी बिताने का एहसास कितना अच्छा था। CIA में अपने डेस्क पर वापस लौटने के पहले घंटे में ही आर्नी ने अपना मन बना लिया था। वह अपनी नौकरी छोड़ने वाले थे। उसी वक़्त। फ़ीनिक्स उन्हें पुकार रहा था।

दो हफ्ते बाद फीनिक्स के संपन्न उपनगर स्कॉट्सडेल में उन्हें टेज़र के सुरक्षा प्रमुख के रूप में नियुक्त कर लिया गया। टेज़र देश की प्रमुख स्टन गन निर्माता कंपनी थी। एक हस्ताक्षर बोनस के रूप में, उन्हें टेज़र के 2000 शेयर प्राप्त हुए। कंपनी कुछ हफ़्ते पहले ही सार्वजनिक हुई थी।

उन्होंने अपनी मरती हुई माँ की आर्थिक स्थिति की जांच की। उनके पास AT&T में $25,000 की कीमत के शेयर थे। उन्होंने उसे बेच दिया। वो उनके खाते में मौजूद $25,000 को टेज़र में डालना चाहते थे। और खाते पर अपना नाम जोड़ते हुए उन्होंने इससे 3500 शेयर ख़रीद लिए क्योंकि उन्हें पता था कि उनकी माँ के पास अब ज़्यादा दिन नहीं बचे थे और अपने निवेश पर अच्छा मुनाफा पाने के लिए उन्हें उससे ज़्यादा दिन की ज़रूरत पड़ सकती थी, जो उनकी माँ के पास थे। CIA में उन्हें आतंकवादी खतरे की सूचना मिली थी, जो

उनसे चीख-चीखकर कह रही थी अब सही समय आ गया है। यह 9/11 के बम धमाकों से 15 हफ्ते पहले की बात है।

उसके बाद, सितंबर 2001 में 9/11 की त्रासदी हुई। इस सदमे को सहने के लिए लोगों को थोड़ा समय देने के लिए कुछ दिनों के लिए शेयर बाज़ार बंद कर दिया गया था। कुछ ही हफ्तों में, बाज़ार में भारी मात्रा में तेज़ी देखने को मिली थी। और आर्नी हैरानी से टेज़र को ऊपर के रुझान की ओर बढ़ते हुए देख रहे थे और जनवरी 2002 की शुरुआत में वो स्टॉक $18/शेयर से अधिक के भाव पर चल रहा था। वह अपनी किस्मत और ज़्यादा नहीं आज़माना चाहते थे। इसलिए उन्होंने अपने शेयर बेचने का फैसला किया।

2000 के उनके बोनस से उन्हें $35,000 से ज़्यादा का मुनाफा हुआ था। और उनके और उनकी माँ के संयुक्त खाते में $63,000 जमा हो गए थे। उन्हें पता था कि उनका एरिज़ोना आने का फैसला बिल्कुल सही था। शारीरिक रूप से यह उनके लिए बिल्कुल सही फैसला था, क्योंकि अब उनके कानों का बजना भी बंद हो गया था। और आर्थिक रूप से, उनके इस कदम ने उन्हें अपने लिए कुछ बनाने के लिए एक शुरुआत प्रदान की थी। वह उन कुछ बाहरी लोगों में से एक थे, जिन्होंने टेज़र पर कोई भी पैसे बनाए थे।

अल्बर्ट गोंज़ालेज़ हाल ही में टेम्प, एरिज़ोना के एरिज़ोना स्टेट यूनिवर्सिटी से ग्रेजुएट हुए थे। अल्बर्ट अपने अप्रवासी माता-पिता के चार बच्चों में से सबसे छोटे थे। गणित में उनका दिमाग बहुत तेज़ था और वो लॉस एंजेल्स में हाई स्कूल के दौरान अपनी कक्षा के सबसे अच्छे छात्रों में से एक थे। पूर्वी लॉस

एंजेल्स के गरीब इलाके में जहाँ ज़्यादातर नौजवान बहुत कम शिक्षा और अवसरों के साथ बड़े होते थे, अल्बर्ट का गणितीय दिमाग काफी मशहूर था। जब एरिज़ोना स्टेट यूनिवर्सिटी ने अपने बैचलर्स प्रोग्राम के लिए छात्रवृत्ति ऑफर की, तब उनके परिवार को पता था कि यह उनके लिए पूर्वी लॉस एंजेल्स से बाहर निकलने का टिकट था।

यह जून 2001 का अंतिम समय था। अल्बर्ट अभी-अभी अपने बैचलर्स डिग्री प्रोग्राम के साथ ग्रेजुएट हुए थे। उन्होंने प्रमुख स्टॉक ब्रोकरेज कंपनी - चार्ल्स लॉस एंजेल्स के साथ साक्षात्कार के कई राउंड पूरे कर लिए थे। वह अपने जॉब ऑफर का इंतज़ार कर रहे थे। अपने खाली समय में, वह स्कॉट्सडेल के फोर सीज़ंस में वेटर का काम करते थे। कार्य-संबंधी नैतिकता और दिखावे की कमी ने अल्बर्ट को अप्रवासियों का सामान्य मेहनती बेटा बना दिया था। उनके घर वाले 1970 के दशक में मेक्सिको से लॉस एंजेल्स आकर बस गए थे।

उन्होंने ASU में अपने पूरे चार वर्षों के दौरान फोर सीज़ंस में अपना काम जारी रखा था। स्कॉट्सडेल के फोर सीज़ंस में शाम का समय था। अल्बर्ट बार में पीछे की मेज़ पर बैठे मेहमानों को ड्रिंक परोस रहे थे। वहाँ पांच आदमी थे। सभी महंगे सूट-बूट में थे। वे सभी महंगी शैंपेन पी रहे थे। बार में दो घंटे के बाद, उनका बिल $1500 से अधिक का था। यह अल्बर्ट के लिए सामान्य से बड़ा बिल था। उनकी टिप भी बहुत अच्छी थी। ख़ासकर, इतने कम समय के लिए ड्रिंक करने के लिए।

अल्बर्ट को याद आया कि उनमें से एक ने उस शाम का जश्न मनाने की ख़ुशी में अपना गिलास उठाया था, जो दिखने में किसी बड़े स्टॉक ब्रोकर जैसा था। उस आदमी ने कहा था, "यह जाम टेज़र के नाम। Nasdaq पर अगला बड़ा मूवर।" उसी सप्ताहांत को अल्बर्ट ने टेज़र पर नज़र डालने का फैसला किया। आख़िरकार, उन्होंने वित्त में अपना ग्रेजुएशन पूरा किया था। कंपनी की बैलेंस शीट में ऐसा कुछ नहीं था जो उन्हें बेहद ठोस लगा हो। तो उन्होंने इस मुद्दे को यह सोचकर जाने दिया कि शायद वो कोई ऐसा स्टॉक था जिसे स्टॉक एक्सचेंज पर सूचीबद्ध किया जा रहा था।

दो साल बाद सितंबर 2003 में, अल्बर्ट चार्ल्स श्वाब में अपने स्कॉट्सडेल कार्यालय में थे। ASU से स्नातक होने के बाद वे पिछले दो वर्षों से चार्ल्स श्वाब के साथ काम कर रहे थे। उस सितंबर की सुबह उनका फ़ोन बहुत शांत था। उस हफ्ते शेयर बाज़ार में शांति थी। लंबी मंदी के बाद उस साल मार्च के बाद से शेयर बाज़ार फिर से तेज़ हो रहा था। इराक़ का युद्ध शुरू हो गया था और अधिकांश वास्तविक युद्ध अभियान हफ्तों के भीतर समाप्त हो गया था। शेयर बाज़ार अपने धीमे मंदी के स्तरों से ऊपर उठ गया था। स्टॉक की पूरी दुनिया में बढ़ोतरी हो रही थी।

उस दिन सुबह के समय अल्बर्ट के पास बस एक कॉल आयी थी। उनके बड़े ग्राहकों में से एक - बॉयड हंट की। किसी भी साल के दौरान बॉयड शायद ही कभी ट्रेड करते थे। लेकिन जब वो करते थे तो अच्छी-ख़ासी मात्रा में बड़ी ट्रेडिंग करते थे। अपने पिछले ट्रेड किये हुए बॉयड को कई महीने हो चुके थे। अपना

ट्रेडिंग का काम शुरू करने से पहले बॉयड एक बार अपने ब्रोकर से बात करना पसंद करते थे। बॉयड बस अपनी ब्रोकरेज में मानवीय आवाज़ के साथ व्यक्तिगत संपर्क बनाये रखना चाहते थे। इन दिनों हर काम इंटरनेट के माध्यम से हो जाता है और मानवीय संपर्क ख़त्म हो चुका है। पुराने दिनों में, बॉयड ने अल्बर्ट के साथ अपनी बातचीत का ज़िक्र किया था, और बताया था कि वो अपने ब्रोकर से अक्सर बात करते थे। बॉयड ने टेज़र इंटरनेशनल नामक स्टॉक पर अपने ट्रेड शुरू किये थे। और वो अल्बर्ट को फ़ोन करके पता करना चाहते थे कि उनका ऑनलाइन किया गया ख़रीद-स्टॉप ऑर्डर प्राप्त हुआ है या नहीं। चूँकि खाते को बाज़ार में सक्रिय हुए महीनों बीत चुके थे, इसलिए बॉयड किसी इंसान की आवाज़ में यह जानना चाहते थे कि उनका ऑनलाइन ट्रेड कर दिया गया है।

बॉयड हंट की पिछली ट्रेडिंग सफलता को देखते हुए, उन हफ्तों के दौरान अल्बर्ट ने ख़ुद टेज़र का अध्ययन करने का फैसला किया। अल्बर्ट यह भूल चुके थे कि दो साल पहले ASU से ग्रेजुएट होने के बाद फोर सीज़ंस के बार में काम करने के दौरान टेज़र पर उनकी नज़र पड़ी थी। अब उन्हें पता चल चुका था कि अगर बॉयड जैसा कोई सफल ट्रेडर इस स्टॉक में रूचि दिखा रहा था तो ज़रूर उसमें कोई न कोई ख़ास बात थी। अल्बर्ट ने देखा कि वो स्टॉक पहले ही \$5 से \$30 पर पहुंच चुका था। यानी उसमें 600% का उछाल आया था। उन्हें लगा यह गतिविधि जल्दी ही समाप्त हो जाएगी। इसके अलावा, वो एक स्मॉल कैप स्टॉक लग रहा था और बहुत गतिशील था। इसलिए उन्होंने फिर से उसे जाने दिया।

वह वापस अपने टेक्नोलॉजी स्टॉक पर आ गए। अल्बर्ट गोंज़ालेज़ काफी सारे निवेशकों की तरह थे। उन्होंने देखा था कि टेक्नोलॉजी ने सामान्य रोज़मर्रा के जीवन के लिए क्या किया है और उन्हें उन स्टॉक पर भरोसा था। और उन्होंने वही किया जो ज़्यादातर ब्रोकर करते हैं। उन्होंने कभी भी समय निकालकर टेज़र पर अपने ग्राहक के मुनाफे का अध्ययन नहीं किया और न ही उससे कोई सीख ली। अगर अल्बर्ट बॉयड के ट्रेड का अध्ययन कर लेते, तो शायद उन्हें कुछ ज़रूरी सबक सीखने को मिल जाते। लेकिन ब्रोकर शायद ही कभी सफल ट्रेडिंग की कला सीख पाते हैं। वो सेल्समैन होते हैं, जो बेचकर अपनी रोज़ी-रोटी चलाते हैं।

अध्याय 16:

शॉर्ट स्क्वीज़ ने शॉर्टी को बर्बाद किया

शॉर्ट ट्रेडर उस स्टॉक के मालिक नहीं होते जिसे वो बेचते हैं। इसलिए उन्हें वो स्टॉक अपने ब्रोकर से उधार लेना पड़ता है। ऐसा करने के लिए, उसे ब्रोकर के पास ज़मानत के रूप में डॉलर में स्टॉक की वर्तमान कीमत का मूल्य रखना पड़ता है। उसके बाद ब्रोकर ट्रेडर द्वारा दी गई नकद ज़मानत का उपयोग करके शॉर्ट ट्रेडर को स्टॉक उधार देता है। उसके बाद, शॉर्ट ट्रेडर इस उधार स्टॉक को मौजूदा कीमतों पर बेचता है। बाद के दिनों में, शॉर्ट ट्रेडर स्टॉक को कम कीमत पर वापस ख़रीदता है और उधार लिया गया स्टॉक ब्रोकर को वापस कर देता है। इस प्रकार, मूल रूप से, शॉर्ट ट्रेडर अपने स्टॉक ऊँचे दाम पर बेचता है और कम दाम पर ख़रीदता है।

शॉर्ट्स दो प्रकार के होते हैं। एक वो जो आम तौर पर सफल होते हैं और दूसरे वो जो आम तौर पर बाज़ार से टूट जाते हैं। आम तौर पर, लॉन्ग पोज़ीशन

लेने वाले ट्रेडरों के मामले की तरह, शॉर्ट्स में सफल ट्रेडर दुर्लभ होते हैं। लगभग उतने ही अधिक दिवालिया शॉर्ट ट्रेडर हैं, जितने लॉन्ग ट्रेडर हैं। शॉर्ट्स और लॉन्ग के बीच एकमात्र अंतर यह है कि सफल शॉर्ट गतिविधि आम तौर पर जल्दी होती है और सफल लॉन्ग प्रतिबद्धता की तुलना में प्रतिशत के लिहाज़ से कम फायदेमंद होती है।

शॉर्टी मैकेना एक शॉर्ट ट्रेडर थे। उन्होंने शेयर बाज़ार में अच्छी-ख़ासी संपत्ति बनाई थी और अपनी सारी संपत्ति खो भी दी थी। उन्होंने 3 साल की सबसे बुरी मंदी के दौरान 2002 में बहुत मुनाफा कमाया। लेकिन मार्च 2003 की शुरुआत से, उन्हें नुकसान के अलावा और कुछ नहीं मिला।

कई शॉर्ट ट्रेडरों की तरह, अच्छे पैसे बनाने के बाद, वो अपने सारे पैसे वापस बाज़ार को देने वाले थे। वह कई बार इन चक्रों से गुज़र चुके थे। लेकिन वो कभी भी अपने बारे में सीखने के लिए नहीं रुके, जिसकी वजह से, वो बार-बार एक ही गलती दोहराते थे। शेयर बाज़ार के ज़्यादातर प्रतिभागियों की तरह, उन्हें नहीं पता था कि वो ख़ुद अपने सबसे बड़े दुश्मन हैं।

टेज़र उनकी नज़र से नहीं बचा था। उन्होंने उस स्टॉक की तेज़ गतिविधि को देखा था और वो यह पता करने का इंतज़ार कर रहे थे कि उसका टॉप कहाँ पर होगा। उन्होंने ऐसी कई तेज़ गतिविधियों को तेज़ गिरावट में तब्दील होते हुए देखा था। वो अभी तक समझ नहीं पा रहे थे कि उसका टॉप कहाँ पर होगा। उन्होंने पूरा 2003 इंतज़ार में बिता दिया और स्टॉक बस ऊँचा उच्च और ऊँचा

निम्न बनाता रहा। यह निश्चित रूप से ऊपर के रुझान पर था। उन्हें पता था कि जब अंत आएगा तो यह गंभीर और तेज़ होगा। वो इंतज़ार नहीं कर सकते थे।

और 2004 की जनवरी में, स्टॉक ने ऊपर की उड़ान भरी, जिसे देखकर लगा कि अब यह अपनी आख़िरी सांस ले रहा है। उन्होंने इसकी दैनिक गतिविधियों पर गौर करना शुरू किया। उन्हें यकीन था इसका टॉप आने वाला है। और ऐसा होने पर, वह शॉर्ट साइड पर इस स्टॉक में अपनी $180,000 की ट्रेडिंग पूंजी लगाने वाले थे। स्टॉक ने अभी तक अपने ऊँचे उच्च की श्रृंखला को नहीं तोड़ा था। उन्होंने हफ्तों और महीनों तक यह होने का इंतज़ार किया।

अंत में, टेज़र ने 27 जनवरी, 2004 को $146.76 का स्तर छू लिया। और फिर 29 जनवरी को इसमें थोड़ी गिरावट आनी शुरू हो गई और यह $121.50 के निम्न स्तर पर आ गया। अब शॉर्टी मैकेना उस स्टॉक पर तेज़ी से मुनाफा कमाने को तैयार थे। उन्हें बस $146.76 के पिछले उच्च स्तर से अधिक कीमत पर एक स्पष्ट ट्रेड की आवश्यकता थी और फिर वो अपने शॉर्ट्स प्लेस कर देते। और जब स्टॉक ने $154.08 का उच्च मूल्य छुआ तक 2 फरवरी को वो दिन आ गया। और उन्होंने तुरंत अपनी लाइन प्लेस कर दी और 1200 शेयर पर शॉर्ट हो गए। ब्रोकर ने उन्हें उनका शॉर्ट सेल $149/शेयर पर ऑफर किया था। उस दिन स्टॉक $130.80 के मूल्य पर बंद हुआ। शॉर्टी मैकेना की ख़ुशी का ठिकाना नहीं था। वो अपने शॉर्ट सेल के बारे में बिल्कुल सही थे और उन्होंने उसपर बड़े पैसे कमाए। उनके अंदर आत्म-विश्वास आ गया था। वो अपने अंदर उत्साह महसूस कर सकते थे। यह बहुत अच्छा था। उन्होंने एक दिन में $20,000 से

ज़्यादा बनाये थे और वो भी उसी दिन जब उन्होंने अपना ऑर्डर किया था। उन्हें ऐसा महसूस हो रहा था कि वो कुछ गलत नहीं कर सकते। वो सही थे और उन्होंने सही समय पर सही स्टॉक चुना था। आने वाले दिनों में स्टॉक की कीमत $117.24 जितनी कम हो गई। शॉर्टी ने लगभग एक साल पहले स्टॉक को $5 से अभी हाल के $150 तक बढ़ते हुए देखा था। उन्हें लगा इसमें बहुत बड़ी गिरावट आने वाली है। और वो बहुत पैसे कमाने वाले हैं। उन्हें लग रहा था कि $5 से $150 तक के ऊपर के रुझान ने कम से कम $100 से नीचे की गिरावट तय कर दी थी। उन्हें अपने अनुभव से पता था कि अगर स्टॉक $100 से नीचे गया तो उसके बाद इसमें मनोवैज्ञानिक गिरावट आएगी क्योंकि इंसानों के लिए $100 एक मनोवैज्ञानिक सीमा है। इसके टूटने पर, आम तौर पर स्टॉक कम से कम छोटी अवधि के लिए नीचे की ओर जाना जारी रखता है। उनके मन में लालच जाग गया था। वो इंतज़ार नहीं कर पा रहे थे। मिनट दिन जैसे लगते थे और दिन सालों जैसे।

लेकिन तभी कुछ अजीब हुआ। चार दिनों के अंदर ही टेज़र के मूल्य में वापस उछाल आ गया। शॉर्टी को समझ नहीं आ रहा था क्या हो रहा है। यह सब गलत हो रहा था। स्टॉक नीचे जाना चाहिए था और उसमें गिरावट आनी चाहिए थी। वह घबरा रहे थे। लेकिन उन्हें यकीन था कि यह बस एक अस्थायी उछाल है। इसलिए उन्होंने अपनी प्रतिबद्धता नहीं छोड़ी। वो डरते हुए अपनी स्क्रीन देखते रहते थे। लेकिन इसकी कीमत नीचे जाने के बजाय ऊपर ही जाती रही।

12 फरवरी को स्टॉक $203.22 प्रति शेयर के आंकड़े पर पहुंच गया। उस मूल्य पर शॉर्टी $60,000 से ज़्यादा के क़र्ज़ में थे। वो तबाह हो चुके थे। उन्होंने बंद होने तक का इंतज़ार किया और $180/शेयर की कीमत पर अपनी शॉर्ट पोज़ीशन बंद कर दी। बस आठ दिन में उन्होंने $37,200 गँवा दिए थे। शॉर्टी को गुस्सा आ रहा था। वो सही थे। उन्होंने यह अंदर से महसूस किया था। पहले ही दिन उन्हें $20,000 से ज़्यादा का मुनाफा हुआ था। वो इतने गलत कैसे हो सकते थे? उन्हें लग रहा था कि स्टॉक उनके साथ कोई चाल चल रहा है। उन्हें पूरा यकीन था कि यह नीचे जाने वाला है। वो स्क्रीन से अपनी नज़रें नहीं हटा पा रहे थे। कई दिनों तक वो टेज़र के दैनिक भावों पर नज़र टिकाये रहे।

उसके बाद 5 मार्च को स्टॉक वापस अपने पिछले $149 के बिक्री मूल्य के नीचे चला गया और $144.66 के निम्न इंट्राडे पर आ गया। उन्हें यकीन नहीं हो रहा था। यहाँ वो फिर से बहुत तेज़ी से नीचे की ओर जा रहा था। एक बार फिर उन्होंने अंदर से इसे महसूस किया। और एक बार फिर उन्होंने अपने शॉर्ट प्लेस कर दिए। लेकिन पिछले शॉर्ट सेल के नुकसान के बाद उनका $180,000 घटकर $142,800 पर आ गया था। इसलिए वह टेज़र के शॉर्ट साइड पर केवल 950 शेयरों की लाइन खोल सकते थे और $145/शेयर के मूल्य पर उनका ऑर्डर शुरू हो गया। उस दिन यह $145.80/शेयर के मूल्य पर बंद हुआ। यह अपने शॉर्ट सेल मूल्य के बस थोड़ा ऊपर था लेकिन उन्हें पूरा भरोसा था कि इस बार उन्होंने अपने पैसे सही जगह लगाए हैं।

और फिर जैसे-जैसे दिन बीतते गए, फिर से उनका आत्म-विश्वास डगमगाना शुरू हो गया। 26 मार्च आते ही, स्टॉक फिर से ऊपर जाना शुरू हो गया। ऐसा लग रहा था जैसे टेज़र उनके दिमाग से खेल रहा है, मानो उसे पता था कि वो स्टॉक शॉर्ट कर रहे हैं और वो उन्हें सबक सिखाना चाहता था। शॉर्टी दंग रह गए थे। उनके साथ दोबारा ऐसा नहीं हो सकता था। ऐसा कैसे मुमकिन था? ऐसा कोई स्टॉक नहीं था जो टेज़र की तरह ऊपर जा रहा हो। अब यह $200 तक पहुंचने वाला था। यहाँ पर एक बार और गिरावट आनी चाहिए। केवल अपने डर की वजह से असली गिरावट शुरू होने से पहले वह अपना शॉर्ट कवर नहीं करने वाले थे। कोई स्टॉक एक साल से कम समय में कैसे $5 से $200 के ऊपर जा सकता था? अब यह गतिविधि समाप्त होनी ही चाहिए थी। इसलिए, उन्होंने कहा कि वो अपनी जगह पर बने रहेंगे और स्टॉक के टॉप पर जाने का इंतज़ार करेंगे। वो बार-बार ख़ुद से कहते गए कि टॉप आने वाला है। लेकिन अंदर ही अंदर उन्हें यह बात पता थी कि मूल्य में हर $1 की बढ़ोतरी के साथ वह अपनी शॉर्ट पोज़ीशन पर $950 गँवा रहे थे। टेज़र बढ़ता गया। और 6 अप्रैल आते-आते, स्टॉक $260/ शेयर से ऊपर चला गया। अपने पिछले नुकसान के अलावा, वो $100,000 से ज़्यादा गँवा चुके थे। शॉर्टी बर्बाद हो चुके थे। उन्होंने $261/शेयर के मूल्य पर अपनी शॉर्ट पोज़ीशन बंद कर दी और उन्हें $32,600 मिले। 2 महीने से कम समय में, उनके $180,000 $32,600 पर आ चुके थे।

6 अप्रैल, 2004 के बाद शॉर्टी मैकेना की किसी से कोई बात नहीं हुई। शॉर्टी को कभी इस बात का एहसास नहीं हुआ कि टेज़र ने उनके जैसे कई लोगों को

मिट्टी में मिला दिया था। जिन्होंने भी इसके शीर्ष स्तर का अनुमान लगाने की कोशिश की, वो उसके गुस्से का भागी बना। शॉर्टी ऐसे अकेले नहीं थे। दरअसल, उनके जैसे बहुत सारे लोग थे।

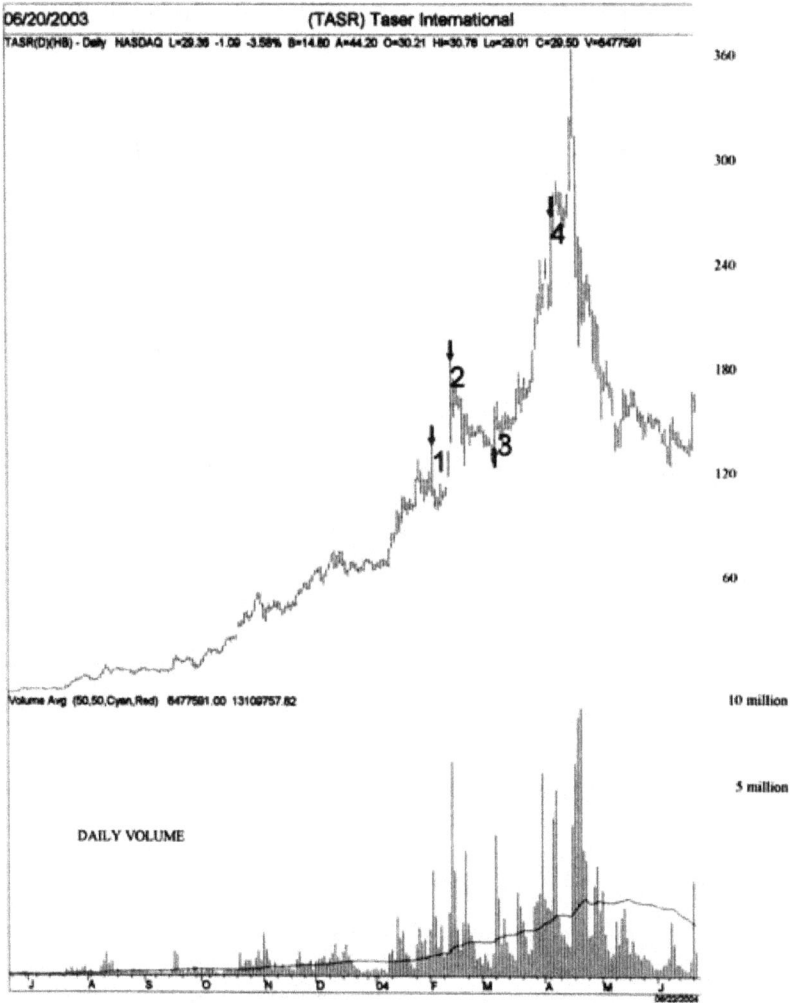

चार्ट 4. TradeStation® पर निर्मित चार्ट, जो TradeStation Technologies, Inc का प्रमुख उत्पाद है।

चार्ट 4 शॉर्टी मैकेना के शॉर्ट सेल ट्रेड को दर्शाता है।

1. 2 फरवरी को स्टॉक $154.08 के उच्च स्तर पर पहुंच गया। और उन्होंने तुरंत अपना ऑर्डर कर दिया और 1200 शेयरों पर शॉर्ट हो गए। ब्रोकर ने उन्हें उनका शॉर्ट सेल $149/शेयर पर ऑफर किया था। उस दिन स्टॉक $130.80 के मूल्य पर बंद हुआ। शॉर्टी मैकेना की ख़ुशी का ठिकाना नहीं था। वो अपने शॉर्ट सेल के बारे में बिल्कुल सही थे और उन्होंने उसपर बड़े पैसे कमाए। उनके अंदर आत्म-विश्वास आ गया था। वो अपने अंदर उत्साह महसूस कर सकते थे। यह बहुत अच्छा था। उन्होंने एक दिन में $20,000 से ज़्यादा बनाये थे और वो भी उसी दिन जब उन्होंने अपना ऑर्डर किया था। उन्हें ऐसा महसूस हो रहा था कि वो कुछ गलत नहीं कर सकते। वो सही थे और उन्होंने सही समय पर सही स्टॉक चुना था। आने वाले दिनों में स्टॉक की कीमत $117.24 जितनी कम हो गई। शॉर्टी ने लगभग एक साल पहले स्टॉक को $5 से अभी हाल के $150 तक बढ़ते हुए देखा था। उन्हें लगा इसमें बहुत बड़ी गिरावट आने वाली है। और वो बहुत पैसे कमाने वाले हैं।

2. स्टॉक शॉर्ट करने के चार दिनों के अंदर ही टेज़र के मूल्य में वापस उछाल आ गया। शॉर्टी को समझ नहीं आ रहा था क्या हो रहा है। यह सब गलत हो रहा था। स्टॉक नीचे जाना चाहिए था और उसमें गिरावट आनी चाहिए थी। वह घबरा रहे थे। लेकिन उन्हें यकीन

था कि यह बस एक अस्थायी उछाल है। इसलिए उन्होंने अपनी प्रतिबद्धता नहीं छोड़ी। वो डरते हुए अपनी स्क्रीन देखते रहते थे। लेकिन इसकी कीमत नीचे जाने के बजाय ऊपर ही जाती रही। 12 फरवरी को स्टॉक $203.22 प्रति शेयर के आंकड़े पर पहुंच गया। उस मूल्य पर शॉर्टी $60,000 से ज़्यादा के क़र्ज़ में थे। वो तबाह हो चुके थे। उन्होंने बंद होने तक का इंतज़ार किया और $180/शेयर की कीमत पर अपनी शॉर्ट पोज़ीशन बंद कर दी। बस आठ दिन में उन्होंने $37,200 गँवा दिए थे।

3. 5 मार्च को स्टॉक वापस अपने पिछले $149 के बिक्री मूल्य के नीचे चला गया और $144.66 के निम्न इंट्राडे पर आ गया। उन्हें यकीन नहीं हो रहा था। यहाँ वो फिर से बहुत तेज़ी से नीचे की ओर जा रहा था। एक बार फिर उन्होंने अंदर से इसे महसूस किया। और एक बार फिर उन्होंने अपने शॉर्ट प्लेस कर दिए। लेकिन पिछले शॉर्ट सेल के नुकसान के बाद उनका $180,000 घटकर $142,800 पर आ गया था। इसलिए वह टेज़र के शॉर्ट साइड पर केवल 950 शेयरों की लाइन खोल सकते थे और $145/शेयर के मूल्य पर उनका ऑर्डर शुरू हो गया।

4. 26 मार्च आते ही, स्टॉक फिर से ऊपर जाना शुरू होगा। शॉर्टी दंग रह गए थे। टेज़र ऊपर की ओर बढ़ता गया। और 6 अप्रैल आते-आते स्टॉक $260/ शेयर से ऊपर चला गया। अपने पिछले

नुकसान के अलावा, वो $100,000 से ज़्यादा गँवा चुके थे। शॉर्टी बर्बाद हो चुके थे। उन्होंने $261/शेयर के मूल्य पर अपनी शॉर्ट पोज़ीशन बंद कर दी और उन्हें $32,600 मिले। 2 महीने से कम समय में उनके $180,000 $32,600 पर आ चुके थे।

अध्याय 17:

वो भी क्या हफ्ता था

आय रिपोर्ट अब कोई ख़बर नहीं थी क्योंकि मंगलवार, 20 अप्रैल, 2004 को बाज़ार खुलने से पहले यह रिलीज़ हो चुकी थी। यह बहुत अच्छी आय रिपोर्ट थी। उससे भी बेहतर जिसकी उम्मीद थी। पिछले वर्ष की समान तिमाही की तुलना में आय में 500% से अधिक की वृद्धि हुई थी। स्टॉक 318 डॉलर प्रति शेयर पर खुला। यह नीचे आ गया था। एक बार फिर मात्रा ज़्यादा थी। मैं देख सकता था कि आज हम पहली स्पष्ट बिक्री देखने जा रहे हैं। मात्रा कल की भारी मात्रा के अनुरूप थी और फिर भी सुबह की ट्रेड मात्रा से पता चल रहा था एक और दिन 10 मिलियन शेयर का ट्रेड होने वाला है।

मुझे पता था आंतरिक लोगों ने इसे बहुत अच्छे से सेटअप किया था। पूरा ट्रेडिंग संसार टेज़र में ट्रेड करना चाहता था। यह घर-घर में जाना-पहचाना नाम बन गया था। अब यह एक ऐसा स्टॉक बन गया था, जिसमें पेंशनभोगी,

गृहिणियां, जुआरी, डे ट्रेडर, स्विंग ट्रेडर, लंबी अवधि के निवेशक, सेवानिवृत्त, स्कूली लड़के, पेपरबॉय, कैब ड्राइवर और लिफ्ट कर्मचारी सभी हिस्सा लेना चाहते थे। इसलिए, उन्हें वो सब कुछ प्रदान करने का समय आ गया था जो वे ख़रीदना चाहते थे और उससे भी अधिक। और आज का दिन उस सेटअप को पूरा करने में मदद करने का दिन था जो महीनों पहले अंदरूनी लोगों द्वारा शुरू किया गया था। अंदरूनी लोगों ने ताबड़-तोड़ बिक्री की। टेज़र की अविश्वसनीय गतिविधि के दौरान पहली बार उनमें ख़रीदारों से ज़्यादा जल्दबाज़ी देखने को मिली। उस दिन जबरदस्त नुकसान हुआ था।

दिन के अंत में कीमतों में तेज़ी से गिरावट देखी गई क्योंकि स्टॉक ने एक बार फिर 10 मिलियन से अधिक शेयरों में ट्रेड किया था। इसकी मात्रा पिछले दिन के सबसे ज़्यादा मात्रा वाले दिन से थोड़ी ज़्यादा थी। यह शेयर में एक दिन की सबसे बड़ी गिरावट थी। इसकी कीमत में $102.90/शेयर की अभूतपूर्व गिरावट आयी थी। यह $252.24 पर बंद हुआ था। यह एक दिन में कीमतों में 28% से अधिक की गिरावट थी।

जिन लोगों ने भी कल अपनी ख़रीदारी की थी, उन्हें आज उसकी सज़ा मिल रही थी। लोगों को नहीं पता था। दर्द तो अभी बस शुरू हुआ था। स्टॉकब्रोकर पूरे दिन अपने ग्राहकों को शांत करने में लगे थे। उनका बस यही कहना था कि यह प्रतिक्रिया बस यह दर्शाती है कि अब विकास की गति धीमी हो रही है। यह ख़बर की वजह से नहीं था। गतिविधि का ख़बर से कोई लेना-देना नहीं था।

दरअसल, उस ख़बर को स्मार्ट मनी द्वारा बेचने के बहाने के रूप में इस्तेमाल किया गया था।

अगले दिन, बुधवार, 21 अप्रैल को एक दिन में सबसे बड़ी मात्रा में ट्रेड किया गया। स्टॉक ने 11 मिलियन से ज़्यादा के शेयर ट्रेड किये थे। यह एक और ज़्यादा अस्थिर सत्र था। अपने इंट्राडे निम्न में स्टॉक $211.98 तक नीचे चला गया था। लेकिन किसी तरह रिकवर हो गया और $251.28 पर ठहर गया - उस दिन $1.92/शेयर का छोटा नुकसान हुआ था। कल की तुलना में, भारी नुकसान नहीं हुआ था। लेकिन इस समर्थन का कोई मतलब नहीं था। पूरे हफ्ते का ट्रेड देखने पर किसी व्यक्ति के लिए साप्ताहिक चार्ट पर एक स्पष्ट दृष्टिकोण प्रदान किया गया था।

उस हफ्ते होने वाला नुकसान इस प्रकार था:

सप्ताह की मात्रा = 41 मिलियन शेयर

सप्ताह का नुकसान = $98.82

उस सप्ताह देर शुक्रवार को, बाज़ार बंद होने और उस हफ्ते टेज़र के ट्रेड के इतने असाधारण सप्ताह के ख़त्म होने के बाद, मैंने जॉन रोमानो को कॉल किया। उन्होंने मेरे कई संदेहों को दूर करने में मेरी मदद की। सोमवार और बुधवार को रोमानो को ऐसे कई इच्छुक ख़रीदार मिले थे जो स्टॉक ख़रीदना चाहते थे। सोमवार को आने वाले ख़रीदार ज़्यादातर वो लोग थे, जिन्हें इस बात का डर था कि वो एक बड़ी गतिविधि में हिस्सा लेने का मौका गँवा सकते हैं, जिससे

शानदार कमाई हो सकती है। और बुधवार को ज़्यादातर ख़रीदार वो लोग थे जिन्हें लगा कि मंगलवार की गिरावट अकारण थी और वो मोलभाव की तलाश में थे। और कई ऐसे भी थे जिन्होंने 50-दिवसीय गतिशील औसत पर स्टॉक के लिए समर्थन देखा था। बड़ी मात्रा के ख़रीदारों ने केवल बड़े लोगों की होल्डिंग लिक्विडेट करने के लिए बहुत सारा कवर प्रदान किया था। और सारे आंतरिक लोग बाहर निकल रहे थे। चार्ट से मुझे यह साफ़ पता चल रहा था। रोमानो से बात करने के बाद, मैंने टेज़र के साप्ताहिक चार्ट पर नज़र बनाये रखने का फैसला किया ताकि यह पता लगा सकूँ कि मुझे अपनी शॉर्ट पोज़ीशन कहाँ कवर करनी है।

अध्याय 18:

और बाहरी लोग

व्यक्ति सफलता को जिस आधार पर परिभाषित करता है उसके अनुसार स्टू सफल थे। और वह एक जुआरी थे। उन्होंने कई व्यवसायों की शुरुआत की थी। कुछ साल बाद सब विफल हो गए थे। लेकिन वह अपना अगला उद्यम शुरू करने के लिए पर्याप्त आर्थिक ताकत के साथ अपने प्रत्येक विफल उद्यम में से साफ़-साफ़ बचकर निकल जाते थे। वो एक परियोजना से दूसरी परियोजना पर कूदते रहते थे, और उनके अंदर धैर्य नाम की चीज़ नहीं थी। उनके कई सारे व्यवसाय सफल हो गए होते अगर उनके अंदर थोड़े लंबे समय तक काम करने का धैर्य होता, अगर वो थोड़ा और मेहनत से काम कर लेते और मुश्किल समय के दौरान उनके साथ टिके रहते। महिलाओं के साथ भी उनकी यही समस्या थी। मुश्किल घड़ी में अपनी 6 साल की पत्नी के साथ धैर्य रखने और उसके साथ बने रहने के बजाय, उन्होंने एक नए रिश्ते की शुरुआत कर दी। और एक के बाद

169

एक औरत उनकी ज़िन्दगी में आती रही। उनके अंदर का जुआरी क्षणिक संपत्ति का पीछा करता था और इस प्रक्रिया में असली ख़ज़ाने से चूक जाता था।

1990 के दशक के अंत में उन्होंने कई टेक्नोलॉजी स्टॉक में ट्रेड किया था। उन्होंने शेयर बाज़ार में बहुत पैसे बनाये थे। लेकिन बेयर मार्केट के दौरान उन्होंने सबकुछ और इससे भी कहीं ज़्यादा बाज़ार को वापस कर दिया। बेयर मार्केट ने उन्हें तबाह कर दिया था। वह क़र्ज़ में डूबे हुए थे। उनकी सिल्वर BMW अभी-अभी जब्त कर ली गई थी। वो पहले ही दो बार अपना घर गिरवी रख चुके थे।

टेज़र में उनके ट्रेड भी कुछ अलग नहीं होने वाले थे। स्टू बदलने वाले इंसान नहीं थे। सोने का घड़ा पाने के रास्ते में सबसे बड़ी बाधा यह थी कि वो ख़ुद को जानने के लिए नहीं रुके। स्टू को यह नहीं पता था कि शेयर बाज़ार में व्यक्ति को अपने बारे में अच्छे से पता होना चाहिए। इसी कारण से वो बाज़ार में लगभग हर दूसरे प्रतिभागी की तरह बार-बार अपनी ट्रेडिंग की गलतियों को दोहराते थे। इस मामले में वो ऐसे अकेले नहीं थे। शेयर बाज़ार में शामिल होने वाले 85% से ज़्यादा लोग हमेशा अपनी गलतियां दोहराते हैं।

स्टू को 1 जनवरी, 2004 को CNBC TV पर टेज़र की असाधारण गतिविधि के बारे में पता चला था, जहाँ उस स्टॉक को 2003 के सबसे बड़े मूवर में से एक के रूप में बताया गया था। यह 2003 के सबसे अच्छे मूवर के बारे में था और टेज़र उसमें सबसे ऊपर था। 2 जनवरी को स्टॉक का भाव इसके उच्च मूल्य पर $85.86/शेयर था। जनवरी 5 को, स्टू ने टेज़र के 1000 शेयर ख़रीदे और $85.50/शेयर की कीमत चुकाई थी। स्टू टेज़र जैसे प्रभावशाली स्टॉक पर कोई

कार्यवाही चाहते थे। उन्हें ज़्यादा देर इंतज़ार नहीं करना पड़ा। जनवरी ख़त्म होने से पहले कीमत $141/शेयर पर पहुंच गई। स्टू से इंतज़ार नहीं हुआ। उन्होंने मुनाफा कमाने के लिए इसे बेच दिया। एक महीने से कम समय में उन्होंने $55,000 से ज़्यादा कमाए थे। उन्हें ख़ुद पर गर्व हो रहा था।

उस सप्ताहांत वो कार ख़रीद रहे थे। अब वो अपनी पिछली कार की जगह एक नई सिल्वर BMW ख़रीद सकते थे। स्टू की ख़ुशी का ठिकाना नहीं था। लेकिन पता नहीं क्यों उस दिन उन्होंने वो कार नहीं ख़रीदी। आख़िरकार, वो एक गलती साबित हुई। उन्हें उस वक़्त कार पर वो पैसे खर्च कर देने चाहिए थे।

स्टू टेज़र से अपनी नज़रें नहीं हटा पा रहे थे। फरवरी 2004 के मध्य में, उन्होंने टेज़र की कीमत देखी। उन्हें यकीन नहीं हो रहा था। अब उस स्टॉक का भाग $200/शेयर से ज़्यादा चल रहा था। उन्होंने तुरंत अपना ब्रोकरेज खाता देखा। उनके खाते में लगभग $142,000 थे। कुछ दिन बाद स्टॉक की कीमत थोड़ी कम हो गई और इसे $173/शेयर पर ट्रेड किया जाने लगा। $30/शेयर से ज़्यादा की गिरावट स्टू को शेयर ख़रीदने के लिए बहुत अच्छा अवसर लगी। उन्होंने $173/शेयर पर 1225 शेयर ख़रीद लिए।

उन्होंने अपने खाते पर 50% का मार्जिन ले लिया था। यानी उन्होंने अपने खाते के मूल्य का 50% अपने ब्रोकर से उधार लिया था, जो मार्जिन फंड में लगभग $70,000 था। और फिर वो स्टॉक के वापस $200/शेयर से ऊपर जाने का इंतज़ार करने लगे। लेकिन बदकिस्मती से, टेज़र ने नीचे जाना बंद नहीं किया और कुछ ही दिनों में इसका भाव $150/शेयर हो गया। स्टू डर गए थे। क्या

पता गतिविधि ख़त्म हो गई हो? Nasdaq में पहले ही गिरावट आनी शुरू हो गई थी और यह एक महीने पहले के अपने उच्च स्तर से लगभग 10% नीचे था। स्टू ने अपना नुकसान कम करने का फैसला किया और $148/शेयर पर अपना स्टॉक बेच दिया। अपने ब्रोकर को मार्जिन (उधार) फंड में $70,000 वापस देने के बाद उनका खाता अब $142,000 से $111,000 से थोड़ा ऊपर रह गया था। कुछ ही दिनों में उन्होंने $31,000 गँवा दिए थे। वह घबरा गए। अब उन्हें टेज़र को छूने में भी डर लग रहा था। उन्होंने अपने पैसे अपने पास रखने का फैसला किया और कुछ हफ्तों के लिए शेयर बाज़ार के बारे में भूल गए।

उन्हें अप्रैल में एक स्टॉक ब्रोकर का फ़ोन आया। यह एक कोल्ड कॉल थी। यह अप्रैल 2004 की शुरुआत थी। स्टॉक ब्रोकर स्टू को टेज़र लेने के लिए मना रहा था। स्टू यह सुनकर चकित रह गए कि टेज़र अब $258/शेयर पर था। अगर उन्होंने अपने 1225 शेयर नहीं बेचे होते तो इस वक़्त उनके पास अच्छा-ख़ासा मुनाफा होता। लेकिन अब उन्हें लग रहा था स्टॉक कुछ ज़्यादा ही तेज़ी से ऊपर गया है। और उन्हें यकीन नहीं था कि स्टॉक मूल्य में इस तरह की गतिविधि जारी रख सकता था। इसलिए उन्होंने स्टॉक ब्रोकर के टेज़र ख़रीदने का निमंत्रण अस्वीकार कर दिया।

लेकिन उस कॉल ने स्टू की जिज्ञासा बढ़ा दी थी। और उन्होंने हर दिन टेज़र के भाव पर नज़र रखना शुरू कर दिया। वो दंग रह गए थे। 3 दिन के अंदर स्टॉक की कीमत $258/शेयर से $300/शेयर से ज़्यादा पर पहुंच गई थी। 15 अप्रैल का दिन था। कर दिवस। स्टॉक $300/शेयर पर बंद हुआ। अगले दिन

स्टॉक $342/शेयर पर बंद हुआ। स्टू से अब बर्दाश्त नहीं हो रहा था। हर कार्यक्रम पर बस यही बातें चल रही थीं कि कुछ महीने में स्टॉक $1000 का मूल्य छूने वाला है। इसके अलावा यह 20 अप्रैल को अपनी कमाई जारी करने वाला था। इस तरह उनके पास कमाई जारी होने से पहले बस एक दिन बाकी रह गया था। वह सोमवार, 19 अप्रैल का दिन था।

स्टू को लगने लगा था कि वो कोई बड़ी चीज़ पाने का मौका गँवा रहे हैं। ऐसा स्टॉक कई सालों में एक बार आता है। वो इस गतिविधि का हिस्सा बनना चाहते थे। यह फिर से 1999 के इंटरनेट के दिनों जैसा था। उनके ट्रेडिंग खाते में $111,000 थे। उन्हें अपने पैसों पर 50% तक का मार्जिन मिल सकता था, यानी वह $166,500 खर्च कर सकते थे, इसलिए, सोमवार को उन्होंने टेज़र के 475 शेयर ख़रीद लिए। उन्हें 19 अप्रैल की सुबह $350/शेयर पर अपने खाते में 475 शेयर मिल गए। और फिर वो आय रिपोर्ट के लिए उत्सुकता से इंतज़ार करने लगे, जिसके शानदार होने की उम्मीद थी।

पिछली रात देर तक बाहर रहने की वजह से अगले दिन वो देर से सोकर उठे। उन्होंने आय रिपोर्ट देखी और वो उनकी उम्मीदों से भी आगे थी। मार्केट अभी-अभी खुला था और स्टॉक का भाव $310/शेयर पर चल रहा था। उन्होंने मन में सोचा, एक बार फिर से स्टॉक में हलचल हो रही है। चूँकि, पहले भी उनके साथ ऐसा हो चुका था, और फिर स्टॉक ने उछाल मारकर उन्हें नुकसान पहुंचाया था। इसलिए, इस बार वो देखना चाहते थे कि स्टॉक कैसे बंद होता है।

बंद होने से कुछ मिनट पहले उन्होंने इसका मूल्य देखा। उन्हें यकीन नहीं हो रहा था। यह कैसे हो सकता था? नहीं, यह मज़ाक होना चाहिए। उन्होंने मूल्य की पुष्टि करने के लिए फ़ोन पर अपने ब्रोकर को कॉल किया। $256/शेयर। वो बर्बाद हो चुके थे। कल इससे बुरा नहीं हो सकता था। उन्हें यकीन था कि स्टॉक एक दिन की गिरावट के बाद फिर से वापस तेज़ी पर आएगा। एक ही दिन में स्टॉक $102.90/शेयर तक गिर गया था! यह सच नहीं हो सकता था। इसलिए स्टू ने यह देखने का फैसला किया कि कल क्या होता है। उन्हें रात भर नींद नहीं आयी।

अगले दिन स्टॉक फिर से गिरा। लेकिन वो दांत पीसकर रह गए और इसके बंद होने का इंतज़ार करने लगे। उन्होंने चैन की सांस ली। एक दिन में $211.98 जितना कम होने के बाद, यह $251.28/शेयर पर बंद हुआ। उन्होंने इस गंभीर प्रतिक्रिया के गुज़रने का इंतज़ार करने का फैसला किया।

कुछ दिनों बाद क्योंकि स्टॉक गिरना जारी रहा, इसलिए स्टू ने अपना आपा खो दिया और $195/शेयर की कीमत पर अपनी पोज़ीशन को बंद कर दिया। उनके खाते में $92,625 का क्रेडिट आ गया था, लेकिन उनके ऊपर ब्रोकर का $55,500 का मार्जिन बकाया था। और वो काटने के बाद, उनके खाते की कीमत केवल $37,125 रह गई थी। कुछ ही हफ्तों के भीतर उन्होंने अपनी ट्रेडिंग पूंजी का दो-तिहाई से अधिक खो दिया था। उन्होंने जनवरी में टेज़र पर अपने पहले ट्रेड से $55,000 कमाए थे। लेकिन उसके बाद के दो ट्रेडों में उन्हें कुल 105,000 डॉलर का नुकसान हुआ था। उन्होंने थोड़ा कमाया और बहुत कुछ खो दिया

था। किसी सफल ट्रेडर के साथ ऐसा नहीं होता। सफल ट्रेडर बड़ी कमाई करने के लिए बहुत कम जोखिम लेता है। वो इसका उल्टा नहीं करता।

स्टू भावनात्मक रूप से टूट गए थे। वह सन्न थे। उन्हें टेज़र से नफ़रत हो गई थी। वह उस नाम को दोबारा नहीं सुनना चाहते थे। अब वो उनसे पहले के लाखों लोगों के साथ शामिल हो गए थे, जिन्हें शेयर बाज़ार ने तोड़कर रख दिया था। स्टू ने ऐसा स्टॉक पहले कभी नहीं देखा। स्टू को दोबारा ट्रेडिंग करने के बारे में सोचने में अभी थोड़ा समय लगने वाला था। वो बुरी तरह जल चुके थे। फिर से।

जब उनके हाथ में पैसे थे तो उन्हें वो सिल्वर BMW ख़रीद लेनी चाहिए थी।

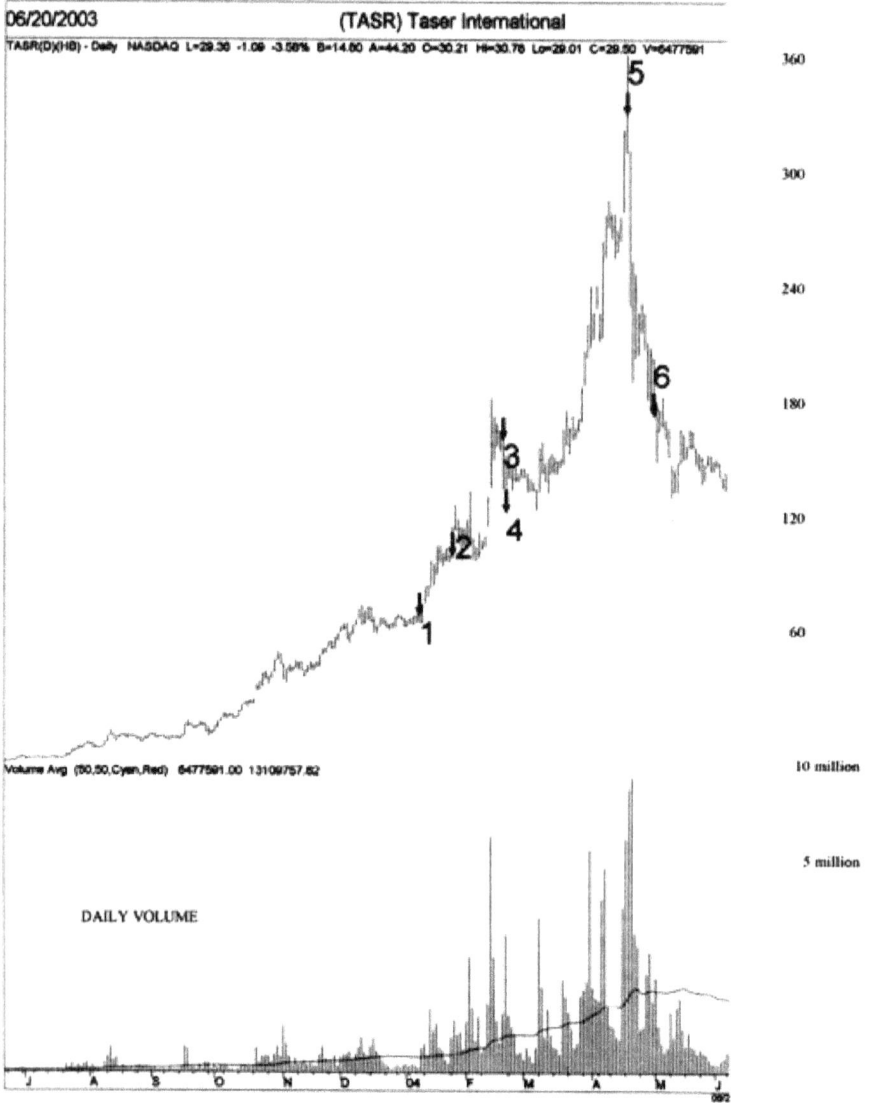

चार्ट 5. TradeStation® पर निर्मित चार्ट, जो TradeStation
Technologies, Inc का प्रमुख उत्पाद है।

चार्ट 5 टेज़र पर स्टू के ट्रेड दिखाता है

1. स्टू ने टेज़र के 1000 शेयर ख़रीदे और $85.50/शेयर की कीमत चुकाई।

2. जनवरी ख़त्म होने से पहले तक इसकी कीमत $141/शेयर पर पहुंच गई थी। स्टू से इंतज़ार नहीं हुआ। उन्होंने मुनाफा कमाने के लिए इसे बेच दिया। एक महीने से कम समय में उन्होंने $55,000 से ज़्यादा का मुनाफा कमाया था।

3. $200/शेयर से अधिक का भाव होने के बाद, स्टॉक थोड़ा नीचे आ गया और इसे $173/शेयर पर ट्रेड किया जाने लगा। $30/शेयर से ज़्यादा की गिरावट स्टू को स्टॉक ख़रीदने का बहुत अच्छा अवसर लगी। उन्होंने $173/शेयर की कीमत पर 1225 शेयर ख़रीद लिए। उन्होंने अपने खाते पर 50% का मार्जिन ले लिया था। यानी उन्होंने अपने खाते के मूल्य का 50% अपने ब्रोकर से उधार लिया था, जो मार्जिन फंड में लगभग $70,000 था। और फिर वो स्टॉक के वापस $200/शेयर से ऊपर जाने का इंतज़ार करने लगे।

4. लेकिन बदकिस्मती से, टेज़र ने नीचे जाना बंद नहीं किया और कुछ ही दिनों में इसका भाव $150/शेयर हो गया। स्टू डर गए थे। क्या पता गतिविधि ख़त्म हो गई हो? Nasdaq में पहले ही गिरावट आनी शुरू हो गई थी और यह एक महीने पहले के अपने

उच्च स्तर से लगभग 10% नीचे था। स्टू ने अपना नुकसान कम करने का फैसला किया और $148/शेयर पर अपना स्टॉक बेच दिया। अपने ब्रोकर को मार्जिन (उधार) फंड में $70,000 वापस देने के बाद उनका खाता अब $142,000 से $111,000 पर आ गया था। कुछ ही दिनों में उन्होंने $31,000 गँवा दिए थे।

5. स्टू को लगने लगा था कि वो कोई बड़ी चीज़ पाने का मौका गँवा रहे हैं। ऐसा स्टॉक कई सालों में एक बार आता है। उनके ट्रेडिंग खाते में $111,000 थे। उन्हें अपने पैसों पर 50% तक का मार्जिन मिल सकता था, यानी वह $166,500 खर्च कर सकते थे, इसलिए, सोमवार को उन्होंने टेज़र के 475 शेयर ख़रीद लिए। उन्हें 19 अप्रैल की सुबह $350/शेयर पर अपने खाते में 475 शेयर मिल गए। और फिर वो आय रिपोर्ट के लिए उत्सुकता से इंतज़ार करने लगे, जिसके शानदार होने की उम्मीद थी।

6. आख़िरकार, स्टू ने अपना आपा खो दिया और $195/शेयर की कीमत पर अपनी पोज़ीशन को बंद कर दिया। उनके खाते में $92,625 का क्रेडिट आ गया था, लेकिन उनके ऊपर ब्रोकर का $55,500 का मार्जिन बकाया था। और वो काटने के बाद, उनके खाते की कीमत केवल $37,125 रह गई थी। कुछ ही हफ्तों के भीतर उन्होंने अपनी ट्रेडिंग पूंजी का दो-तिहाई से अधिक खो दिया था। उन्होंने जनवरी में टेज़र पर अपने पहले ट्रेड से $55,000

> कमाए थे। लेकिन उसके बाद के दो ट्रेडों में उन्हें कुल 105,000 डॉलर का नुकसान हुआ था। उन्होंने थोड़ा कमाया और बहुत कुछ खो दिया था।

बिल कैंटर दो साल में दूसरी बार अस्पताल में थे। अभी-अभी उनके दिल की दूसरी बाई-पास सर्जरी हुई थी। वह पैंसठ साल के थे और अपनी उम्र से कम से कम दस साल ज़्यादा लगते थे। वो ख़ुद को दस साल ज़्यादा बूढ़ा महसूस भी करते थे। उन्होंने अपना दर्द बर्दाश्त किया और उठकर बैठने की पूरी कोशिश की। उन्होंने टीवी चालू किया। उनके अस्पताल में CNBC नहीं था। इसलिए उन्हें CNN से काम चलाना पड़ा। कम से कम CNN पर वह टीवी स्क्रीन के दाएं निचले कोने पर मार्केट इंडेक्स नंबर देख सकते थे।

बिल व्यसनी इंसान थे। यह उनके खून में था। जवानी में उन्हें पहले सिगरेट की लत लगी, फिर गांजे की और उसके बाद शराब की। हर लत पहले वाले से ज़्यादा बुरी थी। अपनी अधेड़ उम्र में, उन्हें बाज़ार की लत लग गई। उन्होंने अपने फर्नीचर के बिज़नेस में काफी पैसे बनाए थे। उन्होंने ग्रेटर फोर्ट लॉडरडेल और मिआमी क्षेत्र में 14 हाई एंड फर्नीचर स्टोर खोले थे और उनमें सफलता पायी थी। इसमें वो काफी भाग्यशाली साबित हुए क्योंकि जब उन्होंने अपने स्टोर शुरू किये थे तब फ्लोरिडा का रियल एस्टेट बहुत तेज़ी पर था। फर्नीचर बिज़नेस में बीस साल बिताने के बाद उन्होंने अपने सारे स्टोर एक बड़े फर्नीचर चेन को बेच दिया। उसके बाद, उन्होंने बाज़ारों में बहुत सारे पैसे बनाये और गँवाये भी। अपने व्यसनी व्यक्तित्व की वजह से वो एक बाज़ार से दूसरे बाज़ार

में जाते रहते थे। उन्होंने हर चीज़ में ट्रेड किया था - सूअर का मांस, सोयाबीन, चीनी, कॉफी, तांबा, ट्रेजरी बॉन्ड, मुद्राएं, चांदी, सोना, स्टॉक, पेनी-स्टॉक, आदि। वह किसी भी स्टॉक ब्रोकर के लिए ड्रीम क्लाइंट थे। वह किसी भी प्रचार की वजह से ख़रीदारी कर लेते थे।

हालाँकि, उनकी जेब उनके ट्रेडिंग के उतार-चढ़ाव को संभाल सकती थी, लेकिन उनका दिल नहीं। वह भावुक थे। बहुत ज़्यादा भावुक और बाज़ार में भावना आपके नुकसान का कारण बन सकती है। शेयर बाज़ार में जीतने पर वो आपके सबसे अच्छे दोस्त और पार्टी की जान होते थे और हारने पर सबसे बुरे इंसान बन जाते थे। उनकी तीन पूर्व-पत्नियां बाज़ार में हार का सामना करने पर उभरने वाले उनके व्यक्तित्व को प्रमाणित कर सकती थीं।

वह कई ब्रोकरों के पास गए थे। और जब तक उन्हें ट्रेड में घाटा नहीं हुआ था वो सब उनके दोस्त थे। अब उनके पास केवल एक ब्रोकर बची थी, जिसके साथ वो पिछले कई सालों से काम कर रहे थे। यह स्टेफनी रश थी। वो कभी भी उनके ऊपर कुछ ख़रीदने का दबाव नहीं बनाती थी। और वो गलत के बजाय कई बार सही साबित हो चुकी थी। इसके बावजूद, वो कभी भी स्टेफनी की कॉल पर पैसे नहीं कमा पाते थे क्योंकि वो हमेशा बहुत देर से ख़रीदते थे, बहुत जल्दी बेच देते थे, बहुत देर से बेचते थे या बहुत जल्दी ख़रीद लेते थे। स्टेफनी ने हमेशा उन्हें उनकी गलत गतिविधियों पर चेताने की कोशिश की थी। लेकिन वो कभी उसकी बात नहीं सुनते थे। जहाँ तक बाज़ारों की बात आती थी वो उनकी केंद्र थी। चीज़ें दिखाई देते ही वो उन्हें बताती थी और जब वो गलत होते

थे तो वो उन्हें इसकी जानकारी देने से भी नहीं हिचकती थी। ज़्यादातर अन्य ब्रोकर उनकी बात मान लेते और ख़ुशी से उनके पैसे खर्च कर देते। लेकिन स्टेफनी ऐसी नहीं थी। असल में, उसके साथ उनका खाता एकमात्र ऐसा था जिसपर उन्होंने शेयर बाज़ार से अच्छे और लगातार पैसे कमाए थे। लेकिन पता नहीं क्यों वो उस खाते में कभी ज़्यादा पैसे नहीं डालते थे। इस मामले में बिल कैंटर दूसरों जैसे ही थे। ज़्यादातर लोग अपने जीतने वाले खातों के बजाय हारने वाले खातों में ज़्यादा पैसे डालते हैं। यह मानवीय प्रकृति है।

उन्होंने फ़ोन उठाया। यह नवंबर 2003 था। बाज़ार फिर से ऊपर जाता हुआ दिखाई दे रहा था। उन्होंने स्टेफनी को कॉल किया।

"गुड मॉर्निंग, स्टेफनी। बिल कैंटर बोल रहा हूँ।"

"मिस्टर कैंटर। आपको आराम करना चाहिए और बाज़ार पर ध्यान नहीं देना चाहिए।" ब्रोकरेज व्यवसाय में ग्राहकों को पहले नामों से संबोधित करना आम बात थी। इससे ग्राहकों को ऐसा लगता है कि वे किसी दोस्त के साथ बातचीत कर रहे हैं। लेकिन स्टेफनी ऐसा नहीं करती थी। वह पेशेवर व्यक्तित्व वाली थी। वह हमेशा उन्हें मिस्टर कैंटर कहकर ही संबोधित करती थी। और वह एक बेटी की तरह उनके स्वास्थ्य पर नज़र रखती थी।

"खैर, तुम तो मुझे जानती हो। मैं देख रहा हूँ कि यह टेज़र नाम की चीज़ पिछले कुछ दिनों से बहुत तेज़ी से आगे बढ़ रही है। तुम्हें क्या लगता है?"

"मिस्टर कैंटर, अगली ऊँची कीमत पर अपना अगला दृढ़ीकरण पूरा करने के बाद इसे ख़रीदा जा सकता है। लेकिन यह एक छोटा स्टॉक है और अस्थिर है और इसपर मैं धीरे-धीरे कदम बढ़ाऊंगी," स्टेफनी ने बताया और उसने आगे कहा, "हमेशा की तरह मैं किसी भी ख़रीद पर अपने नुकसान को लगभग 10% तक सीमित करूंगी।"

इस बार बिल कैंटर ने उसकी बात मानने का फैसला किया। उन्होंने 1000 शेयरों के लिए उसके साथ ख़रीद-स्टॉप ऑर्डर कर दिया। उन्होंने इसे गुड-टिल-कैंसिल पर प्लेस किया था। यानी वो ऑर्डर 3 महीने तक था, जब तक कि इसे रद्द नहीं किया गया। और अपना ऑर्डर पूरा होने पर वह नुकसान को 10% तक सीमित करने के लिए भी तैयार थे। उन्होंने फ़ोन पर स्टेफनी के साथ ऑर्डर की पुष्टि कर दी। उन्हें पता था कि उसकी सभी कॉल रिकॉर्ड होती हैं। ब्रोकरेज हाउस के लिए यह एक सुरक्षा थी कि ग्राहक ने मौखिक रूप से ऑर्डर किया था। स्टेफनी ने अपने ऑर्डर फॉर्म पर लिखा:

"कैंटर खाता नंबर 2406-2300 ऑर्डर TASR 1000 ख़रीद-स्टॉप @ 69.47 GTC" और अगर यह पूरा होता है तो "कैंटर द्वारा टेलीफ़ोन पर पुष्टि के अनुसार स्टॉप-लॉस के रूप में बिक्री-स्टॉप 1000 TASR @ 63.00 GTC और उसने अपना नाम हस्ताक्षर करके ऊपर मुहर लगा दी। उस दिन 10 नवंबर, 2003 था। उस दिन टेज़र $59.10 पर बंद हुआ।

दस दिन बाद ख़रीद-स्टॉप चालू हो गया और कैंटर के खाते ने $69.50 की दर से 1000 शेयर ख़रीदे। नया साल आने तक टेज़र स्टॉक का भाव $85/शेयर

देखकर बिल कैंटर की ख़ुशी का ठिकाना नहीं था। टेज़र में उनके 1000 शेयर अब $85,000 के कीमत के थे। एक बार फिर से स्टेफनी रश सही निकली। उन्होंने स्टॉक पर स्टेफनी की राय जानने के लिए उसे कॉल किया।

"हैलो स्टेफनी। नया साल मुबारक हो। क्या हाल है?"

"आपको भी नया साल मुबारक हो, मिस्टर कैंटर। मैं ठीक हूँ। आप कैसे हैं?" स्टेफनी ने जवाब दिया।

"मैं ठीक हूँ, मैं देख रहा हूँ कि टेज़र की गतिविधि काम कर रही है। अगर मैं और शेयर खरीदूं तो कैसा रहेगा?"

"मुझे लगता है इस समय ऐसा करना बहुत सही रहेगा। वैसे भी मुझे लगता है, हम सामान्य तौर पर एक धीमे बाज़ार की ओर आगे बढ़ रहे हैं। लेकिन टेज़र पर एक और गंभीर पुश बाकी हो सकता है।"

कैंटर को उससे ज़्यादा प्रोत्साहन की ज़रूरत नहीं थी। उन्होंने और 1000 शेयर ख़रीदने के लिए ऑर्डर कर दिया। उन्होंने $86/शेयर का भुगतान किया था। थोड़े ही समय में, स्टॉक ने नई ऊंचाइयां छू ली और $140/शेयर से ज़्यादा के भाव पर पहुंच गया। अब कैंटर के हाथों में खुजली होने लगी थी और वो पैसे निकालने को बेचैन हो रहे थे। फरवरी 2004 का शुरूआती समय था। उन्होंने स्टेफनी को कॉल किया और स्टेफनी के मना करने के बावजूद उन्होंने अपने 2000 शेयर बेच दिए। उन्हें $202/शेयर मिला। उन्हें ख़ुद पर काबू रखने की बहुत कोशिश करनी पड़ रही थी। आख़िरकार, वो अभी-अभी अपने दिल की

सर्जरी से ठीक हुए थे। उनके साँस के व्यायाम थोड़ी मदद कर रहे थे। उन्होंने अपने $155,000 के निवेश पर $404,000 का मुनाफा कमाया था।

कुछ हफ्तों बाद, अप्रैल के दूसरे हफ्ते में, उन्होंने फिर से स्टेफनी को कॉल किया। वह चीख रहे थे, "तुमने मुझे टेज़र क्यों बेचने दिया? अब इसकी कीमत $300/शेयर से ज़्यादा हो गई है!"

स्टेफनी को बिल कैंटर से इस तरह का रोना-गाना सुनने की आदत थी। वह भावुक इंसान थे। जो शेयर बाज़ार के साथ काम करने के लिए एक खतरनाक चीज़ थी। किसी भी चीज़ में विफल होने के बजाय भावनाओं ने शेयर बाज़ार में लोगों को ज़्यादा मारा है। उसने उन्हें शांत करने की कोशिश की। और उनसे शांति और आराम से बात करते हुए कहा, "मिस्टर कैंटर। जहाँ तक मुझे याद है, उस मूल्य पर स्टॉक बेचने का विचार मेरा नहीं था, जिसपर आपने उसे बेचा था। उस फैसले में आपने मेरी कोई बात नहीं सुनी। इसके साथ ही, मैं बाज़ार में लालची होने में विश्वास नहीं करती। पतन से पहले हमेशा लालच आता है। आपको यह नहीं भूलना चाहिए कि आपने उससे $249,000 का मुनाफा कमाया था।"

बिल कैंटर अब बुरी तरह से हांफ रहे थे। उन्होंने अपने दिल और अपनी साँस को धीमा करने के लिए निट्रो की बोतल खोली और उसमें से एक गोली निकालकर खा ली। वह बैठ गए। उन्होंने ख़ुद को संभालने की कोशिश की। और स्टेफनी से कहा, "मैं अटलांटिक सिटी में पहले ही $249,000 का वो मुनाफा खर्च कर चुका हूँ। वो कबका ख़त्म हो चुका है। अब देखो मैंने अपने 2000 शेयरों को न रखने की वजह से क्या गँवा दिया! मैंने वो और $200,000 गँवा दिए जो मैं कमा

सकता था। क्या इसे इसके वर्तमान स्तर पर ख़रीदना सही रहेगा? लोग कह रहे हैं कि अगले हफ्ते इसकी आने वाली आय रिपोर्ट शानदार होने वाली है। टेज़र के सीईओ का कहना है कि जल्दी ही स्टॉक लगभग $1000 के मूल्य पर होगा।"

स्टेफनी अपरिपक्व नहीं थी। वह दस साल से भी ज़्यादा समय से मार्केट में काम कर रही थी और उसे ये खेल अच्छी तरह पता था। और उसने बिल कैंटर को सलाह दी और कहा, "मिस्टर कैंटर, अभी स्टॉक ख़रीदने के लिए अच्छा समय नहीं है। ख़ासकर टेज़र जैसी गतिविधि वाला स्टॉक तो बिल्कुल नहीं। गतिविधि का ऊपरी सिरा पकड़ने की कोशिश में अनगिनत लोग कंगाल हुए हैं।"

बिल कैंटर ने बड़बड़ाते हुए कुछ कहा, जिससे लग रहा था कि वो स्टेफनी की बात से सहमत हैं। बिल कैंटर को बाज़ार की लत थी। वो ख़ुद को नहीं रोक पाए। आय जारी होने वाले दिन, यानी 19 अप्रैल को उन्होंने $371/शेयर के भाव पर अपने 2000 शेयर वापस ख़रीद लिए। इस बार उन्होंने अपनी ख़रीदारी करने के लिए स्टेफनी का इस्तेमाल नहीं किया। उन्होंने अपने दूसरे ब्रोकरेज खाते का प्रयोग किया था। वह स्टेफनी का बहुत सम्मान करते थे और उसका अपमान नहीं करना चाहते थे। उन्होंने स्टेफनी की राय जानने के बाद, ठीक उसका उल्टा किया। और वो उसके लिए अपमानजनक होता। साथ ही वो उसे गलत साबित करना चाहते थे। उन्हें लगा वो टेज़र के $1000 के मूल्य लक्ष्य तक जा सकते हैं। उस मूल्य पर उनके 2000 शेयर $2 मिलियन के बराबर होते। कैंटर ख़ुद को $2 मिलियन के बारे में सोचने से नहीं रोक पा रहे थे।

चार हफ्ते बाद, स्टेफनी को बिल कैंटर के भाई का फ़ोन आया। वह अस्पताल से कॉल कर रहे थे। स्टेफनी हैरान थी। बिल कैंटर को वापस अस्पताल में भर्ती करना पड़ा था। उन्हें टेज़र की वजह से बहुत बड़ा घाटा हुआ था। उन्होंने अभी भी अपना स्टॉक रखा हुआ था और अब इसकी कीमत $156 पर पहुंच चुकी थी। कैंटर के 2000 शेयरों की कीमत अब $315,000 से भी कम थी। उन्होंने $742,000 का भुगतान किया था यहाँ तक कि कैंटर के लिए भी यह बड़ा नुकसान था। ख़ासकर उनकी सर्जरी के इतना करीब। उन्हें सीने में तेज़ दर्द और साँस लेने में कठिनाई की वजह से अस्पताल में भर्ती करना पड़ा था। आपातकालीन सेवा वाले लोगों ने उन्हें तेज़ी से अस्पताल पहुंचाया था। उनका दिल एक बार फिर से काम करना बंद कर रहा था। डॉक्टर उन्हें बचाने की कोशिश में थे। उन्होंने बस यही कहा कि, "टेज़र ने मुझे मार डाला।" कैंटर के भाई समझ गए कि वो टेज़र स्टॉक के बारे में बात कर रहे हैं और उन्होंने तुरंत स्टेफनी को कॉल किया क्योंकि बिल कैंटर पहले कई बार उसकी तारीफ कर चुके थे। कैंटर के भाई जानना चाहते थे कि कैंटर के पास अभी भी पड़े टेज़र के 2000 शेयरों का क्या करना है।

स्टेफनी ने शांति से कहा कि अभी उन्हें बेचकर पैसे लेना और थोड़े समय के लिए किसी भी स्टॉक पर पैसे न लगाना सबसे अच्छा रहेगा क्योंकि बाज़ार मंदी के संकेत दिखा रहा था।

उसके बाद उसने फ़ोन काट दिया। उसे यकीन नहीं हो रहा था। कैंटर ने वापस ऐसा किया था। उनके पास सारी जानकारी थी और उन्हें सही फैसले के

बारे में भी पता था फिर भी उन्होंने उसपर भरोसा नहीं किया। वो अपने ही लालच और भावनाओं का शिकार बन चुके थे। और बाज़ार में लालच बहुत बुरी बला है। कैंटर के मामले में, लालच सचमुच घातक साबित हुआ।

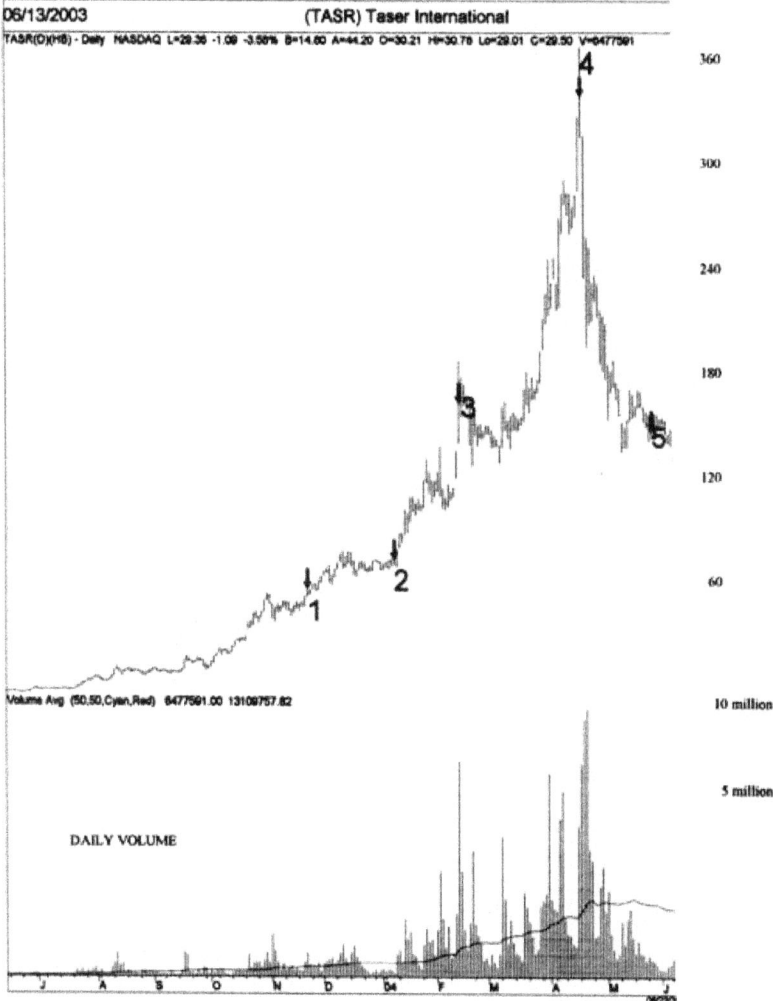

चार्ट 6. TradeStation® पर निर्मित चार्ट, जो TradeStation Technologies, Inc का प्रमुख उत्पाद है।

चार्ट 6 टेज़र पर बिल कैंटर के ट्रेड दिखाता है

1. कैंटर $69.50 पर अपने पहले 1000 शेयर ख़रीदते हैं

2. कैंटर $86 पर अपने दूसरे 1000 शेयर ख़रीदते हैं

3. वह $202 पर अपने शेयर बेच देते हैं, जिससे उन्हें अपने $155,000 के निवेश पर $249,000 का मुनाफा होता है

4. ज़्यादातर लोगों की तरह, उन्हें लगा कि अब कोई प्रतिक्रिया नहीं आएगी और स्टॉक सीधा $1000 पर पहुंच जायेगा। इसलिए आय रिपोर्ट आने से एक दिन पहले, 19 अप्रैल को उन्होंने $371/शेयर के दाम पर अपने 2000 शेयर वापस ख़रीद लिए

5. स्टेफनी को अस्पताल से बिल के भाई की कॉल आती है और वो सारे टेज़र स्टॉक को बेचने का सुझाव देती है

अध्याय 19:

अपने शॉर्ट कवर करें

टेज़र में शॉर्ट पोज़ीशन लिए हुए मुझे 4 हफ़्ते का समय हो गया था। गतिविधि का तेज़ हिस्सा ख़त्म हो चुका था। मुझे यह महसूस हो रहा था। मैंने साप्ताहिक चार्ट पर नज़र डाला और बिक्री शुरू होने के बाद से साप्ताहिक डेटा का नोट बनाया। मैंने अपना हाथ से लिखा हुआ डेटा पढ़ा और उसमें लिखा था:

23 अप्रैल को समाप्त सप्ताह

साप्ताहिक मात्रा = 41 मिलियन शेयर

सप्ताह के लिए मूल्य हानि/लाभ = $98.82 हानि

सप्ताह के लिए बंद मूल्य = $243.48

30 अप्रैल को समाप्त सप्ताह

साप्ताहिक मात्रा = 14.5 मिलियन शेयर

सप्ताह के लिए मूल्य हानि/लाभ = $49.38 हानि

सप्ताह के लिए बंद मूल्य = $194.10

7 मई को समाप्त सप्ताह

साप्ताहिक मात्रा = 8.4 मिलियन शेयर

सप्ताह के लिए मूल्य हानि/लाभ = $21.24 हानि

सप्ताह के लिए बंद मूल्य = $172.86

15 मई को समाप्त सप्ताह

साप्ताहिक मात्रा = 10.7 मिलियन शेयर

सप्ताह के लिए मूल्य हानि/लाभ = $0.06 लाभ

सप्ताह के लिए बंद मूल्य = $172.92

मैंने देखा कि मात्रा लगातार 3 हफ्तों तक 41 मिलियन से गिरकर 14.5 मिलियन और फिर 8.4 मिलियन शेयर हो गई थी। इसके अलावा, साप्ताहिक मूल्य में गिरावट की गति $98.82 के नुकसान से $49.38 और फिर $21.24 के नुकसान तक धीमी हो गई थी। और मैंने नोट किया कि नए सप्ताह के लिए लाभ न्यूनतम $0.06 था। और निकास की मात्रा कम हो रही थी। तो मेरा तर्क था कि गिरावट का सबसे तेज़ और आसान हिस्सा समाप्त हो चुका था। मैंने बाज़ार में अपने शॉर्ट पोज़ीशन कवर कर लिए। मैंने $172/शेयर पर अपने

उधार लिए गए 700 शेयर (शॉर्ट) वापस ख़रीद लिए। मैंने $351 पर बेचा था और $172 के मूल्य पर वापस ख़रीदा था। 4 हफ्ते में मैंने अपने उधार लिए गए 700 शेयरों पर $125,300 कमाए थे। जो से प्राप्त $250,000 जोड़ने पर, यह 5-6 हफ्ते का अच्छा-ख़ासा काम था। साप्ताहिक आधार पर कमाया गया मेरा सबसे अच्छा भुगतान। यह औसतन प्रति सप्ताह लगभग $75,000 था। मुझे पता था कि यह असामान्य है। इस तरह के सप्ताह हर महीने या हर साल नहीं आते हैं। लेकिन मैं यह भी जानता था कि यहाँ मुझे कुछ ऐसे सबक मिले थे, जो मैंने पिछले दो दशकों के ट्रेडिंग अनुभव में कभी नहीं सीखे थे।

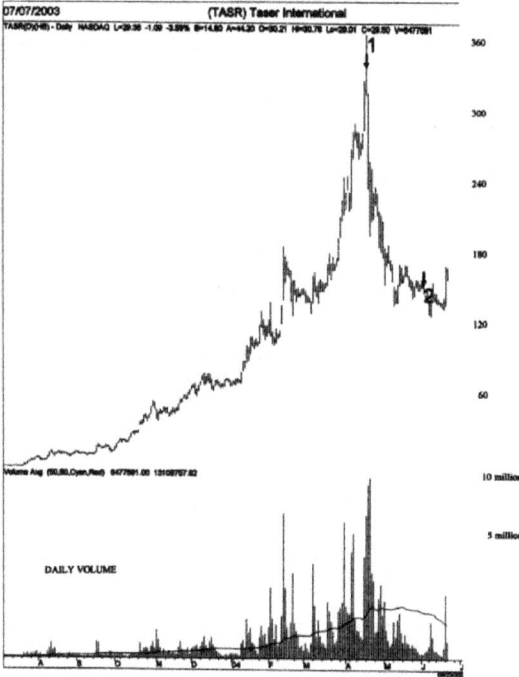

चार्ट 7. TradeStation® पर निर्मित चार्ट, जो TradeStation Technologies, Inc का प्रमुख उत्पाद है।

चार्ट 7 टेज़र पर मेरा शॉर्ट ट्रेड दिखाता है

1. मैंने अपना ऑर्डर किया।

   बाज़ार में 700 TASR शॉर्ट किये

   मेरी स्क्रीन पर था;

   $351/शेयर पर 700 TASR शॉर्ट निष्पादित

   मैंने तुरंत स्टॉप-लॉस लगा दिया:

   ख़रीद-स्टॉप 700 TASR @ $385/शेयर GTC

2. मैंने देखा कि मात्रा लगातार 3 हफ्तों तक 41 मिलियन से गिरकर 14.5 मिलियन और फिर 8.4 मिलियन शेयर हो गई थी। इसके अलावा, साप्ताहिक मूल्य में गिरावट की गति $98.82 के नुकसान से $49.38 और फिर $21.24 के नुकसान तक धीमी हो गई थी। और मैंने नोट किया कि नए सप्ताह के लिए लाभ न्यूनतम $0.06 था। और निकास की मात्रा कम हो रही थी। तो मेरा तर्क था कि गिरावट का सबसे तेज़ और आसान हिस्सा समाप्त हो चुका था। मैंने बाज़ार में अपने शॉर्ट पोज़ीशन कवर कर लिए। मैंने $172/शेयर पर अपने उधार लिए गए 700 शेयर (शॉर्ट) वापस ख़रीद लिए। मैंने $351 पर बेचा था और $172 के मूल्य पर वापस ख़रीदा था। 4 हफ्ते में मैंने अपने उधार लिए गए 700 शेयरों पर $125,300 कमाए थे।

अध्याय 20:

व्यक्तिगत अनुभवों की कहानियां

जॉन रोमानो मुझसे कोयोट ग्रिल में मिले। मैंने हम दोनों के लिए बीयर ऑर्डर की। वह थके हुए लग रहे थे। पिछले कुछ हफ्ते उनके लिए बहुत व्यस्त थे। उन्होंने इसे देखा। उन्होंने अपनी बीयर के कुछ घूंट लिए। ज़्यादातर ब्रोकरों की तरह वो बात करना बंद नहीं कर पाते थे। उन्हें बात करना बहुत पसंद था और वो इसमें बहुत अच्छे थे। इसलिए वो इसे स्वाभाविक रूप से और आसानी से कर पाते थे। यह उनके काम का टूल था। बात करने की क्षमता ने उनके लिए जीवन आसान बना दिया था।

उन्होंने सामान्य तौर पर ब्रोकरेज बिज़नेस के बारे में चर्चा करनी शुरू की। इतने सालों में इस बिज़नेस के बारे में कितनी सारी चीज़ें बदल चुकी थीं। 1990 के दशक में इंटरनेट और बड़े बुल मार्केट के आने के साथ, अचानक से सारे लोग विशेषज्ञ बन गए थे। लोगों को अब P/E अनुपात, आय कार्यक्रम, सम्मेलन कॉल,

193

रिवर्स स्टॉक विभाजन, प्रति शेयर आय, स्टॉक रेटिंग आदि जैसी चीज़ों के बारे में जानकारी थी।

इसके अलावा, लोगों को यह मानना अच्छा लगता था कि उन्हें बाज़ार के बारे में समझ है। हालाँकि, कइयों को सच में बाज़ार की समझ थी, लेकिन अधिकांश लोग ऐसे थे जिन्हें सफल ट्रेडिंग के बारे में कोई आईडिया नहीं था। ज़्यादातर लोगों को किसी सेमिनार या किसी किताब से अपनी थोड़ी-बहुत जानकारी मिली थी। लेकिन बहुत कम लोगों के पास 5 साल से अधिक का वास्तविक ट्रेडिंग अनुभव था। वास्तविक ट्रेडिंग से जॉन का मतलब था कि जहाँ ख़रीदने, बेचने, रखने, फोल्ड करने या बिल्कुल भी ट्रेड न करने का हर एक फैसला व्यक्ति ख़ुद लेता है। जहाँ ट्रेडर अपने अलावा और किसी के ऊपर निर्भर नहीं होता है। जहाँ व्यक्ति अपने प्रत्येक ट्रेड के बारे में जानने के लिए ख़ुद समय निकालता है कि उसने ट्रेड क्यों किया था, ख़रीद/बिक्री, नुकसान में कटौती आदि के लिए कौन से कारण थे। इनमें से प्रत्येक ट्रेड से क्या सीखा गया था। ट्रेडर ने अपने बारे में क्या सीखा। बाज़ार, स्टॉक आदि के बारे में क्या सीखा गया था। बहुत सारे लोग इन चीज़ों को जानने में समय, मेहनत और ऊर्जा नहीं लगाते। बस थोड़ी-बहुत चीज़ें जानकर यह समझना कि आपको सबकुछ पता है, बहुत खतरनाक चीज़ होती है।

जॉन रोमानो अब अपने दूसरे बीयर पर थे। वह अब रुकने वाले नहीं थे। उन्होंने अपने पुराने दिनों के बारे में बात की जब वो अक्सर अपने बड़े ग्राहकों से मिलते रहते थे। वो उन्हें लंच या डिनर पर ले जाते थे और उनके साथ अपने

सुझावों पर बात करते थे। वह उन्हें उतार-चढ़ाव और उनके बीच में आने वाली सभी चीज़ों के बारे में समझाते थे। जैसे ही उन्हें बाज़ार में किसी नई चीज़ के बारे में पता चलता था जो उनके ग्राहकों को आकर्षक लग सकती थी, वो तुरंत अपने बड़े ग्राहकों को कॉल करते थे।

आजकल, वो अपने ग्राहकों से शायद ही कभी आमने-सामने मिलते थे। इसके बजाय ज़्यादातर लोग उन्हें कॉल करते थे और बाज़ार या किसी स्टॉक के बारे में उन्हें अपनी राय बताते थे। उनमें से कई तो अब उनसे MACD, मूविंग एवरेज, स्टोकेस्टिक्स आदि जैसे तकनीकी शब्दों में बात करते थे। रोमानो को इनमें से कुछ शब्दों को समझने में परेशानी होती थी। उन्होंने मुझसे पूछा कि मैं इस तरह के तकनीकी अध्ययनों के बारे में क्या सोचता हूँ।

मैंने भी उनसे साफ़ तौर पर बात की। मैंने कहा कि अधिकांश सफल ट्रेडर जो कुछ वर्षों से अधिक समय से बाज़ार में हैं, उन्होंने मुझे कभी नहीं बताया कि उन्हें इस तरह के अध्ययन से कोई फायदा मिला है। आम तौर पर, इस तरह के अध्ययन ऐसे संकेत देते हैं जो बहुत छोटी अवधि के होते हैं या बहुत देर से या बहुत जल्दी होते हैं और बाज़ार में किसी के प्रदर्शन के लिए कोई फायदा नहीं पहुंचाते हैं। इसके अलावा, ऐसी सेवाएं देने वाले प्रदाता इनके लिए बहुत सारे पैसे लेते हैं, और इन अध्ययनों के आधार पर शायद ही कोई कभी बड़े पैसे कमा पाता है। इससे व्यक्ति को कभी-कभार थोड़ी-बहुत राय बनाने में मदद मिल सकती है, लेकिन उनकी वजह से कोई कभी बड़े पैसे नहीं कमाता। बहुत कम ट्रेड बड़े पैसे कमा पाते हैं। ऐसा कहा जाता है कि ज़्यादातर सफल ट्रेडर

अपना 80% मुनाफा 20% ट्रेड से बनाते हैं। यह सच है या नहीं, मुझे नहीं पता। जहाँ तक मेरी बात है मैंने देखा कि मैं कुछ ट्रेड पर बड़े पैसे कमाता हूँ और अपने बाकी के ज़्यादातर ट्रेड पर शायद ही कभी पैसे कमाता हूँ या उनसे मुझे घाटा ही उठाना पड़ता है।

इसके बाद, रोमानो ने आगे यह भी बताया कि कई तरीकों से बिज़नेस में कोई बदलाव नहीं आया है। लोगों को आज भी यही लगता है कि वो बाज़ार को आसानी से हरा सकते हैं। और आज भी लोग मानते हैं कि शेयर बाज़ार सबको पैसे कमाकर देता है। ज़्यादातर लोगों को यही गलतफहमी है। जो लोग साल-दर-साल बाज़ार को लगातार हराते हैं, उनकी संख्या शायद 2-3% से भी कम है।

यदि हम मानदंड कम कर दें और पूछें कि किसी भी साल में कितने लोग बाज़ार से ज़्यादा अच्छा प्रदर्शन करते हैं तो यह शायद यह प्रतिशत थोड़ा ज़्यादा और लगभग 15% के आसपास होगा। लेकिन साल दर साल प्रदर्शन को दोहराना बेहद कठिन है। इसके लिए जबरदस्त अनुशासन और बिना किसी ट्रेड के लंबे समय तक बैठने की क्षमता की आवश्यकता होती है। यह, निश्चित रूप से, अधिकांश लोगों के लिए करना लगभग असंभव है। उन्हें हमेशा कुछ न कुछ करने की ज़रूरत महसूस होती है। बाज़ारों के पीछे की मार्केटिंग और मशीनरी अधिकांश लोगों को बिना किसी ट्रेड के कभी भी बैठने नहीं देगी। गतिविधि सेटअप करने में लंबा समय लगता है। यह गतिविधि अपने आप में थोड़े समय तक चलती है। घोड़े की दौड़ की तरह। घोड़े और जॉकी को प्रशिक्षित करने के

लिए बिल्ड अप और सेटअप में लंबा समय लगता है। लेकिन दौड़ दो मिनट से भी कम समय तक चलती है। चार्ल्स डाउ कहा करते थे कि अगर किसी व्यक्ति में छह लोगों का धैर्य आ जाए तो बाज़ार में बहुत सारा मुनाफा कमाया जा सकता है।

रोमानो तेज़ी से अपने ड्रिंक ख़त्म कर रहे थे। अब वो अपने तीसरे बीयर पर थे। वो बोलते गए। उन्होंने कहा कि ब्रोकरेज बिज़नेस के लिए जनवरी आम तौर पर एक अच्छा महीना होता है। और नए साल की शुरुआत में, बाज़ार में कई लोगों की दिलचस्पी थी। बाज़ार ने इस दिलचस्पी का फायदा उठाया। यह 4 साल में बाज़ार की सबसे बड़ी दिलचस्पी थी।

पिछली बार जनवरी 2000 में रोमानो को इस तरह की भूख दिखाई दी थी। 1990 के दशक के बुल मार्केट के अंत में बाज़ार के चरम पर पहुंचने से ठीक पहले। इंडेक्स मूल्यों में उस तरह के उच्च स्तर पर पहुंचना अभी भी बाकी है और इसमें कई साल लग सकते हैं। रोमानो ने पीछे मुड़कर देखा। उन्होंने ध्यान दिया कि जनवरी 2004 भी संयोग ही था, जब टेज़र में भारी ख़रीदारी की लहर दिखी थी। महीने के अधिकांश समय में मात्रा काफी सक्रिय थी और मार्च के अंत तक टेज़र को लेकर बहुत ज़्यादा उत्साह देखने को मिला था। उन्हें समझ नहीं आ रहा था कि यह ख़रीदारी और बिक्री कहाँ से आ रही थी।

स्टॉक पर विशेषज्ञों की जानकारी से उन्हें कुछ ख़ास नहीं मिला। उन्होंने देखा कि विशेषज्ञ बहुत बुद्धिमान थे और मार्च के अंत में उन्हें ट्रेडिंग डेस्क या फ्लोर से कोई जानकारी नहीं मिल पायी। रोमानो को शक था कि ऐसा

विशेषज्ञों और संस्थागत कार्यवाही के बीच कुछ सहयोग के कारण था, जिसे विशेषज्ञ हैंडल करते थे। कोई बड़ा आदमी उन्हें टेज़र पर अपना मुंह बंद रखने के लिए मजबूर कर रहा था। ट्रेड का कोई भी व्यक्ति कोई भी जानकारी नहीं दे पा रहा था। और फिर मध्य अप्रैल के कुछ हफ्ते आये। बाँध टूट गया। स्टॉक गिरने से ठीक पहले रिटेल से ख़रीद के लिए इतनी दिलचस्पी दिखाई दी कि उनके बैक ऑफिस ने उनसे कहा कि सोमवार, 19 अप्रैल को समय पर अपने बुक बंद करने में उन्हें समस्या आ रही थी। उस दिन उन्हें देर रात तक काम करना पड़ा। उस हफ्ते टेज़र पर होने वाले ट्रेड सभी मामलों में अँधे थे। सोमवार को, जैसे ही टेज़र अपने शीर्ष पर पहुंचा, लोगों ने लालच में आकर ख़रीदारी शुरू कर दी क्योंकि सबको लग रहा था कि टेज़र $1000 का मूल्य छूने वाला है। सबको यह किसी भी कीमत पर चाहिए था। उसके बाद अगले दिन जैसे ही स्टॉक का भाव गिरा लोगों में डर आ गया। और फिर दोबारा मोलभाव वाली ख़रीदारी की कोशिश वापस शुरू हो गई। और जैसे ही हफ्ता ख़त्म होने वाला था, उस हफ्ते के लिए मात्रा में विस्फोट हो चुका था।

उस सोमवार को स्टॉक के शीर्ष पर पहुंचने के बाद रोमानो को अपने ख़रीदारों को कोई समाचार देने की ज़रूरत नहीं थी। उन्हें पहले ही स्टॉक के बारे में पता था। लेकिन अगले दिन जैसे ही टेज़र ने गिरना शुरू किया ऐसा नहीं था। उस दिन रोमानो को टेज़र का मूल्य गिरने पर कई कॉल्स का जवाब देना पड़ा। ऐसे बहुत से लोग थे जो जानना चाहते थे कि अच्छी आय रिपोर्ट आने के बाद इतनी भारी मात्रा में बिकवाली क्यों हो रही है। न केवल आय

रिपोर्ट अच्छी थी, बल्कि टेज़र ने यह भी घोषणा की थी कि कुछ हफ्तों में स्टॉक विभाजन होने वाला है। इसकी वजह ख़रीदारों को उत्साहित होना चाहिए था। लेकिन ऐसा लग रहा था जैसे टेज़र पर उत्साह ठंडा हो रहा था।

रोमानो के लिए आम तौर पर जनवरी एक व्यस्त महीना होने के अलावा, अप्रैल भी साल दर साल एक व्यस्त महीना साबित हो रहा था। उनका तर्क था कि कुछ लोग कैलेंडर वर्ष की शुरुआत में ही बाज़ार में पैसा लगा देते थे - चाहे यह कर उद्देश्यों की वजह से हो या फिर नए साल को लेकर उम्मीद की वजह से - उन्हें इसके बारे में नहीं पता था।

और अप्रैल में यह योगदान देर करने वालों द्वारा सेवानिवृत्ति खातों के लिए कर दिवस से पहले आ जाता था। उन्होंने आगे बताया कि कैसे उन्होंने यह टेज़र के लिए भी देखा था। 2004 की जनवरी में, शेयर बाज़ार में भारी मात्रा में ख़रीदारी की गई और सूचकांक ऊपर चले गए। टेज़र के मामले में भी यही देखा गया जब टेज़र का मूल्य $100 से भी ऊपर पहुंच गया। और अप्रैल आने तक, टेज़र का मूल्य $300 से ज़्यादा था। असल में, कर दिवस के बाद दूसरे ट्रेडिंग दिवस - 19 अप्रैल - को ही टेज़र $385/शेयर के भाव पर सबसे ऊपर पहुंच गया था।

मैं थोड़ा सतर्क हो गया। यह दृष्टिकोण मैंने पहले कभी नहीं देखा था। और मुझे सैक्स एंड सैक्स की बुद्धिमानी पर आश्चर्य हो रहा था। स्टीव सैक्स ने टेज़र के अंदरूनी लोगों को बहुत अच्छी सेवा दी थी। उन्होंने आज तक का सबसे अच्छा गेम खेला था। उन्होंने टेज़र को बहुत अच्छी टाइमिंग के साथ खेला था।

रोमानो और मैंने पीना जारी रखा, मैंने उनसे कहा कि स्टॉक ब्रोकर के अपने संभावित ग्राहकों के लिए पिच करने में और कमोडिटी ब्रोकरों के संभावित ग्राहकों के लिए पिच करने में एक बहुत छोटा सा अंतर होता है। कई मायनों में कमोडिटी ब्रोकर के लिए यह थोड़ा आसान होता था क्योंकि उनकी पिच सीधे जुआरी की मानसिकता का फायदा उठाती थी।

आम लोगों को लगता है और उनका ऐसा मानना है कि कमोडिटी ट्रेडिंग में जोखिम होता है और यह स्टॉक से कहीं ज़्यादा जुए की तरह है। इसलिए कमोडिटी ब्रोकर का काम आसान होता है क्योंकि उसे बस जुआरी को प्रोत्साहित करने की ज़रूरत होती है। पिच यह है कि व्यक्ति अपनी ट्रेडिंग पूंजी का बस एक छोटा सा हिस्सा प्रयोग करेगा और कमोडिटी ट्रेड के जोखिम की ओर रखेगा। इस तरह, कमोडिटी ब्रोकर का काम और भी ज़्यादा आसान हो जाता है क्योंकि जब ग्राहक को ट्रेड पर नुकसान होता है तो पहले से ही ऐसा मान लिया जाता है कि वो जोखिम वाली पूंजी थी और उसके नुकसान की बहुत संभावना थी। और कमोडिटी ब्रोकर उस ग्राहक के पास फिर से जाता है जिसने कमोडिटी में ट्रेड करके अभी-अभी अपनी पूंजी गँवा दी है, और रीलोड करता है। रीलोडिंग ब्रोकरों द्वारा इस्तेमाल किया जाने वाला शब्द है। जिसका मतलब है कि ब्रोकर ग्राहक को खोये हुए पैसे वापस पाने के लिए और ज़्यादा पैसे भेजने के लिए कहता है। चूँकि, उनका काम ग्राहक की जुआरी वाली मानसिकता को लुभाना होता है, इसलिए रीलोडिंग का काम उत्साह और रोमांच से पूरा किया जाता है।

उनका फ़ोन कॉल उत्साह से भरपूर होता है। पीछे से कमीशन हाउस द्वारा अत्यधिक गतिविधि का शोर सुनाई देता है। कमीशन हाउस रूम में जल्दबाज़ी और उत्साह का यह एहसास निर्मित किया जाता है, जहाँ सारे ब्रोकर बैठते हैं। कमोडिटी ब्रोकर की आवाज़ भी बहुत सारे उत्साह और ऊर्जा से भरी होती है। पिच के दौरान बीच-बीच में हर मिनट के भाव बताये जाते हैं। कमोडिटी खाता चलाने वाला कमीशन हाउस ब्रोकर के अंदर रोमांच पैदा करने में मदद करता है। इसके पीछे का विचार यह है कि उत्साहित ब्रोकर संभावित ग्राहक को भी उत्साहित करेगा।

ब्रोकर को उत्साहित करने के लिए, कमीशन हाउस कई साधनों का प्रयोग करता है। कई बार एक इन-हाउस पॉट होता है, जिसे कमीशन हाउस की तरफ से बड़े शुरूआती दान के साथ सप्ताह की शुरुआत में ही प्रारम्भ किया जाता है। हर बार हाउस में जब कोई ब्रोकर ग्राहक के साथ नया खाता खोलता है तो कमीशन हाउस उस पॉट को दोगुना कर देगा। और सप्ताह ख़त्म होने पर, हाउस के लिए सबसे ज़्यादा कमीशन लाने वाले ब्रोकर को पॉट दिया जाता है। कई सप्ताहों में तो वो पॉट हज़ारों डॉलर की राशि तक पहुंच जाता है। इसलिए प्रोत्साहन स्पष्ट है।

कई बार कमीशन हाउस एयर-कंडीशनर बंद कर देता है ताकि ऑफिस में तापमान बिल्कुल ठंडा हो जाए। ठंडे तापमान की वजह से ज़्यादातर ब्रोकर बात करते समय ख़ुद को गर्म रखने के लिए खड़ा होकर तेज़ी से चलने के लिए मजबूर हो जाते हैं। और कम तापमान की वजह से ठंड लगने की इस प्रक्रिया

में, ब्रोकर फ़ोन पर उत्साहित लगते हैं। और यह उत्साह ग्राहक के पास तक पहुंचता है। कई बार कमीशन हाउस ब्रोकर के फ़ोन पर बात शुरू करने से पहले तेज़ संगीत चला देते हैं। यह संगीत नवीनतम समकालीन पार्टी धुनों में से एक होता है। इससे पार्टी जैसा खुशनुमा माहौल तैयार हो जाता है। एक बार फिर से यह ब्रोकरों को उत्साहित करने का आईडिया होता है।

कमीशन हाउस सबसे अच्छे ब्रोकरों को वार्षिक बोनस भी ऑफर करते हैं। सबसे अच्छा ब्रोकर वो होता है जो हाउस में सबसे ज़्यादा कमीशन लेकर आता है। यह वो ब्रोकर नहीं होता जो ग्राहक को सबसे ज़्यादा मुनाफा करवाता है। बल्कि यह वो होता है जो ग्राहकों के सबसे ज़्यादा पैसे खर्च करवाता है। प्रोत्साहनों की ऐसी प्रणाली के साथ, ग्राहक को बाज़ार में मुनाफा कमाने का कोई मौका नहीं मिलता। ऐसे अवसरों पर जब कोई कमोडिटी ट्रेड अच्छा मुनाफा कमा लेता है तो कमीशन हाउस मुनाफे के साथ होल्डिंग बेचने का दबाव बनाना शुरू कर देता है। इसके बाद नई बड़ी मात्रा की राशि को तुरंत किसी नई पोज़ीशन पर लगा दिया जाता है। इसलिए हाउस के लिए कमीशन लाना सबसे ज़रूरी होता है। उसके बाद, ग्राहक के पैसे को तुरंत खर्च करके इस बात का भी ध्यान रखा जाता है कि मुनाफा कमाने के बाद उस ग्राहक के वापस पैसे लेने की संभावना समाप्त हो जाए।

यह सबको पता है कि मुनाफा कमाने वाला ट्रेड ग्राहक को किसी चीज़ पर पैसे खर्च करने के लिए लुभाएगा। शायद किसी नई कार पर। या अपने जीवनसाथी के लिए गहने पर। इसका उद्देश्य ग्राहक को अपना पैसा कहीं और

खर्च करने से रोकना और तुरंत बाद के ट्रेड में पूरी तरह से निवेश करना होता है। इस प्रकार, किसी अन्य चीज़ पर खर्च करने के लिए धन पाने की क्षमता ग्राहक से छीन ली जाती है। पैसा खर्च करना ही पड़ता है। यदि कमीशन हाउस इसे ट्रेडों पर खर्च नहीं करता, तो ग्राहक इसे किसी और चीज़ पर खर्च कर देगा। और अगर ग्राहक अपना पैसा किसी और चीज़ पर खर्च करता है, तो कमीशन हाउस के पास कमीशन कमाने का कोई रास्ता नहीं होगा। कमीशन हाउस को किसी कारण से ही कमीशन हाउस कहा जाता है। वे केवल कमीशन उत्पन्न करने के लिए अस्तित्व में होते हैं।

वार्षिक बोनसों में दो लोगों के लिए हवाई के पेड वेकेशन से लेकर बिल्कुल नई कार तक शामिल हो सकते हैं। यह इस बात पर निर्भर करता है कि कमीशन के लिए वो साल कैसा जा रहा है। कुछ साल अच्छे होते हैं। कुछ ज़्यादा अच्छे। कम से कम यह हमेशा अच्छा होता है। ऐसा इसलिए क्योंकि कोई न कोई कमोडिटी ऐसी होती है जो हर साल कोई गतिविधि करती है। यह ट्रेड करने लायक गतिविधि हो सकती है या नहीं हो सकती है। लेकिन ख़बर तैयार कर दी जाती है। ट्रेड करने के लिए बहुत सारी वस्तुएं हैं - जिनमें सोना, चांदी, तांबा, कॉफी, चीनी, सोयाबीन, कच्चा तेल, हीटिंग तेल, मुद्राएं, ट्रेज़री बॉन्ड आदि शामिल हैं, लेकिन यह इन्हीं तक सीमित नहीं हैं। कुछ ऐसे उत्पाद ज़रूर होंगे जो हमेशा ख़बर में होंगे। और इससे कोई फर्क नहीं पड़ता कि गतिविधि की दिशा क्या है। चाहे वो ऊपर जा रहा हो या नीचे, बस गतिविधि होनी चाहिए। और एक बार गतिविधि होते ही यह ख़बर बन जाती है - बिक्री की पिच आसान

हो जाती है। ख़बर में बनी हुई गतिविधि का फायदा उठाने के लिए पैसे के लिए ग्राहक को कॉल करो। ग्राहक को बेचने की कोई ज़रूरत नहीं होती है। ग्राहक को पहले ही समाचार से गतिविधि के बारे में पता होता है। अब ब्रोकर का काम होता है, ग्राहक को अपने पैसे खर्च करने के लिए मनाना। यह बहुत मुश्किल नहीं है क्योंकि ग्राहक में बसे जुआरी को बस उस कमोडिटी पर जोखिम उठाने के लिए मनाना होता है जो ख़बर में है।

कई बार ग्राहक बहुत सारे पैसे बना लेते हैं। कमोडिटी मार्केट ऐसे ही होते हैं। कभी-कभी गतिविधि इतनी तेज़ और लम्बी होगी कि उससे शानदार पैसे बनाये जा सकते हैं। लेकिन ऐसी गतिविधियां कई सालों में एक बार आती हैं। यदि किसी व्यक्ति में शांति से बैठकर ऐसी गतिविधियों का इंतज़ार करने की क्षमता मौजूद हो तो वो व्यक्ति और कई लोग शानदार मुनाफा बना सकते हैं। लेकिन ज़्यादातर ट्रेडरों के लिए ऐसी गतिविधियों का इंतज़ार करना आसान नहीं होता। कमोडिटी मार्केट में सफल होने के लिए एक दुर्लभ प्रकार का सट्टेबाज़ होना आवश्यक है।

कमोडिटी की अच्छी मूल्य गतिविधियों के इन वर्षों में कमीशन हाउस बड़े कमीशन कमाते हैं। इसलिए नहीं क्योंकि कमीशन की संरचना ट्रेडिंग खाते के प्रदर्शन पर आधारित होती है। बल्कि इसलिए क्योंकि जब ग्राहक बहुत सारे पैसे बनाता है तो इससे कमीशन हाउस ग्राहक को मनाकर उससे कई बार ट्रेड करवा सकता है और इस तरह उत्पन्न कमीशन बहुत बड़े होते हैं। और जब वो ग्राहक घाटे के ट्रेड या कमीशन हाउस के कमीशन पर अपना सारा मुनाफा गँवा

देता है, तब ग्राहक के दिमाग में उसकी हाल की बड़ी जीत की याद हमेशा ताज़ा होती है। ग्राहक को कमीशन हाउस में और ज़्यादा पैसे भेजने के लिए मनाने के लिए यह चारे की तरह है। पिच यह है कि पैसे बनाने के लिए पैसे लगाने पड़ते हैं। और पिछली बड़ी ट्रेड वाली जीत में जिस तरह का बड़ा पैसा कमाया गया था, उसे बनाने के लिए दृढ़ता और बड़े ट्रेडिंग फंड की आवश्यकता होती है। ग्राहक के उनकी बात मानने और कमीशन हाउस को और पैसे भेजने की ज़्यादा संभावना होती है।

अब मैं भी पूरे जोश में था। रोमानो की तरह, मैं भी एक के बाद एक ड्रिंक पीये जा रहा था। और न जाने कैसे उनका बातूनी व्यक्तित्व मेरे ऊपर भी छा गया था। और वो बस शांति से मेरी बात सुन रहे थे। शायद पिछले कुछ हफ्तों से ग्राहकों से बात करते हुए वो थक गए थे। शायद वो सच में मेरी बात सुनना चाहते थे। मुझे नहीं पता कैसे लेकिन मेरे मुंह से बातें एक के बाद एक आती जा रही थीं। शायद मुझे ऐसा लगा कि वो मेरी बक-बक को ख़ुद से जोड़कर देख सकते थे क्योंकि वो अभी-अभी शेयर बाज़ार में पैसे बदलते हुए हाथों के एक प्रत्यक्ष और थका देने वाले चक्र से गुज़रे थे, जहाँ टेज़र स्टॉक द्वारा बड़ी मात्रा में पैसे कमाने का अवसर दिया गया था लेकिन फिर भी उनके ज़्यादातर ग्राहकों ने पैसे गँवा दिए थे या ज़्यादा पैसे नहीं कमा पाए थे। शायद वो मेरी बात सुनना चाहते थे क्योंकि वो ख़ुद को याद दिलाना चाहते थे कि बाज़ार और इसके खिलाड़ी कितने क्रूर हो सकते हैं। मुझे इसका कारण नहीं पता। लेकिन रोमानो मेरी बात सुनते गए और मैं बोलता गया।

मैंने कमोडिटी मार्केट में बहुत सी सामान्य गतिविधियों को देखा है। मैं न्यूयॉर्क कॉफी, कोको और चीनी एक्सचेंज पर कुछ फ्लोर ब्रोकरों को जानता था। पुराने समय में जब चीनी ने उछाल मारी थी तब इन लोगों ने भारी मात्रा में पैसा कमाया था। उनके संचालन के दो स्तर थे। उनके पास एक फ्लोर ब्रोकरेज ऑपरेशन था और उनकी एक सहायक कंपनी थी, जो खुदरा कमोडिटी ब्रोकरेज ऑपरेशन को संभालती थी, जो व्यक्तिगत खुदरा खातों के ट्रेड में मदद करती थी।

कानूनी रूप से दोनों संचालन अलग-अलग थे ताकि ऐसे सेटअप के साथ आने वाली नियामक समस्याओं से बचा जा सके। लेकिन व्यावहारिक दृष्टिकोण से दोनों संचालन बहनों से भी बढ़कर थे। वे जुड़वां थे। सेटअप आसान था। वे अपने बड़े संस्थागत ऑर्डर को अपने फ्लोर ट्रेड पर लेते थे और खुदरा स्तर पर ले जाकर आधार के रूप में प्रयोग करते थे। सरल भाषा में, मान लीजिये कि न्यूयॉर्क कॉफी, कोको और चीनी एक्सचेंज के फ्लोर पर उनके फ्लोर ट्रेडर को ख़रीदने के लिए एक बड़ा ऑर्डर दिया गया है। फ्लोर ट्रेडर जानता है कि उस आकार के बड़े ऑर्डर से चीनी की कीमत थोड़ी बढ़ जाएगी। यह गतिविधि बहुत ज़्यादा नहीं थी, लेकिन अगर इसे फ्यूचर्स मार्केट पर लागू किया जाए तो कई हज़ार डॉलर कमाने के लिए काफी थी क्योंकि फ्यूचर्स अनुबंध एक लीवरेज उपकरण था। मूल्य पर एक टिक चीनी पर 11.20 डॉलर प्रति फ्यूचर्स अनुबंध में तब्दील हो जाता।

तो फ्लोर ट्रेडर खुदरा छोर पर सहायक संचालन को कॉल करेगा और उन्हें आने वाली बड़ी ख़रीद की सलाह देगा। इस तरह, खुदरा संचालन फ्लोर पर फ्लोर ट्रेडर के बड़ी ख़रीदारी करने से कुछ सेकंड पहले अपनी ख़ुद की निजी ख़रीदारी कर देगा। नियामक समस्याओं से बचने के लिए इस ट्रेड को तीसरे पक्ष के माध्यम से फ्लोर पर भेजा जाएगा। खुदरा ख़रीद पूरी होने के बाद, फ्लोर ट्रेडर अपने बड़े संस्थागत ऑर्डर के लिए फ्लोर पर बड़ी ख़रीदारी करेगा। बड़े ऑर्डर से चीनी की कीमत में कुछ गतिविधि होगी। खुदरा स्तर पर की गई निजी ख़रीद के लिए बस इतना ही आवश्यक था। लाभ के कुछ टिक के बाद खुदरा स्तर जल्द ही अपनी ख़रीद को बेच देगा। यह एक नंबर का खेल था। अगर इसे अक्सर पर्याप्त और बड़े आंकड़ों में किया जाता तो इससे बहुत ज़्यादा मुनाफा मिलता था।

ऊपर से, खुदरा के लोगों ने प्रबंधित खाता बेचना शुरू कर दिया था। प्रबंधित खाता वो होता है जहाँ किसी के खाते पर ट्रेड करने के लिए पॉवर-ऑफ़-अटॉर्नी खाता मैनेजर को दे दी जाती है। यह काफी हद तक म्युचुअल फंड की तरह है लेकिन इसमें शेयर के बजाय कमोडिटी पर ट्रेडिंग की जाती है। और नियामक से संबंधित समस्याओं से बचने के लिए प्रबंधित की जाने वाली राशि छोटी होती है। लेकिन आधार यही होता है। ट्रेडर को किसी की तरफ से ट्रेड करने के लिए पैसे दिए जाते हैं। और खुदरा स्तर द्वारा जुटाई गई धनराशि अब इस समर्थन वाले संचालन का अनुसरण कर रही थी। और इस प्रक्रिया में निरंतर ट्रेडों द्वारा बड़ी मात्रा में कमीशन उत्पन्न किया जाता था। जी हाँ, प्रबंधित खातों

ने पैसा कमाया। लेकिन इसका उद्देश्य वास्तव में प्रबंधित खातों पर दिन में 2 या 3 बार ट्रेड करके बहुत सारा कमीशन उत्पन्न करना था। इतने सारे खातों और प्रबंधन के अंतर्गत इतनी धनराशि के साथ, बड़े पैमाने पर कमीशन उत्पन्न होता था।

ब्रोकरेज बिज़नेस क्रूर है। बहुत कम लोग इसमें रहकर सफल हो पाते हैं और अपनी ईमानदारी बनाये रख पाते हैं। यह वास्तव में सबसे उपयुक्त के बचने जैसा है। टर्नओवर अनुपात बड़ा है। कई केवल कुछ हफ्ते रह पाते हैं। ब्रोकरों को चलाने वाला कमीशन हाउस और भी ज़्यादा क्रूर होता है। यह केवल एक ही कारण के लिए है। कमीशन बनाने के लिए। कमीशन हाउस में खाता धारक के सर्वोत्तम हितों का कोई ध्यान नहीं रखा जाता है। अंत में, हर कोई कमोडिटी मार्केट में पैसे गँवाता है। चूँकि, खाता धारक वैसे भी आख़िर में बाज़ार में अपने पैसे गँवा देगा, इसलिए क्यों न उसके कुछ पैसों को कमीशन के रूप में लिया जाए और घाटे में देरी करने में मदद की जाए। कमीशन हाउस कमीशन को खाता धारक के नुकसानों में देरी करने में मदद करने के लिए दी जाने वाली फीस के रूप में मानता है। बाज़ार में घाटे से बचना नामुमकिन है, लेकिन किसी की सारी या ज़्यादातर जोखिम ट्रेडिंग पूंजी गँवाने को किसी तरह से सही ठहराया जाना चाहिए। शायद यह कमीशन हाउस को तर्कसंगत लगे। शायद उन्हें सचमुच ऐसा लगता है कि वो खाता धारकों को सेवा प्रदान कर रहे हैं। बात यह है कि कमीशन हाउस को अपने खाता धारक के लिए पैसे बनाने का कोई फायदा नहीं है। और निष्क्रियता की अवधियों से गुज़रे बिना अपने

खातों को एक के बाद एक पोज़ीशन पर रखने के बहुत सारे फायदे हैं। निष्क्रियता की अवधियां कमीशन हाउस के लिए हत्या के समान हैं। हत्या इसलिए क्योंकि पड़े हुए पैसों से उन्हें कोई कमीशन नहीं मिलता और दूसरा, यदि खाता धारक अपने पैसों को खाली पड़ा देखता है तो उसका मन होता है कि वो इसे किसी और के पास ले जाकर किसी और चीज़ पर खर्च कर दे। इस तरह, उस खाते की कमीशन देने की शक्ति ख़त्म हो जाती है।

ब्रोकरेज के व्यवसाय में कोई सहानुभूति नहीं है। कैसे हो सकती है? यह बाज़ारों के साथ और बाज़ारों में काम करता है और बाज़ार किसी के लिए कोई हमदर्दी नहीं रखता। यह सारे जंगलों का जंगल है। भले ही ब्रोकर कमीशन हाउस में खाते लाया हो, ब्रोकर का उस खाते पर किसी भी प्रकार का नियंत्रण या स्वामित्व नहीं होता है। वो खाता हाउस का होता है। अगर ब्रोकर उस कमीशन हाउस को छोड़कर किसी दूसरे कमीशन हाउस चला जाता है तो भी खाता पुराने हाउस में ही रहता है। ज़ाहिर तौर पर, ब्रोकर खाता धारक को कॉल करके उसे अपना बिज़नेस दूसरे हाउस में ले जाने के लिए मना सकता है। लेकिन इसे हासिल करने में बहुत सारी बाधाएं होंगी और यह कार्य इतना कठिन होगा कि ब्रोकर के लिए नए खाते प्राप्त करने का प्रयास करना ज़्यादा आसान होगा।

ब्रोकरों से उम्मीद की जाती है कि वो हर समय बस काम करता रहे। यदि कभी ब्रोकर आराम और मनोरंजन या फिर स्वास्थ्य उद्देश्यों के लिए छुट्टी ले लेता है तो हाउस उसे बुरी तरह से सज़ा देता है। यह सज़ा जंगल के अपने ख़ुद

के नियमों के अनुसार होगी। चाहे किसी भी कारण से, ब्रोकर की अनुपस्थिति में, हाउस किसी दूसरे ब्रोकर का प्रयोग करेगा और अनुपस्थित ब्रोकर के ग्राहक को किसी भी खर्च नहीं की गई धनराशि को नए ट्रेड पर खर्च करने के लिए मनाने की कोशिश करेगा। यदि कोई खर्च नहीं की गई धनराशि मौजूद नहीं है तो खाता धारकों को एक घाटे वाले पोज़ीशन को बेचकर किसी नई पोज़ीशन पर जाने के लिए प्रोत्साहित किया जायेगा। इसलिए नहीं ताकि ट्रेड को किसी नई संभावित रूप से बेहतर गतिविधि पर ले जाया जा सके बल्कि इसलिए ताकि और कमीशन उत्पन्न किया जा सके। उसके बाद, खाते के ब्रोकर की अनुपस्थिति में अब उत्पन्न कमीशन, हाउस द्वारा बेशर्मी से उस ब्रोकर के साथ साझा किया जाएगा जो खाते को नया ट्रेड करने के लिए मनाने में सक्षम हुआ था। भगवान न करे यदि उस नए ट्रेड से खाते को कोई मुनाफा हो जाता है तो अब वो खाता उस नए ब्रोकर के पास चला जाएगा जिसने खाते के ब्रोकर की अनुपस्थिति में ट्रेड किया था। इसके पीछे का मनोविज्ञान यह है कि ग्राहक ने नए ब्रोकर के साथ पैसे बनाये हैं और इसलिए वो नया ब्रोकर ग्राहक को अपने खाते में और पैसे भेजने के लिए मना सकता है।

ब्रोकर के लिए बाज़ार की गतिविधि भाग्य या डिज़ाइन की वजह से होती है। यदि गतिविधि की वजह से ग्राहक को नुकसान होता है तो ब्रोकर कहता है कि किस्मत अच्छी नहीं थी। यदि गतिविधि से ग्राहक को मुनाफा होता है तो ब्रोकर कहता है कि उसने सोच-समझकर ट्रेड किया था और इस तरह वो उसका

क्रेडिट ले लेता है। नुकसान बाज़ार की गलती होती है। और मुनाफे की ज़िम्मेदारी ब्रोकर की होती है। यह एक सुंदर सेटअप है।

जब हम अपने आख़िरी ड्रिंक पर थे, तब रोमानो ने बताया कि वो स्टीव सैक्स के साथ गोल्फ खेलने जाने वाले हैं। और वहाँ वो किसी नए IPO के बारे में बात करने वाले थे, जिसे सैक्स एंड सैक्स आगे हैंडल करने वाला था। पैसे वाले पहले से ही किसी नए खेल पर अपने अगले गेम प्लान पर काम कर रहे थे।

उस रात हमारे बीच बहुत बातें हुईं। बहुत रात हो चुकी थी। रोमानो और मैंने फैसला किया कि हम बाद में अपनी बातें जारी रखेंगे।

अध्याय 21:

कुछ भी मुफ़्त नहीं

मैंने अपने शुरूआती दिनों में ही यह जान लिया था कि अगर मुझे बाज़ार में नुकसान उठाना ही है तो मेरे लिए यह ख़ुद ही करना ज़्यादा अच्छा होगा। मैं किसी और को यह करने के लिए पैसे क्यों दूँ? और आपको यह जानकर हैरानी हो सकती है, लेकिन मुझे पता चला कि बाज़ारों में पैसे कमाए जा सकते हैं। लेकिन इसके लिए बहुत सारे धीरज, दृढ़ता और अनुशासन की ज़रूरत पड़ती है। और मुझे यह भी पता चला कि किसी भी ब्रोकर या आर्थिक सलाहकार ने कभी भी सफल ट्रेडिंग के बारे में सीखने के लिए समय नहीं निकाला होता है। ज़्यादातर मुझसे बस यही कहते थे कि लॉन्ग-रन स्टॉक बॉन्ड से बेहतर निवेश होते हैं। उनमें से किसी ने भी बाज़ारों में ट्रेडिंग करके पैसे नहीं कमाए थे। लेकिन कइयों ने मेरे जैसे लोगों को सलाह बेचकर थोड़ी-बहुत दौलत कमा ली थी। मेरे जैसे लोग बाज़ारों में अच्छे पैसे कमाना चाहते थे।

असल में, अपनी जवानी के दिनों में मैं कई युवा ढीठ लोगों से अलग नहीं था, जो ट्रेडिंग करके अपनी आजीविका कमाना चाहते थे। और असली सपना था, उससे पैसे कमाकर एक आरामदायक ज़िन्दगी बनाना। और मैं सलाहकारों और ब्रोकरों के लिए एक सर्वश्रेष्ठ गिनी पिग था। एक दिन यह सब मुझे तब समझ आया जब मैं 1980 के दशक में कमोडिटी ब्रोकर का काम कर रहा था। मुद्रा बाज़ार तेज़ी पर था। डॉलर अब नीचे के रुझान पर नहीं था। मेरे कई सारे ग्राहक मुद्रा फ्यूचर्स और ऑप्शंस में अच्छे पैसे बना रहे थे। मैंने उनके लिए अच्छी पोज़ीशन तैयार की थी और बाज़ार अच्छा चल रहा था। मेरे ग्राहक ख़ुश थे। फिर थोड़े समय के लिए बाज़ार में गिरावट शुरू हो गई।

जिस कमीशन हाउस में मैं काम करता था उन्होंने अपने ट्रेड के हथकंडे अपनाने शुरू कर दिए। हाउस ने मेरे साथ-साथ सारे ब्रोकरों से कह दिया कि अब आधे ग्राहकों को लॉन्ग-पोज़ीशन और बाकी आधों को शॉर्ट-पोज़ीशन पर रखने का समय आ गया है। मुझे बहुत गुस्सा आया। मैं नादान था और एक निश्चित रुझान में सही गिरावट में यह मेरा पहला असली अनुभव था। और अचानक, कमीशन हाउस ने अपने आपको सुरक्षित रखने के लिए रैंडम तरीके से अपने आधे ग्राहकों को लॉन्ग साइड पर और बाकी आधे ग्राहकों पर शॉर्ट साइड पर रख दिया? इस चीज़ ने मुझे चौंका दिया था।

मैं ऐसा अकेला नहीं था। एक-दो और ब्रोकर थे जो मेरी ही तरह उनके ऊपर नाराज़ थे। लेकिन सबसे ज़्यादा गुस्सा इस बात पर आ रहा था कि ज़्यादातर दूसरे ब्रोकरों को इस चीज़ पर कोई आपत्ति नहीं थी। मुझे बाद में

पता चला कि ऐसे कार्य ज़्यादातर कमीशन हाउसों में एक पुरानी प्रथा की तरह चले आ रहे थे। ज़ाहिर तौर पर, मैं सारे कमीशन हाउसों को एक ही नज़र से नहीं देख सकता था। लेकिन मुझे पता चला कि ज़्यादातर ब्रोकरों को ऐसी गतिविधि के बारे में पता था। इसलिए, तर्क के अनुसार ऐसा लगा कि या तो उन्होंने यह ख़ुद किया है या ऐसा होते हुए देखा है।

कुछ ही दिनों के अंदर मैंने और कुछ दूसरे ब्रोकरों ने कमोडिटी ब्रोकरेज के व्यवसाय को अलविदा कह दिया। मैंने अपने मन में ठान ली थी कि मैं बाज़ारों का ख़ुद अध्ययन करूंगा। बाज़ारों में अच्छे पैसे कमाने का कोई न कोई तरीका ज़रूर होना चाहिए। दूसरों ने यह किया था। इसलिए यह उतना मुश्किल नहीं हो सकता। जैसा कि मैंने कहा मैं नया, जवान और नादान था। इसके बाद, ट्रेडिंग की हर एक विधि आज़माते हुए शुरुआत में मुझे कई सालों तक नुकसान झेलने पड़े और मुश्किलों व तकलीफों से गुज़रना पड़ा। कोई भी चीज़ काम नहीं कर रही थी। ज़ाहिर तौर पर, मुझे मुनाफा होता था। लेकिन कोई ट्रेडिंग सिस्टम या सिद्धांत लंबे समय तक लगातार सफल नतीजे नहीं देता था। कुछ हफ्तों तक मैं जीतता था और फिर सब बर्बाद हो जाता था। मैंने जो भी कमाया होता था वो सब और उससे भी ज़्यादा वापस देना पड़ जाता था। चाहे मैं जो भी सिस्टम प्रयोग करता था, सबके साथ यही कहानी थी। मैंने यहाँ-वहाँ कक्षाएं लीं। मुफ़्त और महँगी दोनों। और इसमें सालों लग गए। अब मेरे पास विफलता का पांच साल से ज़्यादा का अनुभव था। उसके बाद, मुझे समझ आया। किसी के भी पास जीतने का कोई सिस्टम नहीं था।

जीतने वाले सिस्टम का वादा, जीतने वाले सिस्टम के विक्रेताओं द्वारा जीवन-यापन करने का एक और तरीका था। मैं बस कई भोले-भाले ख़रीदारों में से एक था। मुफ़्त पाठ अतिरिक्त सेवाओं के साथ आते थे, जो मुफ़्त नहीं थे। अंत में उन्हें मेरा पैसा भी मिल जाता था। मुफ़्त पाठों में जीत का वादा किया जाता था। लेकिन इस तरह की जीत केवल तभी उपलब्ध होती थी, जब मैं सबक सिखाने वाले द्वारा दी जा रही सेवाओं में से कम से कम एक के लिए साइन अप करूँ। और सबक सिखाने वाले द्वारा प्रदान की जाने वाली कोई भी प्रीमियम सेवा मुफ़्त नहीं थी। वास्तव में, कुछ बहुत महंगी थी। यह बाज़ार में पैसे कमाने की तलाश करने वाली भोली जनता से पैसे निकालने की एक परिष्कृत मार्केटिंग स्कीम थी।

एक बार मैं एक ऐसे आदमी द्वारा दी जाने वाली सेवा के झांसे में फंस गया था, जिसने मुझे यह कहकर बहकाया था कि वो लगातार 15 सालों से बाज़ार में अच्छा प्रदर्शन कर रहा है। और तथाकथित तौर पर कई सालों में उसने अपने पैसे दोगुने से भी ज़्यादा किये थे। लेकिन उसे पैसे देने के बाद मुझे समझ आया कि वो हमेशा ऐसी टिप्पणियां करता था कि "यदि तुमने यह स्टॉक अबसे 6 महीने पहले ख़रीदा होता, तो तुम्हारे पैसे दोगुने हो जाते" लेकिन वो गतिविधि से "पहले" ऐसे स्टॉक के बारे में कभी नहीं बता पाता था। गतिविधि समाप्त होने के बाद, वो कहता था कि कैसे वो स्टॉक उसके कई सारे ख़रीदारी के मानदंडों को पूरा करता था। इसलिए मैंने वो स्टॉक खोजने की कोशिश की, जो गतिविधि से पहले उसके ख़रीदारी के मानदंडों को पूरा करते थे। ज़ाहिर तौर पर, उसके

ख़रीदारी के मानदंडों को जानने के लिए, मुझे उसे और ज़्यादा पैसे देने पड़े। और फिर थोड़े समय बाद मुझे उसकी चाल समझ आ गई। लेकिन तब तक मैं उससे ज़्यादा गरीब हो गया था, जितना मैं उसके साथ शुरू करने से पहले था।

अमेरिका के बिज़नेस स्कूलों में जहाँ वॉल स्ट्रीट के आतंरिक लोगों के अगले सेट को तैयार किया जाता है और कॉर्पोरेट के नए बड़े लोगों को बनाया जाता है, वहाँ सफल ट्रेडिंग पर कोई कोर्स नहीं दिए जाते। वहाँ कॉर्पोरेट फाइनेंस पर बहुत सारे कोर्स होते हैं और सबसे ज़रूरी, कल के लीडरों को एक-दूसरे को जानने का बहुत सारा मौका मिलता है।

वहाँ बनने वाले संपर्क और संबंध बाहरी दुनिया में ज़्यादा ज़रूरी होते हैं। बिज़नेस स्कूलों में शिक्षक कुशल बाज़ार नामक किसी चीज़ के बारे में बात करते हैं। और एक सिद्धांत के बारे में, जिसे रैंडम वॉक का सिद्धांत कहते हैं। आसान शब्दों में, रैंडम वॉक का सिद्धांत कहता है कि चूँकि बाज़ार कुशल हैं और मूल्य तंत्रों में इस समाचार को दर्शाया जाता है, लेकिन स्टॉक रैंडम तरीके से चलते हैं। और उन मूल्यों का कभी भी पूर्वानुमान नहीं लगाया जा सकता और वो किसी पूर्वानुमानित मार्ग का अनुसरण नहीं करते हैं।

ऐसे पाठ्यक्रम पढ़ाने वाले प्रोफेसर एक उदाहरण के साथ अपनी बात समझाते हैं कि यदि सड़क पर $100 का नोट पड़ा हो तो कोई व्यक्ति इसे नहीं उठा सकता क्योंकि कुशल बाज़ारों में किसी के पास पहले से यह जानकारी मौजूद होगी कि सड़क पर $100 का नोट पड़ा हुआ है और वो इसे उठा लेगा। और इस प्रकार, वो $100 का नोट किसी के उठाने के लिए वहाँ मौजूद ही नहीं

होगा, और बहुत पहले ही जा चुका होगा। आज के MBA प्रोग्रामों में छात्रों को पढ़ाने वाले शिक्षकों में बहुत कम ही सफल ट्रेडर होते हैं। और अगर किसी को ऐसे स्कूलों में कोई सफल ट्रेडर मिल भी जाता है तो इसकी बहुत कम संभावना है कि वो अपने छात्रों के साथ अपनी ट्रेडिंग की सफलताओं के बारे में चर्चा करेगा। इसका एक आसान कारण है। ट्रेडिंग में सफलता पाना सीखने के लिए, किसी व्यक्ति को अकेले ही बाज़ार के मुश्किल स्कूल से गुज़रना पड़ता है। यह एक अकेली और निर्जन यात्रा है। इसमें कोई शॉर्ट कट नहीं होता। इसके सबक किताबों में हो सकते हैं या नहीं भी। लेकिन लिखित सबकों को समझने के लिए, पाठक को ख़ुद ही बाज़ार की मुश्किलों और तकलीफों को अनुभव करना होगा।

कई तरीकों से, यह किशोरावस्था में किसी व्यक्ति के अपने माँ-बाप से होने वाली बातचीत के अनुभवों जैसा है। हमारे माता-पिता हमें सबक तो सीखा देते हैं लेकिन किशोरों के रूप में वो सबक हमें समझ में आने के लिए हमें अपने ख़ुद के रास्ते बनाने पड़ते हैं और अपनी ख़ुद की गलतियों से सीखना पड़ता है। और जब हम अपने किशोर बच्चों को ज़्यादा नए और आधुनिक तरीके से वही ज्ञान देने की कोशिश करते हैं तो हमें पता चलता है कि यह चक्र एक तरह से ख़ुद को दोहराता है। हम उन्हें वही सबक सिखाते हैं जो हमने अपने अनुभवों और अपने माता-पिता से सीखा होता है। लेकिन हमारे बच्चे शायद ही कभी हमारी बात सुनते हैं। और अक्सर वे अपने ख़ुद के रास्ते बनाते हैं और उसपर चलने की कोशिश करते हैं।

बाज़ार अपना शुल्क निकाल लेता है। हम ट्रेडरों को यह घाटे की तरह लगता है। किसी व्यक्ति के ट्रेडिंग करियर की शुरुआत में यह बहुत बड़े दर्द की तरह लगता है। और हर तरफ अँधेरा ही अँधेरा होता है। लेकिन अगर व्यक्ति सफल हो जाता है और आगे उसका करियर बन जाता है तो फिर आगे चलकर ये नुकसान छोटे होते जाते हैं। नुकसान होना कभी बंद नहीं होता। वो बस छोटे होते जाते हैं और सफल ट्रेडर उन्हें आसानी से संभाल पाते हैं। और वे किसी सफल ट्रेडर को हमेशा सक्रिय रखते हैं। इस मामले में, प्रभावी ट्रेडिंग तकनीक सीखना एक जीवन भर की यात्रा है और इसी प्रकार बाज़ार द्वारा लिया जाने वाला ट्यूशन शुल्क भी जीवन भर देना पड़ता है। हालाँकि, बाज़ार ट्रेडर से जो भी लेता है वो उसकी तुलना में बहुत कम होगा जो एक सफल ट्रेडर बाज़ार से निकालता है।

जिसने भी बाज़ार में थोड़ा समय बिताया है वो आपको बता सकता है कि रैंडम वॉक का सिद्धांत बस एक सिद्धांत है। हालाँकि, इसमें कोई दोराय नहीं है कि स्टॉक के मूल्य में सारी ख़बर दिखाई देती है, लेकिन सच्चाई यह है कि ऐसा पूर्ण प्रतिबिंब बिंदु किस बिंदु पर पहुंचेगा वो बहुत परिवर्तनशील है। और बाज़ार की गतिविधियों और बाज़ार के रुझानों का यही मुख्य कारण है। एक बार फिर से, अगर किसी ने भी बाज़ार में थोड़ा समय बिताया है तो वो यह सच्चाई जानता होगा कि बाज़ार चक्रों और रुझानों से गुज़रता है। ऐसा होने की वजह से, रैंडम वॉक सिद्धांत बस एक सिद्धांत की तरह काम करता है और व्यावहारिक रूप से लागू नहीं होता है। हालाँकि, लंबी अवधि में, सारे समाचार

स्टॉक में पूरी तरह से दिखाई देते हैं, लेकिन छोटी अवधि में स्टॉक समाचार का "अनुमान" लगाने की अवधियों से गुज़रता है। और ऐसी अवधियों के दौरान महत्वपूर्ण गतिविधि की उम्मीद की जा सकती है। लेकिन, जब तक समाचार का पूरा अनुमान लगाया जाता है, ज़्यादातर गतिविधि ख़त्म हो चुकी होती है।

चूँकि, किसी को नहीं पता कि लंबी अवधि के दौरान हमारे साथ क्या होगा, इसलिए सफल ट्रेडर केवल तभी तक किसी पोज़ीशन में रहता है जब तक कि रुझान रहता है। और रुझान तब तक रहता है जब तक कि यह निश्चित रूप से पलटता नहीं है। इस दुनिया में कुछ भी मुफ़्त नहीं है। वित्तीय बाज़ारों में तो यह बात और भी लागू होती है। यदि कोई चीज़ मुफ़्त आ रही है तो यह हमेशा किसी तरह का बड़ा जाल होता है। लालच किसी अप्सरा की तरह तब तक आपको लुभाने की कोशिश

करेगी जब तक कि आप उसके जाल में नहीं फंस जाते। और फिर जैसे ही हम जोश के साथ उसके पास जाएंगे, वो अपना जाल बिछा देगी।

दुनिया में ऐसा कोई नहीं है जो हर वक़्त सही हो। केवल एक ऐसा प्रतिभागी है जो हर बार सही होता है। ऐसा कौन हो सकता है? यह बाज़ार है। बाज़ार अकेला ऐसा है जो हर बार सही होता है और कभी गलत नहीं होता। बाज़ार अपने सभी प्रतिभागियों का सामूहिक ज्ञान है और इसलिए, यह स्पष्ट है कि यह हमेशा सही होगा। लेकिन मेरे लिए सबसे चौंकाने वाली बात यह है कि कोई भी बाज़ार की बात सुनने के लिए समय नहीं निकालता। आख़िरकार, यह एक ऐसी चीज़ है जो हमें कभी गलत दिशा में नहीं ले जाएगी क्योंकि यह हमेशा सही होती है। लेकिन हम इंसान समाज से जुड़ना चाहते हैं। और हमारे पास दूसरे इंसानों की बात सुनने के लिए पूरा समय है, लेकिन बाज़ार पर ध्यान देने का समय नहीं है। या फिर शायद हम शुतुरमुर्ग के अलावा और कुछ नहीं हैं। हम अपना सिर रेत में छिपा लेते हैं और उम्मीद करते हैं कि खतरा टल जाएगा क्योंकि हमें लगता है कि अगर यह दिखाई नहीं दे रहा है तो इसका कोई अस्तित्व नहीं है। शायद बाज़ार हमें आगे के खतरों के बारे में बताता है और हम सुनना नहीं चाहते। और हम अपने मन में हमेशा यही कामना करते हैं कि ऐसा न हो। मानो ऐसी कामना करने से खतरा टल जायेगा। शायद हम सब अभी बच्चे हैं जो बड़े होने का इंतज़ार कर रहे हैं।

अध्याय 22:

कुछ विचार

हम सबके अंदर एक छोटा बच्चा होता है। जब किसी बच्चे को कोई नया खिलौना मिलता है तो वो उसके साथ बहुत सारा समय बिताता है। लेकिन फिर उसे कोई दूसरा नया खिलौना दिख जाता है। अब बच्चा नए खिलौने के साथ खेलता है। खिलौने के साथ खाता है। खिलौने के साथ सोता है। यह नया खिलौना उस बच्चे के जीवन का केंद्र बन जाता है। अब उसे पुराने खिलौने से कोई मोह नहीं होता। जब तक कि उसका कोई दोस्त उसके पुराने खिलौने के साथ खेलना शुरू नहीं कर देता। अचानक वो पुराना खिलौना वापस उसके लिए ज़रूरी बन जाता है। मूल रूप से, यह एक इंसानी और पशु प्रवृत्ति है।

बड़े होने पर, हमारे अंदर ऐसी ही कई विशेषताएं दिखाई देती हैं। अब बस हमारे खिलौने अलग होते हैं। किसी स्टॉक ट्रेडर के लिए यह नए हाई स्पीड केबल या T1 लाइन तेज़ इंटरनेट कनेक्शन वाला उसका सबसे नया, सबसे तेज़

कंप्यूटर हो सकता है। किसी बंदूक के शौक़ीन व्यक्ति के लिए यह नवीनतम तकनीक और कार्यक्षमता वाली उसकी नई मॉडल वाली बंदूक हो सकती है। किसी गोल्फर के लिए यह उसके आयरन पर आधुनिक शाफ़्ट हो सकता है या उसकी नई गोल्फ बॉल हो सकती है जो बहुत दूर तक जाती है। किसी खाना पकाने के शौक़ीन के लिए यह उसका सबसे बड़ा और महंगा तंदूर हो सकता है। कार के शौक़ीन के लिए, यह अत्याधुनिक कार्यक्षमता और उच्च तकनीक वाले गैजेट होते हैं। यानी किसी व्यक्ति की चाहे किसी भी चीज़ में रूचि हो हमारे अंदर का बच्चा आसानी से रोमांचित हो जाता है।

और शेयर बाज़ार में मार्केटिंग प्रतिभा सबसे अच्छी होती है। एक बार फिर से, यह धन और धन का वादा होता है जो बाज़ार में सबसे अच्छे और समझदार लोगों को लेकर आता है। हम पूंजीवादी समाज हैं। सर्वश्रेष्ठ को आर्थिक रूप से पुरस्कृत किया जाता है। इसलिए सभी ब्रोकरेज हमारे व्यापार को पाने के लिए लड़ते हैं। सर्वोत्तम मूल्य स्टॉक ट्रेड निष्पादन। सबसे तेज़ ट्रेड निष्पादन। सबसे अच्छा ट्रेड। सबसे अच्छा ऑनलाइन ट्रेडिंग प्लेटफॉर्म। सबसे अच्छी समाचार सेवा। सबसे अच्छा शोध। और इत्यादि... हमें सबकुछ सबसे अच्छा ऑफर किया जाता है। और हम, खिलौने से प्यार करने वाले बच्चे की तरह इन सभी चीज़ों में डूब जाते हैं। और ऊपर से, अगर हम बड़ी मात्रा में ट्रेड करते हैं तो हमें सबसे ऊँचे स्तर का स्टेटस भी दिया जाता है। हम जितना ज़्यादा ट्रेड करते हैं, हमें उतनी ही मुफ़्त चीज़ें मिलती हैं। और प्रीमियम स्तर की सेवा का वादा किया जाता है। हम इस जाल में फंस जाते हैं। हमें कभी पता नहीं चलता कि हम

जितना ज़्यादा ट्रेड करते हैं, हमारे लिए अच्छे पैसे कमाने की संभावना उतनी ही कम हो जाती है। अगर मैं किसी ट्रेड पर पैसे दोगुने करता हूँ तो मुझे इस बात की ज़्यादा चिंता नहीं होगी कि मैंने कमीशन में $5/ट्रेड दिया था या $50/ट्रेड दिया था। लेकिन नहीं - ब्रोकर हमसे वो फोकस छीन लेते हैं। वो हमें यह कहकर बेचते हैं कि अगर हम कम कमीशन दरें लेकर हज़ारों ट्रेड करते हैं तो हम साल में हज़ारों डॉलर बचा सकते हैं। यह बस ऑनलाइन कैसिनो गेम से जुड़ा हुक होता है। और जुआ खेलने वाली जनता जुआ हारने के मौके के लिए ख़ुशी से अधिक भुगतान करेगी। क्योंकि जुआरी को जुआ खेलने का बहाना चाहिए।

हालाँकि, बाज़ार के कोई भी दो चक्र समान नहीं होते हैं और कोई भी दो स्टॉक गतिविधियां समान नहीं होती हैं, फिर भी गतिविधियों के बीच पर्याप्त समानताएं होती हैं ताकि कोई व्यक्ति निर्णय ले सके और ऐसे ट्रेड कर सके जो ट्रेडर के लिए अच्छी संभावनाएं प्रदान करते हैं। सबक एक ही होते हैं। हम बस उन्हें बार-बार सीखते रहते हैं। शायद हर बार उन सबकों को सीखने पर वो हमें ज़्यादा अच्छे से याद हो जायेंगे। और शायद हर बार हमें उस सबक के लिए पहले से कम शुल्क का भुगतान करना होगा, जो हम घाटे के रूप में बाज़ार को देते हैं। लेकिन हमें बहुत ज़्यादा समय तक कोई चीज़ याद नहीं रहती है। बाज़ार को यह बात मालूम है और वो इसकी का फायदा उठाता है। और बाज़ार हमें बार-बार गलतियां करने के लिए लुभाएगा। और शायद हम कुछ वही पुरानी गलतियां और कुछ नई गलतियां भी करेंगे। लेकिन जब तक हम कम बार गलत और ज़्यादा बार सही होते हैं, संभावनाएं ट्रेडर के पक्ष में होती हैं।

अध्याय 23:

परिणाम

एक बार फिर मेमोरियल डे का सप्ताहांत आया और आकर चला गया। यह एक और खतरे की गर्मियां थीं। जून 2004 का समय था। टेज़र को अब लोग भूल चुके थे। जिन लोगों ने अंदरूनी लोगों की तरह शुरुआत की थी, अब वो बड़े मुनाफे पर टेज़र के सारे शेयरों को बेचकर बाहरी लोग बन चुके थे। और अब बाहरी लोग अंदरूनी बन चुके थे क्योंकि उनके पास अभी भी टेज़र के स्टॉक मौजूद थे और वो अपने ख़रीद मूल्यों से 30-40% नीचे के मूल्य देख रहे थे। और यह ज़ाहिर था कि अप्रैल 2004 में भारी बिक्री के बाद, असली अंदरूनी लोगों ने टेज़र पर ध्यान देना बंद कर दिया था। क्योंकि, अब वो बाहरी थे और स्टॉक ने अपना काम पूरा कर दिया था। अब उनके पास टेज़र के कोई शेयर नहीं थे और न ही अब उन्हें उसमें कोई रूचि थी।

टेज़र स्टॉक में 4 हफ्ते की छोटी प्रतिबद्धता के बाद एक बार फिर से मेरे पास नकद पड़े हुए थे। यह मेरी सबसे छोटी प्रतिबद्धताओं में से एक थी जिसके लिए मुझे अच्छा मुनाफा मिला था। आम तौर पर, मेरे पिछले विजेता ट्रेडों की अवधि 8-26 सप्ताह की अवधियों के बीच थी। मैं तक तक अपने पैसों के साथ इंतज़ार करने को तैयार था जब तक कि मुझे कोई दूसरा ट्रेडिंग स्टॉक नहीं दिख जाता। जो लोग बाज़ार में अच्छे-ख़ासे समय से हैं वो आपको ईमानदारी से बता सकते हैं कि किसी भी चीज़ की तुलना में मुनाफे का पीछा करते हुए सबसे ज़्यादा घाटा होता है। जब तक मेरे पास नकद पैसे थे, मैं कोई भी घाटा नहीं उठाने वाला था। और मेरे अंदर अपनी जीत का इंतज़ार करने का धैर्य था। अपने ट्रेडिंग खाते में नकद के साथ इंतज़ार करते हुए, मुझे दोबारा रिपोर्ट के लिए किसी दूसरे नए ग्राहक की कॉल आयी और मुझे उसके लिए किसी कंपनी और उसके स्टॉक के बारे में पता करने की ज़रूरत थी।

और फिर मुझे याद आया कि स्टोनीब्रुक ने भी अपने शॉर्ट ट्रेड बंद कर दिए थे। मुझे ख़ुद को याद दिलाना पड़ा कि स्टोनीब्रुक ने आय रिपोर्ट आने से पहले उस सोमवार को $352 की औसत कीमत पर अपनी लॉन्ग पोज़ीशन से पैसे निकाल लिए थे। और फिर उन्होंने उसी दिन $355/शेयर के मूल्य पर ट्रेड के अंत में अपने शॉर्ट लागू कर दिए थे। अपने 63,940 शेयरों को $352 पर बेचकर उन्होंने $22,506,880 कमाए थे। जो टेज़र पर उनके $12 मिलियन के निवेश पर $10 मिलियन से ज़्यादा का मुनाफा था। उन्होंने अपने शॉर्ट्स लगाने के लिए अपनी सारी उपलब्ध पूंजी इस्तेमाल कर ली थी। वह 63,300 शेयरों पर

शॉर्ट हो गए थे। उनके शॉर्ट्स केवल 4 हफ्ते चले थे। टेज़र के शीर्ष पर पहुंचने के एक हफ्ते बाद उन्होंने अपनी आधी पोज़ीशन कवर कर ली थी। जैसा कि उन्हें संदेह था, स्टॉक की 50 दिन की लाइन पर पहला समर्थन आया था। उन्होंने अपनी आधी पोज़ीशन 207 डॉलर/शेयर के औसत मूल्य पर कवर की थी। कुछ हफ्ते बाद उन्होंने अपने शेष शॉर्ट्स को $170/शेयर पर कवर कर लिया। यह मई का दूसरा सप्ताह था। शुरू से अंत तक स्टोनीब्रुक 10 सप्ताह से अधिक समय तक टेज़र के संपर्क में नहीं थे। मैं उनके कौशल से चकित था। उनकी संख्याएं इस प्रकार दिखती थीं:

लॉन्ग 63.940 शेयर

औसत ख़रीद मूल्य = $187.67/शेयर

औसत बिक्री मूल्य = $352/शेयर

लॉन्ग पर लाभ = ($352-$187.67) x 63,940 = $10,507,260.20

शॉर्ट 63,300 शेयर

औसत शॉर्ट मूल्य = $355/शेयर

$207/शेयर की दर से 31,650 शेयरों को कवर किया

इस शॉर्ट-कवर पर लाभ = ($355-$207) x 31,650 = $4,684,200

$170/शेयर की दर से 31,650 शेयरों को कवर किया

इस शॉर्ट-कवर पर लाभ = ($355-$170) x 31,650 = $5,855,250

लॉन्ग और शॉर्ट्स पर कुल लाभ = \$10,507,260.20 + \$4,684,200 + \$5,855,250 = 21,046,710.20

या उनके 12 मिलियन डॉलर की संग्रहीत राशि पर 10 हफ्तों में 175% की मुनाफे की दर।

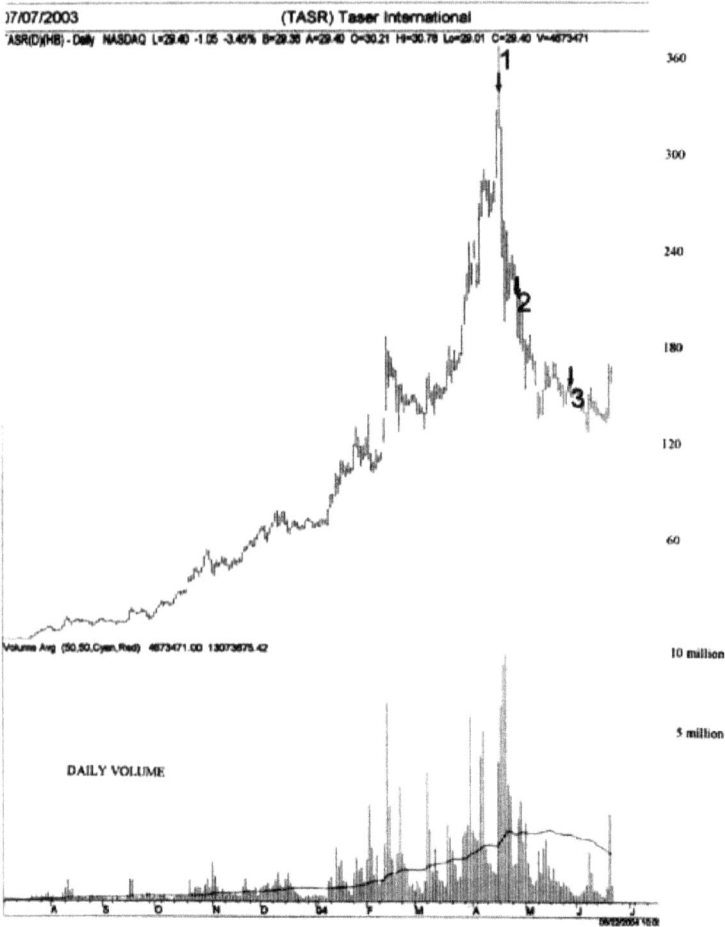

चार्ट 8. TradeStation® पर निर्मित चार्ट, जो TradeStation Technologies, Inc का प्रमुख उत्पाद है।

चार्ट 8 स्टोनीब्रुक के लॉन्ग पोज़ीशन बंद करने और शॉर्ट सेल के संचालन को दर्शाता है

1. 19 अप्रैल, 2004 को स्टोनीब्रुक ने $352/शेयर के औसत मूल्य पर अपनी लॉन्ग पोज़ीशन बंद कर दी। और लॉन्ग पर उनकी गणनाएं इस प्रकार थीं:

   लॉन्ग 63.940 शेयर

   औसत ख़रीद मूल्य = $187.67/शेयर

   औसत बिक्री मूल्य = $352/शेयर

   लॉन्ग पर लाभ = ($352-$187.67) x 63,940 = $10,507,260.20

   और फिर उन्होंने अपनी उपलब्ध पूंजी के साथ तुरंत शॉर्ट पोज़ीशन ले ली। उनकी शॉर्ट बिक्री का मूल्य $355/शेयर था।

2. स्टोनीब्रुक ने 50 दिन की लाइन पर अपने आधे शॉर्ट कवर कर लिए। और उनकी गणनाएं इस प्रकार थीं:

   कुल शॉर्ट 63,300 शेयर

   औसत शॉर्ट मूल्य = $355/शेयर

   $207/शेयर की दर से 31,650 शेयरों को कवर किया

इस शॉर्ट-कवर पर लाभ = ($355-$207) x 31,650 = $4,684,200

3. उन्होंने अपने बाकी के शॉर्ट भी कवर कर लिए। यह मई का दूसरा हफ्ता था। शुरू से अंत तक स्टोनीब्रुक कभी भी 10 सप्ताह से ज़्यादा समय तक टेज़र के संपर्क में नहीं थे।

$170/शेयर की दर से 31,650 शेयरों को कवर किया

इस शॉर्ट-कवर पर लाभ = ($355-$170) x 31,650 = $5,855,250

और उन्होंने 10 हफ्तों के भीतर अपने 12 मिलियन डॉलर के निवेश पर 174% से अधिक मुनाफा कमाया था।

उसी समय मैंने उन कुछ हफ्तों पर अपने अनुभवों के बारे में लिखने का फैसला कर लिया था। मुझे पता था कि वो सबक मेरे बहुत काम आएंगे और जो कुछ भी मैंने सीखा था वो स्टॉक ट्रेडर के रूप में मेरे बाकी के जीवन में मेरी सफलता में बहुत ज़्यादा योगदान करेंगे। जो कुछ भी मुझे जानने की ज़रूरत थी वो मेरी उंगलियों पर होगा। मुझे बस अपनी खुद की सामग्री को बार-बार पढ़कर समय-समय पर ख़ुद को उन सबकों को याद दिलाना पड़ेगा।

टेज़र के गिरने के कुछ हफ्ते बाद जो ने मुझे महंगी शैम्पेन का एक केस भेजा था। उसमें एक नोट भी था कि वो मेरे काम से बहुत ख़ुश है और अपने सहकर्मियों से मेरी सिफारिश करेगा।

एक हफ्ते बाद मैं छुट्टी पर चला गया। मैं अपनी पत्नी और पांच साल की बच्ची के साथ समुद्र के किनारे बैठा हुआ था। समुद्र में लहरें शांत थीं। हल्की-हल्की हवा चल रही थी। वहाँ का माहौल अच्छा और गर्म था। जब मेरी बेटी ने अपने नए रेत के किले पर धीरज और दृढ़ता के साथ दोबारा काम शुरू किया तो मैं अपनी आँखें बंद करके अपनी पत्नी के बगल में लेट गया। और मन ही मन सोचा कि यह अच्छा जीवन है। और मुझे याद आया कि उस दिन सुबह के समय जब मैंने इंटरनेट पर मार्केट न्यूज़ देखी थी तब मुझे पता चला था कि अगले दो हफ्तों में दर्जनों से भी ज़्यादा नए IPO आने वाले थे।

सिलसिला एक बार फिर शुरू होने वाला था। एक खेल ख़त्म होते ही नया खेल शुरू होने वाला था। सेटअप, शेक आउट, फेक आउट, चाल, अंत और परिणाम सभी समान होंगे। केवल शायद खिलाड़ी अलग होंगे। और खेल की गति अलग नहीं होने की ज़्यादा संभावना होगी।

खेले जा रहे इन नए खेलों में कहीं न कहीं बॉयड हंट और रोजर स्टोनीब्रुक जैसे धैर्यवान खिलाड़ियों के लिए कभी-कभी कुछ पैसे कमाने के अवसर भी होंगे। और वो तब तक इंतज़ार करेंगे जब तक कि खेल खेलने का सही समय नहीं आ जाता। और समय आने पर वो अपने खेलों को ऐसे सेटअप करेंगे जो बस वही कर सकते थे। उनके मामले में परिणामों पर ज़्यादा संदेह नहीं है। आख़िरकार, वो केवल तभी अपनी चाल चलते थे जब संभावनाएं वास्तव में उनके पक्ष में होती थीं। और सबसे अच्छे ट्रेडर चुपचाप और पूरी गुमनामी में अपनी कला का अभ्यास करना जारी रखेंगे। वो यह सुनिश्चित करने के बाद

पार्टी में देर से आते थे कि पार्टी सफल होने वाली है। उसके बाद अच्छा समय बिताकर चुपचाप पार्टी से निकल जाते थे। एक लंबी पार्टी के अंत में आने वाले झगड़ों से बचने के लिए वे काफी जल्दी निकल जाते थे।

अपनी छुट्टी से लौटने पर जब मैं फीनिक्स के बिल्टमोर में गोल्फ के एक अच्छे राउंड के बाद अपनी पत्नी के साथ ड्रिंक ले रहा था, तब मैंने एक अजीब दृश्य देखा। पहले तो मुझे विश्वास नहीं हुआ। मैंने जो और स्टीव सैक्स को गोल्फ का राउंड शुरू करने की तैयारी करते हुए देखा। तब जाकर मुझे समझ आया। जो ने मुझे इस्तेमाल किया था। वह और स्टीव सैक्स टेज़र के सबसे बड़े अंदरूनी लोग थे। स्टीव सैक्स टेज़र की पूरी गतिविधि को सेटअप करने के लिए जो की उद्यम पूंजी पर निर्भर थे। जो ने मुझे यह पता लगाने और अपने संदेह की पुष्टि करने के लिए कॉल किया था कि स्टॉक अपने शीर्ष पर पहुंचने वाला है। मेरी रिपोर्ट से पता चल गया कि शीर्ष स्तर आने वाला है। वही जो का दृष्टिकोण था, जो हफ्तों पहले मुझे समझ नहीं आया था। मैंने अपने गुस्से को काबू करने के लिए स्कॉच ऑर्डर की। कुछ घूंट के बाद इसने अपना काम शुरू कर दिया। भावनाएं कमजोरी का संकेत थीं। मैंने बाज़ारों में अपने दो दशकों के अनुभव से यह सीख लिया था। और मुझे यह भी एहसास हुआ कि अगर मैं न होता तो जो ने किसी और का इस्तेमाल करके उससे यह काम करवाया होता। और मैं इसमें शामिल होता या नहीं, लेकिन उसका काम आराम से निकल जाता। मैं बस एक मोहरा था। मुझे किसी से भी बदला जा सकता था।

हालाँकि, देखकर लग सकता है कि चीज़ें बदल रही हैं लेकिन वो वही रहती हैं। मानवीय भावनाओं और बाज़ारों का एक ऐसा संबंध है, जो एक के बिना दूसरे के लिए कार्य करना असंभव बना देता है।

जहाँ तक मेरी बात है, जब तक कोई ऐसा स्टॉक नहीं दिखाई देता जो सर्वश्रेष्ठ हो - नकद राजा रहेगा। और हमेशा की तरह, बाज़ार हमेशा सही होगा।

लेखक का परिचय:

ब्रैड कोटेश्वर शेयर बाज़ार के आजीवन छात्र हैं। उन्होंने 1980 के दशक में कमोडिटी ब्रोकर के रूप में काम करना शुरू किया था। कमोडिटी मार्केट की अत्यधिक अस्थिरता और जोखिम से जलने के बाद, उन्होंने शेयर बाज़ार की तरफ रुख किया। सालों तक अभ्यास करके सीखने के बाद, जब उन्होंने स्टॉक ट्रेडिंग से सेवानिवृत्त होने का फैसला किया तो उन्होंने 2001 से 2008 तक एक ऑनलाइन स्टॉक न्यूज़लेटर लिखा। इस समय और युग में, जहाँ शेयर बाज़ार पर सैकड़ों किताबें तेज़ी और आसानी से पैसे कमाने का लालच देती हैं, लेखक हमें दिखाते हैं कि कैसे पुराने, जांचे-परखे और सच्चे सिद्धांत पुराने बाज़ार चक्रों में काम करते आये हैं और भविष्य के बाज़ार चक्रों में भी काम करते रहेंगे।

www.ingramcontent.com/pod-product-compliance
Lightning Source LLC
Chambersburg PA
CBHW060546200326
41521CB00007B/500
9780976932475